没有世界观的世界

（第2版）

赵汀阳 著

中国人民大学出版社
· 北京 ·

关于本书

在本书中，赵汀阳以他的"综合文本"和"无立场分析"作为方法论，深入分析政治哲学和文化哲学问题，推出"天下制度分析模型"，力图说明当代世界的理念困境，并且以中国哲学为基本资源，重塑关于"中国"的概念和关于"世界"的世界观。赵汀阳的"综合文本"研究法同时也是对哲学方法论的一种探索，其中引进了博弈论、政治学、经济学、人类学和历史学的某些分析。这种新的方法论加强了哲学的创造性，同时也可能形成有争议的理论扩张。

关于作者

赵汀阳，中国社会科学院学部委员、哲学研究所研究员，美国博古睿研究院资深研究员。著有《论可能生活》《天下体系》《第一哲学的支点》《坏世界研究》《天下的当代性》《惠此中国》《四种分叉》《历史，山水，渔樵》等，部分著作译为 *Alles Unter dem Himmel*（Suhrkamp，德国）、*Tianxia tout sous un Meme Ciel*（Cerf，法国）、*Redefining a Philosophy for World Governance*（Palgrave-Macmillan，英国）、*All-under-heaven：The Tianxia System for a Possible World Order*（Univ. California，美国）、*Tianxia：una filosofia para la gobernanza global*（Herder，西班牙）、*Tutto Sotto il Cielo*（Ubalddini，意大利）、*Nowa Filozofia ladu Swiatowego*（Time Marszalek，波兰），以及合著 *Un Dieu ou tous les Dieux*（Cent Mille，法国，与 A. Le Pichon 合著）、*Du Ciel ala Terre*（Les Arenes，法国，与 R. Debray 合著）。

序言：关于方法论的一个说明

　　这本文集选入的是我 2000 年以来的部分论文，大致反映了我近年来所做的哲学工作。人们一般相信哲学所探索的是永恒的问题，这大致不错，但有些夸张。在时间面前，所谓永恒只不过是"好像总是如此"而已。维特根斯坦（Ludwig Josef Johann Wittgenstein）曾经谈到"从永恒的角度去看"的问题，如果这样说可能就比较合适了，但这仍然不能非常正确地表达哲学工作的性质。时间是无形的，历史是有形的，历史是时间的造型，是时间所采取的姿态。因此，那些"似乎永恒"的问题，就其本身来说，可能并无实质变化，但那些问题所需要的解释却在历史中变化着，就是说，问题没有变，但答案变了。这本来是关于经济学的一个笑话，但是对于哲学问题却非常合适并且严肃。问题没有变，是因为哲学讨论的往往是世界和生活的基础问题，这些问题是顽固不化

2

的，因为世界和生活毕竟不会彻底改变，正所谓"天不变，道亦不变"；而答案变了，这也是必然的，因为在时间中几乎不变的东西总是不得不采取特定的历史姿态，时间如果不在历史中表现出来，我们就无法意识到时间，时间就只是表现着"在"（being）而不能表现"存在"（existence）。如果按照时下盛行的话语，就似乎应该说，答案总是"与时俱进"的。

哲学重心现在落在政治/伦理哲学上，这不应该令人感到意外，因为现在的世界是个面临着严重的政治和伦理危机的世界，是个乱世，是个礼崩乐坏的世界。政治和伦理就成为当代的最大事情，哲学观念是大观念，大观念当然随着大事情走。同时，在当代的政治/伦理问题背后往往是经济利益问题，于是，政治和经济问题总是结构性地结合着。而文化问题又是政治问题的当下历史性姿态，而且很可能还是政治和经济的一个深层结构。因此就形成了这样的当下哲学的历史性结构：政治/经济/文化的互动结构。这种互动可以是互相促进，也可以是互相解构，或者是复合性质的互动，它们其中的某个问题必定同时是另外两个问题，它们几乎不可能分开来思考。这一事实构成了对现代的学科制知识生产方式（disciplines）的挑战。哲学不得不在这样的互动结构中去寻找"答案"。其实，这个互动结构不仅是哲学问题的当下姿态，而且也是整个人文社会科学的当下姿态。从世界形势来看，政治/经济/文化的一体化互动结构非常可能会形成一个长时段的人类生活的深刻结构。这部论文选集中的大多数论文都是以这个互动结构为背景的。

　　各种问题或者各种知识之间的互动结构要求着"互惠知识"（reciprocal knowledge）①。互惠知识这个概念却不是我的发明，它是欧洲近年来一个知识论运动的名称。据说是语言学家艾柯（Umberto Eco）和人类学家乐比雄（Alain Le Pichon）在思考跨文化的知识体系交往问题时一起发明的。多年以前，我在思考知识之间的互动结构时所想到的是另一个主要针对哲学问题的互动结构，所谓"一个或所有问题"结构（参见我在1998年出版的《一个或所有问题》），它所试图表达的是哲学思维的这样一个基本状态：由于哲学所思考的都是些作为知识基础的"大问题"，而这些大问题都是不再有基础的基础问题，因此它们不得不互相支持地或"共轭地"互为基础。于是，如果这些基本问题不被放在一起来思考的话，就只能产生残缺的世界和生活，而且任何一个事情都难以被恰如其分地理解，所以，由一个问题必定走到所有问题，而所有问题又不得不考虑成一个问题。这个"一个或所有问题"的哲学理论被认为与互惠知识论至少在某些方面是可以互相补充的。后来在欧洲参加互惠知识论的研究工作过程中，我进一步提出一个比哲学方法论更广义的一般知识方法论概念，称作"syntext"。这是模仿symphony一词的结构制造出来的概念，译回中文称作"综合文本"。艾柯有个继承了狄德罗（Denis Diderot）百科全书理想的"新百科全书"方法论，声称对于任何一个事物都存在着关于这个事物的百科全书式知识。综合文本理论则试图与之在方法论上形成

---

　　① "reciprocal knowledge"这一概念包含的意思是多重的，有"互惠的""互动的""互补的""互建的""互构的"知识等意义，所以不太容易翻译。

互补配合：给定对于任何一个事物存在着关于它的百科全书知识，那么，必定存在着某种方法能够使得不同知识体系形成互惠改写（reciprocal rewriting），从而达到：

（1）使各种参与互动的知识体系发生某些结构性的变化和问题的改变。

（2）合作地产生新的知识和创造新的问题。

事实上人们正是通过改变问题和观念而改变世界的。本书所集中的大多数论文也试图使用"综合文本"的方法来分析问题。

这些论文所采取的另一个方法论则是"无立场"分析。这是我在1992年、1993年写作《论可能生活》时的一个发现。与原来思考的更多的知识论问题不同，伦理学问题具有莫名的力量，非常容易在暗中把人引向自己的价值偏好，在这个时候，哲学家往往失去了哲学的智慧，总是充满偏见和过于热心肠地为自己的价值偏好辩护，与愚人并无二致。事实上，任何一个人，无论是最伟大的科学家还是司空见惯的政客，在价值偏好上并无过人之处。生活就是生活，如此而已，生活只不过就是那么一些存在方式。所以，无论什么样的价值偏好都不可以拿来作为论证。思想可以伟大，但偏好都是渺小的。哲学家所能够做的事情就是在各种渺小的偏好之间发现重大的问题。没有人关心别人的偏好，而只是关心自己的偏好与他人的偏好之间的关系，值得思考的问题都生长于价值观"之间"而不是"之上"，值得坚持的事情才是在价值观之上。区分了"需要思考的"和"需要坚持的"才能有效地思想。

"无立场"思维首先是反对自己偏好的思维，当把自己的偏好悬隔起来，使之不成为证明的依据，然后才能看见别人、听见别人，进而理解别人。胡塞尔（Edmund Husserl）曾经要求"面向事物本身"（to the things）以便正确地理解事物。但是有个问题：面向事物只是意味着我以主观性在建构事物，这样我就只看到我看到的东西。假如我只生活在我自己的独特世界里——比如说构造一种"自己一个人的话语"或者"一个人的战争"等等——那当然是可以的，可是这个鲁宾孙式的世界并不真的存在，不仅在社会中不存在，而且在心里也不存在（维特根斯坦证明了私人语言的不可能）。我总是不得不面对他人的直接存在或者隐性存在；另外，我又是否能够代表他人？如果可以，我思就是普遍的了，可是没有人愿意被别人随便地代表（尽管我们经常被别人随便就代表了），他人很可能想把事情做成另一种样子，当他人试图别样地创造事物，我就失效了。我不得不思考这一严重事实：生活中的任何一个事物都是我与他人共同建构出来的，任何一件事情都是共同创作的作品，我们关于事物的知识和真理都只能基于他人的同意。既然我不可能创造他人也不可能代表他人，那么只有能够听见他人才能看见事物本身。"面向事物本身"原则有着方向性的错误，我们能够指望的哲学原则是"从他人去看"（from the others）或者"以事物本身去看"（from the things）。抽象地说就是"以 x 观 x"，即如果准备有效地分析 x，就不得不在 x 的立场上去理解 x 为什么这样做而不是那样做，这样才能形成"知识"，而如果从自己的偏好去分析 x，那么永远只能生产出"批评"。比如，如果从自己的偏好去理解国家，那么永远只会批评而不可能理解国家，而国家这样一种庞大的"怪物"自有其目的和意志，它考虑的是它的需要。我们可以在老子那里找到"无立场"方法论的最早表述："以身观身，以家观家，以乡观乡，以邦观邦，以天下观天下。"（《老子》第五十四章）尽管我自己未必能够做到处处都无立场地看问题，但这是我所试图做到的。

　　就这样。

赵汀阳

2003 年 4 月 13 日

目　录

"天下体系"：帝国与世界制度*

我们不应该假装认为和谐的世界模式已经具备。谁要是仍然以为和平与社会共处的思想很有市场，那也同样是不诚实的。

——爱德华·W. 萨义德（Edward W. Said）

我们眼睁睁地看着帝国正在成为事实。

——哈特（Michael Hardt）、尼格瑞（Antonio Negri）

就理论可能性而言，帝国可以只是个文化/政治制度而不一定是个强权国家实体。古代伟大帝国的兴衰留下了神话般的历史故事，是耽于梦想的人的永远梦想。现代的"民族/国家"体系终结

---

　* 本文为"普遍知识和互惠知识"国际会议主题发言论文（India, Goa, 2002 - 11 - 25—29）；"帝国与和平"国际会议研讨对象主题论文（France, Paris, 2003 - 2 - 15—18）。原文为英文，在翻译成中文时有所增删。2002 年应法国 Le Robert 出版社和 Transcultural 研究所之邀写成此文。

了古代模式的"伟大帝国"，使之成为并仅仅成为社会记忆，以至于人们现在已经非常习惯于用民族/国家作为分析单位去理解现实、过去乃至未来。其实，帝国体系曾经长时间地作为自然生成的社会制度而存在，民族/国家却只不过是现代的产物。现代不仅结束了传奇的帝国古代传统，而且挫败了各种理想和乌托邦，除了技术和经济，几乎没有别的什么事业能够在现代获得神话般的成功。

"帝国"这个概念在现代演变成为一个失去了自然朴实品质的改版概念"帝国主义"。"帝国主义"是到了19世纪后期才被创造出来的一个反思性概念。① 在很长的时间里，帝国主义被认为主要是马克思主义关心的论题，其中一个重要原因是马克思主义是对资本主义的批判，而帝国主义被认为是最大化资本主义的方式，从列宁主义到依附理论都假定控制海外资源和市场对于资本主义的自身最大化是必不可少的。因此，现代化、资本主义、殖民主义和帝国主义是密不可分的系列概念。可以说，帝国主义是基于民族/国家制度的超级军事/经济力量而建立的一个政治控制和经济剥削的世界体系。欧洲传统帝国和帝国主义的共同理念都是"以一国而统治世界"，背后的哲学精神是"以部分支配整体"这样的欲望。而民族/国家的概念使得帝国主义以民族主义为原则来重塑帝国眼光从而精神变得更加狭隘，不仅失去了传统帝国兼收并蓄的胸怀，而且把帝国的强权好战方面发展到了极致（历史上最大规模的战争都是

---

① 据霍布斯鲍姆（Eric Hobsbawm）的说法，"帝国主义"一词在19世纪70年代才出现，直到19世纪90年代才"突然变成一般用语"，并且"挂在每个人嘴上"。这个概念如此晚近才出现，以至于马克思都没有使用过这个如此重要的概念。参见霍布斯鲍姆：《帝国的年代》，64-65页，江苏人民出版社，1999。

现代帝国主义的作品）。

今天有迹象表明世界似乎正在走向一个新的时代和新的世界体
系，许多人相信民族/国家体系正在受到全球化的挑战（但并非所
有人都相信民族/国家体系会被破坏①）。那么，未来将是一个新帝
国时代吗？哈特和尼格瑞富有挑战性的热门著作《帝国》甚至认为
现在就已经开始了新帝国时代，他们指出："我们眼睁睁地看着帝
国正在成为事实"，"民族/国家的统治权力的衰落并不意味着统治
权力这一权力事实本身（sovereignty as such）的衰落……新的全
球统治形式就是所谓帝国"②。这不是想象，而是非常值得深思的
问题。正如人类所能够发明的社会制度种类并不多，所能够想象的
世界体系形式也不多，事实上帝国是最典型的世界体系。帝国问题
属于那种复杂的大规模问题（comprehensive problem），它几乎涉
及生活和社会的所有方面，应该说是个"问题组"。大规模问题的
凸现往往是面向新时代的思维特征，因为在面向新时代的时候人们
就试图重新思考关于整个世界、社会和生活的理念。帝国正是这样
一个理念（eidos，idea）。在这里不可能全面讨论帝国的问题，我
准备讨论的是，在哲学的意义上，中国传统的"帝国"理念对于任
何一种可能的世界体系会有什么样的理论意义。

进一步说，不管未来是什么样的时代，至少我们知道全球化已

---

① 例如安东尼·D. 史密斯（Anthony D. Smith）就坚信许多人过于心急地认为民
族/国家体系将被打破，他认为事实上在可见的未来里我们还很难发展出一种比民族主
义更强大的精神，因此也就难以发展出新的体系。参见 A. D. Smith，*Nations and
Nationalism in a Global Era*，Chapter 6，Polity Pr.，1996。

② M. Hardt，A. Negri，*Empire*，preface，Harvard Univ. Pr.，2001.

经把所有地方的问题世界化了，几乎任何一个地方性问题都不得不在世界问题体系中被思考和解决。现代性的一个一直隐藏着的困难突然明显起来：现代制度只是国内社会制度，而不是世界制度，或者说，现代制度的有效范围或约束条件是民族/国家的内部社会，而不是世界或国际社会。于是，即使每一个国家都成为民族/国家并且建立了标准的现代制度（民主政治和自由市场）以保证每一个国家的内部社会秩序，国家之间也仍然是无制度的。因此，国际社会仍是无约束、无秩序或无法则的失控空间（尽管有一些国际组织在假装建立国际制度）。这种国际无政府状态完全满足"霍布斯状态"，即"所有人反对所有人的状态"。从形而上学角度看，现代世界体系在本质上是"无序状态"（chaos）。希腊哲学认为，只有当"无序状态"变成"有序状态"（kosmos）才能形成自然和世界（kosmos 正是宇宙的词源①），而 chaos 要变成 kosmos，又首先需要发现世界的理念（eidos）。从这个角度来看，今天的世界仍然没有成为"世界"，仍然停留在 chaos 状态，它只不过是个无序的存在，是个"非世界"（non-world）。希腊哲学的 kosmos（有序存在）所表达的也只是关于自然世界的充分意义，还不是关于人文世界的概念。与 kosmos 相应的、同样具有充分意义的"人文世界"概念可以在中国哲学里找到一个表达模式，这就是"天下"。天下不仅是地理概念，而且意味着世界社会、世界制度以及关于世界制

---

① kosmos 原义为军队纪律，被用来表达有秩序的宇宙，就是说，自然必须有其"形式"才成为宇宙。参见 J. Burnet, *Early Greek Philosophy*, p. 9, Adam & Charles Black，1930。

度的文化理念，因此它是个全方位的完整的世界概念。这一概念的重要性正在于它与世界制度问题的密切关系。

当今天的所有问题都变成世界性问题时，就不得不思考"世界制度"的问题。弗朗西斯·福山（Francis Fukuyama）曾经通过分析现代社会制度而得出结论认为，现代制度虽然有缺点，但已经是足够好的制度，因此不再有制度革命的可能性，历史也就完成了（通常翻译为"历史的终结"，但不够准确①），或者说，历史最后实现了历史的最高目的。这一"历史的完成"的断言显然过于匆忙，即使不去讨论社会制度的革命可能性而仅就任意给定的某个社会制度而言，我们也必须要求一个社会制度具有逻辑完备性，即它不仅能够处理国内社会，而且能够处理国际社会。这一逻辑其实很简单：一个社会制度不能止步于"国家"这一单位，而必须考虑到"世界"这一最大的政治/社会单位，不能对世界视而不见。② 显然，一种社会制度仅仅在国家层次上获得成功仍然还没有完成其最大和最终目的，如果它在世界场合中不再有效，那么就不是一个充分有效的制度。作为比较，我们可以考虑马克思的制度理论，马克思和福山都拥有黑格尔（G. W. F. Hegel）哲学背景，但马克思所思考的共产主义社会才是一个世界规模的社会。共产主义可能不是

① 参见 F. Fukuyama，*The End of History and the Last Man*，Free Pr.，1992。其中的关键词"end"的表面意思是"终结"，深层意思是"历史目的之最后实现"。这是来自德国古典哲学的观念。作为参考，马克思也是在德国古典哲学的习惯意义上想象共产主义社会的，共产主义社会也被理解为既是历史的终结又是历史目的之最后实现。

② 在"北京对话"（2003 年 3 月 17 日）会议上，我与福山教授讨论到这个问题，但是福山教授坚持认为，政治自由主义的社会制度尤其是民主制度用于国际社会，是不合适的，而且也没有实践可能性。

个最合适的社会制度，但马克思至少考虑到了世界制度问题。毫无疑问，世界必须被理解为一个思考和分析的最大单位，否则所有国际问题或者世界性问题都不可能被有效地分析和解决，甚至，如果不能有效地分析和解决世界性问题，那么也不可能充分有效地分析国内社会制度问题，因为世界问题是任何一个国家问题的必要约束条件。我们不能想象，每一个子集都是有序的，但是总集却是无序的。在这样的条件下才能够有效地理解、分析和解决问题。

这里要讨论的主要是中国的"天下理论"，我试图论证，天下理论是任何可能的世界制度的形而上学。所以这里使用哲学来分析世界政治问题，是因为哲学是分析任何理念的方法。天下也是个乌托邦，不管什么样的乌托邦都不同程度地有它不现实的方面。讨论乌托邦的意义并不在于能够实现乌托邦，而在于有可能获得一种比较明确的理念，从而使世界制度获得理论根据，或者说，我们至少能够因此知道离理想有多远。

一、"天下"理念

1. 饱满的或完备的世界概念

与西方语境中的"帝国"（empire）概念不同，"天下"这一中国传统概念表达的与其说是帝国的概念，还不如说是关于帝国的理念。概念和理念虽然大体一致，但有一点区别：理念不仅表达了某种东西所以是这种东西的性质（希腊人认为是一种决定性的"形

式"），而且表达了这种东西所可能达到的最好状态。在柏拉图
（Plato）的意义上，理念总是在本质上使得某个东西成为这个东
西。于是这就逻辑地蕴含着，理念又是为某个东西所可能设想的完
美化概念。因此理念（idea）就必定意味着理想（ideal）。概念和理
念的这一区别对于自然事物或许是没有意义的，因为在自然事物身
上，概念和理念几乎完全重合，我们不能要求石头长得更"理想"。
但这一区别对于人为事物来说则有着不可忽视的意义，因为人为事
物要承担着比自然事物更多的意义，我们对我们要做的事情总可以
有理想，而在事实上，概念未必总能够赶上理想。这就是为什么我
们不但能够知道一个东西是什么样的，而且还能够指望它成为什么
样的。理想的意义就在于此。

"天下"要表达的正是关于帝国的一种理想或者说完美概念
（尽管具体制度和实践永远是个难题）。每种文化和思想体系中的关
键词往往都有着多层复合的意义，而且很难完全被说明，永远有着
解释和争论的余地。"天下"也是这样一个概念。一般地说，它的
基本意义大概是：

（1）地理学意义上的"天底下所有土地"，相当于中国式三元
结构"天、地、人"中的"地"，或者相当于人类可以居住的整个
世界。①

————————————

① 古代中国的天下概念虽然在理论上的所指是整个世界，但由于实际知识的有
限，因此实际上理解到的世界并不太大，最早时的理解是"九州"，只相当于今天的数
省面积，而且按照想象，是几何上很整齐的土地，以都城为核心而向四面八方展开。不
过也有眼界更大的学者，如邹衍想象的世界由多达81个"九州"组成，而中国只是其中
之一。这个想象又似乎过大。参见《史记》卷七四。

（2）进而它还指所有土地上生活的所有人的心思，即"民心"，比如当说到"得天下"，主要意思并不是获得了所有土地（这一点从来也没有实现过），而是说获得大多数人的民心。① 这一点很重要，它表明"天下"概念既是地理性的又是心理性的。

（3）最重要的是它的伦理学/政治学意义，它指向一种世界一家的理想或乌托邦（所谓四海一家）。这一关于世界的伦理/政治理想的突出意义在于它想象着并且试图追求某种"世界制度"以及由世界制度所保证的"世界政府"。

显然，"天下"虽然是关于世界的概念，但比西方思想中的"世界"概念似乎有着更多的含义，它至少是地理、心理和社会制度三者合一的"世界"，而且这三者有着不可分的结构，如果分析为分别的意义则破坏了"天下"的存在形式。"天下"意味着一种哲学、一种世界观，它是理解世界、事物、人民和文化的基础。"天下"所指的世界是个"有制度的世界"，是个已经完成了从 chaos 到 kosmos 的转变的世界，是个兼备了人文和物理含义的世界。与"天下"相比，西方的"世界"概念就其通常意义而言只是个限于科学视野中的世界（尽管可以在比喻的意义上指任意什么世界）②，而"天下"则是个哲学视野中的世界，它涉及世界的各种可能意

---

① 《荀子·王霸》："取天下者，非负其土地而从之之谓也，道足以壹人而已矣……用国者，得百姓之力者富，得百姓之死者强，得百姓之誉者荣。三得者具而天下归之，三得者亡而天下去之。"

② 波普尔（Karl R. Popper）曾经把"世界"理解为三个：物质的、心理的和图书馆式的，仍然还是科学视野中的世界。而且这一区分意义不大，似乎画蛇添足。参见 K. P. Popper, *Objective Knowledge*, Oxford Univ. Pr., 1972。

义，是个满载所有关于世界的可能意义的饱满世界概念（the full concept of the world）。不过，在西方的世界概念里也有一个概念是涉及人文和生活传统的，或者说也是纯粹哲学性的，即胡塞尔提出的"生活世界"，它是个历史的世界或者说是关于世界的历史视界（horizon）。[①] 生活世界是个主观性的世界，但它被认为是客观知识的原始基础，是被科学世界所掩盖和遗忘的本原性经验世界，它被胡塞尔用来批评科学的"忘本"。在"天下"和"生活世界"这两个关于世界的非常不同的概念之间，其实可以发现有着一些遥远但重要的相关性，也许可以说，相对于"生活世界"来说，"天下"是个"制度世界"。

"天下"构成了中国哲学的真正基础，它直接规定了这样一种哲学视界：思想所能够思考的对象——世界——必须表达为一个饱满的或意义完备的概念。既然我们总是负担着制度而生活在世界上，那么，世界必须被理解为一个有制度的世界，否则就不可能说明生活。同时"天下"概念还意味着一种哲学方法论：如果任意一个生活事物都必须在它作为解释条件的"情景"（context）中才能被有效地理解和分析，那么，必定存在着一个最大的情景使得所有生活事物都必须在它之中被理解和分析。这个能够作为任何生活事物的解释条件的最大情景就是"天下"。只有当解释条件是个饱满的或意义完备的概念，才能够说拥有充分的世界观。我们将看到，缺乏充分意义的世界观的哲学（例如西方哲学）在解释世界性问题

---

① E. Husserl, *The Crisis of European Sciences and Transcendental Phenomenology*, Northwestern Univ. Pr., 1970.

时存在着根本性的困难。

2. 天下体系：世界尺度和永恒尺度

既然天下是个"有制度的世界"，那么，天下理想就可以理解为关于世界制度的哲学理论。它所想象的天下/帝国从本质上区别于西方的各种帝国模式，包括传统军事帝国如罗马帝国模式和现代帝国主义的民族/国家如大英帝国模式以及当代新帝国主义即美国模式。最突出的一点是，按照纯粹理论上的定位，天下/帝国根本上就不是个"国家"尤其不是个民族/国家，而是一种政治/文化制度，或者说一个世界社会。正如梁漱溟所指出的，天下是个关于"世界"而不是"国家"的概念。[①] 天下理论的重要性在于它把"世界"看作一个政治单位，一个最大并且最高的政治单位，同时也就成为一个思考所有社会/生活问题的思想分析单位，也就是最大的情景或解释条件。中国关于政治/社会各种单位的层次结构，即"家—国—天下"的结构[②]，意味着一种比西方分析单位结构更广阔因此更有潜力的解释框架。在西方概念里，国家就已经是最大的政治单位了，世界就只是个地理性空间。不管是城邦国家，还是帝国，或者民族/国家，都只包含"国"的理念，没有"世界"的理念。从概念体系的逻辑上看，西方政治哲学的分析单位系列是不完全的，从个人、共同体到国家，都是包含着物理、心理和制度的

---

① 《梁漱溟学术论著自选集》，332页，北京师范学院出版社，1992。
② 比较早的表述更多是天下在先，如《孟子·离娄上》曰："人有恒言，皆曰天下国家。"

意义饱满概念，可是到了"世界"这个最大的概念，却缺乏必须配备的制度文化意义，而只是个自然世界概念，就是说，世界只是个知识论单位，而没有进一步成为政治/文化单位。政治/文化单位到国家而止步，这就是西方哲学的一个重要的局限性，它缺少了一个必要的视界。

西方一直到近代才开始有似乎比国家更大的关于政治单位的想象。例如康德（Immanuel Kant）关于"人类所有民族的国家"（civitas gentium）或者所谓"世界共和国"的想象，但这种想象并不认真，事实上在康德的论文中只是被草草提及而已，只有空洞的概念，并无论述。康德认为比较现实的想象应该是弱一些的"自由国家的联盟制度"①，其潜台词是不能超越民族/国家体系（这个理由在当代自由主义政治理论中终于变得直截了当了）。不过后来马克思的共产主义社会概念则是个关于世界政治制度的认真想象，但马克思主义并没有成为西方思想主流，相反几乎是个"异端"。从实践上说，现在的联合国看上去几乎是康德想象的实践，但只是个准世界性的单位，即使这种准世界性也是非常象征性的，因为联合国这样的政治概念至多意味着目前规模最大的政治单位，却不是理论上最大而且地位最高的政治单位，因为它不拥有在国家制度之上的世界制度和权力，而只不过是民族/国家之间的协商性机构，所以从实质上说就只是个从属于民族/国家体系的服务性机构。

天下概念的重要性表现为这一哲学概念创造了思考问题的一个

---

① 康德：《历史理性批判文集·永久和平论》，商务印书馆，1990。

"世界尺度"，它使得度量一些用民族/国家尺度无法度量的大规模问题成为可能。这一尺度的意义在古代并不十分明显，而在今天却极其突出。至于为什么古代中国在 3000 年前就思考到这样一个世界尺度，这或许已经很难解释清楚，但大概可以肯定，古人不可能预料到这个理念在今天世界的意义，古人在表达这个概念时就好像它是个理所当然的理想，因此，"天下"概念在古代应该是个信仰或者是纯粹的哲学而不是经验知识，事实上当时也没有相应的经验知识可以支持它。

"天下"把"世界"定义为一个范畴性的（categorical，康德意义上）框架和不可还原的反思单位，用于思考和解释政治/文化生活和制度。它意味着一种完全不同于西方的方法论。西方思考政治问题的基本单位是各种意义上的"国家"（country/state/nation），国家被当作思考和衡量各种问题的绝对根据、准绳或尺度。而按照中国的天下理论，世界才是思考各种问题的最后尺度，国家只是从属于世界社会这一解释框架的次一级别的单位，这意味着：

（1）超出国家尺度的问题就需要在天下尺度中去理解。

（2）国家不能以国家尺度对自身的合法性进行充分的辩护，而必须在天下尺度中获得合法性。因此，天下理论是典型的世界理念，以至于可以成为判断一个理论是否具有世界理念的结构性标准，就是说，具有不同的价值观的其他世界理念也许是可能的，但任何一种可能的世界理念在逻辑结构上应该与天下理念是同构的。根据这一结构性标准就很容易判断一个世界体系是否表现了一种世界理念，例如很容易看出帝国主义不是一种世界理念而是国家理念，因为帝国主义仅仅考虑国家自身的利益，它把自己的国家利益当成了世界利益以及判断世界所有事情的价值标准，甚至以自己国家的利益作为判断其他国家合法性的标准。① 于是有理由认为，如果一个全球体系具有世界理念，那么就是一个"天下体系"，否则就只是一个世界体系。

由于思考的基本单位和解释标准的不同，在严格意义上说，西方思想传统里只有国家理论而几乎没有世界理论（马克思主义是例外）。这当然不是说，西方没有关于世界的思考，而是说，由于立足点不同、尺度不同，对世界的思考方式就不同——按照希腊人的说法就是"logos"不同，而按照胡塞尔的说法则是不同的生活世界给定了不同的"视界"。如果说西方对世界的思考是"以国家衡量世界"，那么，中国的天下理论则是"以世界衡量世界"——这是老子"以天下观天下"② 这一原理的现代版。西方关于世界统一性的想象基于国际主义原则，基于"之间关系"（inter-ness）观念而发展出来的世界性方案无非是联合国或其他类似的各种"国际组织"，都没有也不可能超越民族/国家框架，因此就很难通过联合国等方案来真正达到世界的完整性。民族/国家的视界注定了在思考世界问题时总是以国家利益为准而无视世界性利益——世界性利益并不是指其他国家利益（如果要求首先考虑其他国家的利益，未免要求太高，也不合理，但互相尊重各方利益是必需的），尽管世界

---

① 最典型的例子是美国帝国主义，它现在宣称它拥有"先发制人"的权力，假如任何其他国家构成对美国安全的潜在威胁的话。而且它还按照自己的国家利益，把阿富汗的塔利班政权、伊拉克的萨达姆政权等定义为非法的。

② 《老子》第五十四章。

性利益的具体内容还需要讨论和分析，但至少可以抽象地说，它是指与各国都有关的人类公共利益，既包括物质方面也包括精神方面，它是保证人类总体生活质量的必要条件。尽管人类公共利益的最大化在某个时段里未必能够与某个国家利益的最大化达到一致（更可能的情况是不一致），但从"长时段"（布罗代尔，Fernand Braudel）的尺度去看，或者从几乎永恒的时间性去看，人类公共利益的最大化必定与每个国家或地方利益的最大化是一致的。

这里可以发现，天下理念不仅是空间性的而且是时间性的，当它要求一个世界性尺度时，就逻辑必然地进一步要求一个永恒性尺度，因为世界性利益需要通过永恒性的时间概念来彻底表达。只有当世界被看作是个先验的（a priori）政治单位，才能够考虑到属于世界而不仅仅属于国家的利益和价值。"以天下观天下"的眼界显然比"以国观天下"的眼界更加广阔和悠远。天下理念可以说是一个考虑到最大尺度空间的最大时间尺度利益的概念。只有把世界理解为一个不可分的先验单位，才有可能看到并定义属于世界的长久利益、价值和责任。而对于民族/国家的眼睛，所看到的是"属于国家利益的世界"而没有看到"属于世界的利益"。

为什么在中国哲学中有着"天下"这个高于国家利益、价值和责任的单位，而在西方哲学中却没有？这很可能与基督教改造了西方思想有关。希腊哲学虽然没有等价于天下的概念，希腊的世界概念虽然是单薄的而非全方位意义的世界，但它考虑到了 chaos 必须成为 kosmos 才能成为世界这样的普遍形而上学问题，因此它有可能在逻辑的路上进一步发现意义饱满的世界概念。但是基督教的胜利把分裂的世界概念带进西方思想，它剥夺了关于人间世界的完美的和永恒理想的想象权利，并且都归给了天堂世界。于是，世界就仅仅是个科学问题，而生活变成信仰问题，所谓世界观就停留在自然的世界观上而不再发展为人文的世界观。宗教的真正危害并不在于无神论所批判的虚妄性上（幻想是无所谓的），而在于它理解世界的分裂性方式，它把世界划分为神圣的和异端的，而这种分裂性的理解几乎是所有无法调和或解决的冲突和战争、迫害和征服的思想根源。

3. "无外"原则

要进一步理解天下/帝国还需要讨论"天子"。天子大概相当于西方的"皇帝"（emperor）概念（在中国，秦始皇以后才有"皇帝"之名①），但就像"天下"不完全等于"empire"，"天子"也不完全等于"emperor"。天子是天下的配套概念，天下和天子共同构成了天下/帝国的理论基础，天下主要是个世界制度概念，而天子则主要是世界政府概念。应该说，天下比天子在理论意义上要重要得多，而且更为基本，因为制度是政府合法性的保证，而反过来政府并不能保证制度的合法性。显然政府本身有可能是坏的。事实上中国历史上的皇帝好的不多，如果不说是根本没有的话。② 好皇帝所以少见，就是因为制度理念没有得到很好的实现和贯彻。在中国

---

① 在中国古代早期，天子、皇、帝、王等称号的所指大致相同，但各自所强调的含义略有不同。商周时代，天子为王，诸侯国君称公、侯、伯等，春秋时南方的楚、吴、越诸国不合礼仪地称王，战国时各国纷纷称王。秦始皇并六国而自觉功盖三皇五帝，遂自创"皇帝"称号，后世沿用，而"王"自汉以来成为最高爵位。

② 甚至如明末清初唐甄所说："自秦以来，凡为帝王者皆贼也。"（《潜书·室语》）

历史上，"天下/天子"理论在实践中被贯彻的更多的是天子观念。这一片面的或残缺的实践损害了天下理论的形象，也引来许多深刻的反思，如黄宗羲曰："三代之法，藏天下于天下者也；……后世之法，藏天下于筐箧者也。"① 显然，如果天下社会制度没有被实践，而仅仅单方面地实行天子政府，则天子徒有其名而无实。孔子对春秋礼崩乐坏的痛心疾首现在看来是非常深刻的，因为那不仅是个乱世，而且是天下制度的破坏，事实上从春秋以后就不再有比较接近天下制度的努力了。

在天下/帝国的纯粹理论上，天子享有天下，所谓"君天下"或天下"莫非王土"②，尽管实际上从来没有一个帝国拥有过整个世界，但"天下/帝国"是个理论，在理论上则完全可以设想天下一家的帝国。天子以天下为家，因此产生"无外"原则。③ 天下为家而无外，这是个意味深长的观念，它非常可能是使得中国思想里不会产生类似西方的"异端"观念的原因，同样，它也不会产生西方那样界限清晰、斩钉截铁的民族主义。既然世界无外，它就只有内部而没有不可兼容的外部，也就只有内在结构上的远近亲疏关系。尽管和所有地域一样，中国也自然而然地会有以自己为中心的"地方主义"，但仅仅是地方主义，却缺乏清楚界定的和划一不二的"他者"（the others）以及不共戴天的异端意识和与他者划清界限

---

① 《明夷待访录·原法》。

② 《礼记·曲礼下》曰："君天下，曰天子。"《诗经·小雅·北山》曰："溥天之下，莫非王土，率土之滨，莫非王臣。"

③ 蔡邕《独断》卷上曰："天子无外，以天下为家。"司马迁《史记·高祖本纪》亦曰："天子以四海为家。"

的民族主义（中国的民族主义是引进西方观念的现代产物，是建立了现代民族/国家以来形成的"新传统"）。于是，与本土不同的他乡只是陌生的、遥远的或疏远的，但并非对立的、不可容忍的和需要征服的。对于天下，所有地方都是内部，所有地方之间的关系都以远近亲疏来界定，这样一种关系界定模式保证了世界的先验完整性，同时又保证了历史的多样性，这可能是唯一能够满足世界文化生态标准的世界制度。假如把世界看作给定的分裂模式，那么世界的完整性就只能通过征服他者或者"普遍化"自己来获得，而这样做的代价是取消了作为生态活力必要条件的多样性。

　　无论如何，至少在理论上，"无外"的原则已经排除了把世界作分裂性理解的异端模式和民族主义模式。至于在实践上，"无外"原则虽然不能完全克服作为人之常情的地方主义，但也很大程度上减弱了天下/帝国与其他地方的矛盾。清朝许多学者都自觉地利用"无外"原则来解释规模空前的帝国内部的复杂民族关系，可以看作这个原则的一个典型应用。① 也许会有疑问说，清朝以少数民族入主中原，所以对"无外"这一原则特别感兴趣。这可能的确是个原因，但更值得思考的是，"无外"原则确实有着良好的实践效果。而且，中原主体民族对清朝的效忠更加能够证明"无外"原则所蕴含的宏大意识。清朝学者龚自珍甚至为"无外"原则给出了形而上学的论证："圣无外，天亦无外者也。"② 就是说，既然"天无外"

---

　　① 汪晖在其新著《现代中国思想的兴起》中，详细地讨论了清朝学者在这方面的作为。

　　② 龚自珍：《龚定庵全集类编·五经大义终始答问七》。

是个毋庸置疑的、被给予的存在论事实，那么，天下当然也应该"无外"才能够与无外的天相配。而假如天与天下在形而上学原理上是分裂的，没有共通之"道"，那么就意味着"存在"是分裂的、不和谐的，各种危险的冲突就会产生。显然，如果不在哲学上先验地承诺和谐完整的存在和世界，那么就不会有和谐的思想，就更加不会有和谐的行动。只有以"同一片天"为准，才不会产生不共戴天的分裂世界意识。

在这里，关于"内外"的问题还需要略加分析：中国自古也有内外意识，可以说"无外"意识和"内外"意识并存，但特别需要注意的是，在"无外"原则和"内外"原则中关于"外"的概念并不在同一个问题层次上，所以并没有构成矛盾。"无外"原则是世界制度原则，所说明的是"没有任何他者作为异端"的四海一家观念，而"内外"原则是国际关系原则，说明的是亲疏有别的远近关系。自商朝开创"王畿"制度，至周朝而完善，就规定了"外服"和"内服"的亲疏关系，内服即王畿，乃天子所直辖的"千里之地"，外服即诸侯领地，围绕着王畿按五百里一圈的比例向外排开（这是理想化的规划，事实上并非如此整齐）。内外服共"五服"之多（有时认为有"九服"）。① 这种内外意识可能在后来发展成为所谓"华夷之辨"的意识，但由于毕竟有"无外"原则的制约（蛮夷

---

① 《国语·周语上》曰："夫先王之制，邦内甸服，邦外侯服，侯卫宾服，夷蛮要服，戎狄荒服。"《周礼·夏官·大司马》曰："方千里曰国畿，其外方五百里曰侯畿，又其外方五百里曰甸畿，又其外方五百里曰男畿，又其外方五百里曰采畿，又其外方五百里曰卫畿，又其外方五百里曰蛮畿，又其外方五百里曰夷畿，又其外方五百里曰镇畿，又其外方五百里曰番畿。"又可参见《尚书·禹贡》及《尚书·酒诰》。

戎狄仍然在五服之中），它表达的是文化差异而不是设立作为不可共存的对立面或者异端的他者，这一点不可不察。在中国意识里，蛮地番邦或许会成为利益竞争者，但并没有被定义为意识形态和种族上受歧视者，甚至不同文化的长短得失是可以客观讨论的（"由余使秦"关于文化政治的讨论则是实例①）。这说明天下理念能够克服文化原旨主义。

根据天下理论的"无外"原则，"天子"也相应地具有非专属性。中国关于身份（identity）的观念归根到底是一种责任制观念，可以看作"名实论"的一个重要组成部分。先秦的名实论包含许多复杂论点，在此不能详细讨论，但其中特别重要的一个原则是"名有待于实"或者通常所谓的"名副其实"原则，其中"名"远远不仅是名称，而且是一个关于事物或人的伦理意义结构，至少包括两个原理：

（1）任何事物都必须理解并定义为"在生活中的某物"而不仅仅是"在自然中的某物"，任何事物都按照它的社会位置以及该位置的社会关系来定义。于是，"名"定义的是某个社会位置的价值以及它在关系网络中的意义，而不是知识论上的一组摹状词（descriptions）。

（2）"名"所定义的那个社会位置意味着一组责任/诺言，承担

① 《史记·秦本纪》记载：戎王使由余于秦，秦穆公问曰："中国以诗书礼乐法度为政，然尚时乱，今戎夷无此，何以为治，不亦难乎？"由余对曰："此乃中国所以乱也。夫自上圣黄帝作为礼乐法度，身以先之，仅以小治。及其后世，日以骄淫……夫戎夷不然。上含淳德以遇其下，下怀忠信以事其上，一国之政犹一身之治，不知所以治，此真圣人之治也。"于是穆公退而问内史廖曰："孤闻邻国有圣人……"

这些责任和诺言是占有这个社会位置的充分必要条件，于是有：p 是 p，当且仅当，p 做了 p 规定要做的事情。可以看出其中暗含着这样一个思想结构："做"优先于"是"。这个思想结构虽然没有在古典文献中被表达，但我曾经论证它是中国哲学语法的必然理论要求，并且表述为"存在即做事"（to be is to do）① 或者"做什么因而是什么"（to do thus to be）。

一个人（包括天子在内）到底有什么资格当什么人，并不取决于他的出身，最终要取决于他的德行和作为，所谓"君君，臣臣"之类。② 于是，即使对于帝王，也有渎职的问题。而如果渎职，就失去任职的资格。因此，天子可以宣称他受天命而为天子，但天命并非无条件的，还需要得到经验上的重新确认，即必须有无可怀疑的称职证据（evidence）来完成其资格论证。这种称职证据，按照儒家理论尤其是孟子的理解，就是获得民心。③ 这个论证似乎可以大概解释为：天子虽然是天命的而不是民选的，但这只意味着天子的位置是先验的，却并不意味着具体某个天子是天定的。而先验的天子位置规定了天子以民为贵的先验义务，假如没有尽到这个义务，那么，即使他暂时利用权力窃据天子的位置，他也已经在理论上失去了这个位置，即失去了合法性——而这正是中国革命理论的基础。革命的合法性是以获得天意民心为根据的（以汤武革命为经

---

① 赵汀阳：《一个或所有问题》，江西教育出版社，1998。

② 《论语·颜渊》曰："君君，臣臣，父父，子子。"

③ 《孟子·尽心下》："民为贵，社稷次之，君为轻。是故得乎丘民而为天子。"《孟子·离娄上》："桀纣之失天下者，失其民也；失其民者，失其心也。"《礼记·大学》："得众则得国，失众则失国。"

典模式），中国历史上针对暴君、昏君的革命总是很成功，而没有明显合法性的夺权即使获得成功也被认为是篡位，即不算"正统"。当一个朝代之立国能够顺天命得民心从而得天下，就算正统。成功夺取政权和土地并不等于得天下，因为"天下"远远不仅仅是个地理事实，更是个社会事实（按照这个标准，传统欧洲帝国以及现在的美国新帝国主义所推崇的征服和统治就只不过是夺取"世界"而不是获得"天下"）。得天下意味着拥有社会承认，意味着代表了社会公共选择，所以得天下和得民心是一致的。老子早就意识到统治世界和得天下的根本区别，老子曰："以正治国，以奇用兵，以无事取天下。"①

按照中国民本主义的信念，民众的选择总与天意吻合，所谓"民之所欲，天必从之"。又曰："汤武革命，顺乎天而应乎人。"②其中并非巧合，而是被认为存在着必然的吻合。这种必然的吻合需要论证。根据天人合一假设，似乎可以这样分析：存在必定是整体和谐和自身一致的，否则，被破坏的存在就变成不存在；既然存在是整体和谐的，那么天、地、人就必定是和谐呼应的；而天命不可见，它是隐藏着的，但是天命这种隐性的事实必定有其显性的表现途径，否则我们就会根本不知道存在着天命（希腊人也论证说我们不可能知道本来不知道的东西）。天道虽然遥远而不显③，但是与

① 《老子》第五十七章曰："以正治国，以奇用兵，以无事取天下。"
② 《尚书·泰誓》："民之所欲，天必从之。"《易传》："汤武革命，顺乎天而应乎人。"
③ 这一原则自古有之，如《左传·昭公十八年》子产曰："天道远，人道迩，非所及也，何以知之？"天人原则正是在天道和人道之间建立了呼应关系。

之呼应的人道却近在眼前，人道的表现是民心，因为天是所有人的天，所以天先验地代表所有人的选择，于是，民心就是天命的显形。以天意和民心的一致性来证明统治的合法性的理论优势在于取证的方便。天意本身虽然并非直接可见，但民心却是明摆着的确证（evidence）。因此，即使声称知道了天命，也必须通过民心这一确证而得到验证，否则就是没有得到证明。所谓"天畏棐忱，民情大可见"（疏谓：天威之明，惟诚是辅，验之民情，大可见矣）①，又有"天亦哀于四方民，其眷命用懋，王其疾敬德"②。

至于"验之民情"，古代中国显然没有数字化的验证方式，比如现代的民主选举方式。③ 但实际上知道民情并不需要数字化的"准确"统计，因为民情总是表现为能够直观的或者直接感受到的社会气氛，而且，人们关于民情的直观、对社会气氛的感受似乎从来不会出错。原因可能是，民情的表现或流露是自然真诚的反应，直接表达了真实的社会选择。而现代的民主投票反而往往是民情的错误反映，数字虽然显得精确，但产生如此这般的数字的程序却往往导致失真，因为人们被告知进入了投票选举这个博弈，于是就有了斤斤计较的理性选择，就会出现所谓策略选举或不真诚选举和违心选举等情况［可以参考阿罗（Kenneth J. Arrow）的"不可能性

---

① 《尚书·康诰》；孙星衍：《尚书今古文注疏》。

② 《尚书·召诰》。

③ 严格意义上的现代民主选举制度一直没有被中国采用，这是个非常复杂的问题，似乎西方民主制度一直没有能够获得中国人的充分支持。尽管从清朝末年就有人相信民主制度是表达民心的最好方式，尤其有趣的是有人相信以民为贵的原则本为中国之思想发明，但是实现这一原则的方式却是西方的发明，"其惟泰西之议院"（郑观应：《盛世危言·议院》）。

定理"所证明的完全公正选举的不可能性]，而且还会受到偏心的不真诚的宣传误导。既然天命的最后证明只能落实在民心这一直观的确证上，天子保有天命的唯一方法就是"敬德"，即以民为重，体察民情。总之，天命落实在天子的位置上，而不是具体人上。可以看出，在中国的帝国理论中，"天下"是个具有先验合法性的政治/文化单位，是关于世界社会的绝对必然的思想范畴，但是任何具体的政权或宗教统治却不具有先验合法性；"天子"这一位置也具有先验合法性，但是任何具体的皇帝却不具有先验合法性。因此，"天下/天子"意味着一种先验的世界社会和世界制度，是一种世界理论或世界理念。

既然天下/帝国的"无外"原则是个世界尺度的原则，"天下/帝国"的理念，就其理论本身而言，就意味着在整个世界范围内都不包含任何歧视性或拒绝性原则来否定某些人参与天下公共事务的权利，就是说，天下的执政权利是对世界上任何民族开放着的。天下作为一个先验概念，它在关于世界和人民的经验事实之前就已经在概念上包括了地理上的整个世界又包括了世界上的所有人民。把经验事实当成先验概念来肯定，这在哲学上并不多见。在古代中国，人们所感觉到的或实际上知道的"世界"非常有限，但天下概念本身却事先就意味着至大无边的世界，并不依赖于关于实际世界的经验知识。这一对世界的普遍认同在结构上有些类似于罗尔斯（John Bordley Rawls）的"无知之幕"。不同的是，罗尔斯以"无知之幕"为条件所导出的是人人确保自己不吃亏的自私自利原则，而中国以类似于"无知之幕"的条件导出的却是天下为公的原则。

这表明了自由主义对生活的理解是不全面的，非常可能忽视了在个人利益和权利之外还存在着公共利益，尤其是那些与个人利益并非总是吻合的公共利益。①

　　天下概念这个世界观的基本性质是兼容万事，其"无外"原则是先验的，所以在中国的理解中没有异教徒。② 这样就不难理解为什么中国不仅像其他帝国一样没有明确的地理边界，而且没有文化边界。"天下"概念所具有的兼容并蓄的灵活性和解释力在历史实践中明显地表现出来。例如，历史上大元帝国和大清帝国统治中原数百年，而它们的统治在后世（甚至在当时）能够被承认并解释为合法的天下王朝；同时，元朝和清朝统治者也都采用了天下理论来建立和解释其统治的合法性，都自认所建立的帝国属于天下/帝国这一模式和传统，如蒙古帝国的国号更改为"元"所显示的天下意识③，而大清帝国则甚至对作为天下/帝国的正统传承有着更加明

---

① 　比如说，交通规则属于与个人利益非常吻合的公共利益，没有人愿意取消交通规则。但是，自然资源（能源、水和矿物等）以及世界和平、世界公正和社会正义等公共利益就不一定与个人或个别国家的私利总能吻合，因此就往往被破坏。美国是典型，它过度地消费了世界25％的资源而不愿意节制，还经常为自己的利益而发动战争，破坏世界公正。

② 　盛洪曾经论证说中国文明在文化上是最宽容的，而基督教是最不宽容的，尽管基督教有"爱你的敌人"这样的伦理原则，但又绝不容忍别的宗教和意识形态，这是自相矛盾的。他论证说，宽容异教徒是证明宽容的必要条件。参见盛洪：《为万世开太平》，113－122页，北京大学出版社，1999。

③ 　1271年，忽必烈把蒙古帝国改名为"元"，"盖取《易经》乾元之义"（《元史·世祖纪四·建国号诏》），"元也者，大也，大不足以尽之，而谓之元者，大之至也"（《国朝文类·经世大典序录·帝号》）。忽必烈认为蒙古概念显得是地方性的，不足以表达他那个"大之至"的天下帝国。

确和提前的意识和理论论证①。历史上还有其他许多民族曾经不同
程度地入主中原，如北朝五胡以及辽、金、西夏，虽然只是割据一
方，但大多都接受天下/帝国的想象。② 在宋、辽、金时代，由于
各国实力大致相当，因此只是逐鹿天下的竞争者，而在媾和时则成
为暂时分有天下的"兄弟之邦"，甚至更为"正统"的宋往往还要
向辽、金进贡。无论中原对外族的承认还是外族对中原思想的接
受，都显示了天下/帝国概念的开放性。现代中国在西方化过程中
更显示出极端的开放性，百年来世界的现代化运动与西方化过程是
基本同一的，东方国家以及几乎所有第三世界国家基本上都接受了
西方的现代社会/政治制度、经济制度和物质文明，但只有中国进
一步发生了最深层的、釜底抽薪式的文化革命。中国现代文化革命
表现为整个文化理念、基本价值观和语言的革命——这里"革命"
主要是在中国传统概念上使用，即不仅指社会制度和社会结构的根

---

① 甚至早在清兵入关之前，满族统治者就对未来的天下帝国有了意识准备。在努尔哈赤给明万历帝的一封信中，他说："天地之间，上自人类下至昆虫，天生天养之也，是你南朝之养之乎？……普养万物之天，至公无私，不以南朝为大国容情……自古以来，岂有一姓之中尝为帝王，一君之身寿延千万……天命归之，遂有天下……或天命有归，即国之寡小勿论，天自扶而成之也。"《清人关前史料选辑1》，289－296 页，中国人民大学出版社，1984。

② 后晋皇帝石敬瑭称臣于辽太宗或许是中原皇帝由外族皇帝册封的最早事例。而辽太宗进一步决定成为中原模式的皇帝，公元 947 年采用中原礼仪宣告成为中国式皇帝，并改国号为"大辽"，改元为"大同"，其含义与"大元"相似，都源于"天下/帝国"理论。金太祖采纳杨朴建议："大王创兴师旅，当变家为国，图霸天下……愿大王册帝号，封诸番，传檄响应，千里而定"（《三朝北盟会编·政宣上帙三》），金太祖听到天下概念大感兴趣。而金海陵帝试图迁都开封，也基于天下帝国的理由，他自认已经"君临万国"，而都城仍然偏居一隅，不能"光宅于中土"，实在不合道理（《大金国志·海陵炀王》）。

本改变，而且指这些改变合乎新的天命。既然西方文化被认定代表着新的天命，所以在中国可以顺理成章地获得权威地位。可能没有别的国家像中国这样推翻了自己传统的意识形态和价值观，而代之以"他者"的意识形态和价值观。① 接受一种新的物质文明并不会也并不必然要求根本改变一种传统文化，中国现代文化革命如此剧烈，其背后必有宏大思想根据。正是天下概念决定了中国没有文化边界。

4. 分析的单位及其后果

正是天下/帝国的这种开放性使得它具有完全不同于民族/国家的价值标准。天下作为最高的政治/文化单位意味着存在着比"国"更大的事情和相应更大的价值标准，因此，并非所有事情和所有价值都可以在"国"这个政治单位中得到绝对辩护，就是说，有些事情是属于天下的，有些事情是属于国的，有些则属于家，如此等等，各种层次的事情必须不同地理解。如老子所说："以身观身，以家观家，以乡观乡，以邦观邦，以天下观天下。"② 老子这一原则可能是"天下体系"的最好的知识论和政治哲学，它意味着每个存在单位或政治单位都有着属于自己的、不可还原的利益和主权，

---

① 五四运动打倒了孔家店之后，经过选择，中国接受了马克思主义作为基本的意识形态和价值观。当年陈独秀在《吾人最后之觉悟》一文中论证说："吾人果欲于政治上采用共和立宪制，复欲于伦理上保守纲常阶级制，……自家冲撞，此绝对不可能之事，……存其一必废其一，……伦理的觉悟，为吾人最后觉悟之最后觉悟。"这多少说明了文化革命的理由。

② 《老子》第五十四章。

于是就意味着，既不能随便以一个层次单位的要求来牺牲另一个层次单位的利益，同时又意味着一个规模更大的层次单位必定存在着比小规模层次单位多出来的公共利益。按照老子的原则，既然世界存在，那么就存在着属于世界的而不是属于国家的世界利益，只有承认和尊重世界利益才能够形成对世界中任何一种存在都有利的天下体系。天下体系与"世界体系"（world-system）有所不同，尽管天下体系也可以看作世界体系的一个最佳模式或乌托邦，但它至少与历史上存在过的世界体系有本质不同。按照沃勒斯坦（Immanuel Wallerstein）的概念，世界体系是"一个社会体系，它具有范围、结构、成员集团、合理规则和凝聚力。世界体系的生命力由冲突的各种力量构成，这些冲突的力量由于压力的作用把世界体系结合在一起，而当每个集团不断地试图把它改造得有利于自己时，又使这个世界体系分裂了"[①]。显然，世界体系是由国家之间的冲突和互相合作形成的，其中起决定性作用的是国家利益。而天下体系强调的是，存在着某些世界公共利益，这些公共利益的力量达到"一荣俱荣，一损俱损"的程度以至于没有一个国家愿意破坏这些利益。如果与纳什（John Nash）均衡比较的话，似乎可以说天下体系能够创造一种"天下均衡"，它是这样一种最佳均衡：不但满足帕累托（Vilfredo Pareto）最优，而且满足"一荣俱荣，一损俱损"的互蕴均衡（p iff q）。

与老子所表达的思考单位系列略有不同，作为中国思想主流的

---

① 沃勒斯坦：《现代世界体系》卷1，460页，高等教育出版社，1998。

儒家的思考单位系列通常表达得更为简练①，称作家、国、天下。一般而言，"家"和"天下"这两个概念在中国思维中最具支配性地位，并且以此形成基本的解释框架，就是说，"家"和"天下"这两个概念被赋予比其他所有可能设想的思考单位以更大的解释能力或解释权（作为比较，西方思想则以"个人"和"国家"作为解释框架）。赋予某些概念或思考单位以更大的解释权是思考社会/生活问题的一个必要的思维经济学策略：人没有无穷多的时间可以做所有的事情，所以必定需要选择，做事情需要选择，解释事情也同样需要选择，优先被选择或被考虑的东西就具有更大的支配权或话语权。不同的价值排序会产生不同的社会生活，于是，选择什么样的价值排序，又成为关于价值选择的元问题（这个问题非常复杂，在此不多讨论）。比较简单地说，现代西方的价值重心落在"个人"和"民族/国家"上，其中的极端重心是"个人"，当一个事情被逼问到最后解释时，问题就还原到个人价值上；而传统中国的价值重心则落在"家"和"天下"上，其中的极端重心是"家"，同样，当需要最后解释时，问题就还原到"家"。因此，对于中国思维来说，国就被解释为只不过是比较大的家，天下则是最大的家，所谓四海一家。在这个思维模式中，天下各国以及各民族之间的冲突实质上只是各个"地方"之间的矛盾，而不是现代理论所认为的国家

---

① 道家比较关心个人生命，所以老子的分析单位中有"身"（个人），对于道家来说，个人不仅是个利益单位也是个道德单位。儒家并不否认个人利益，但似乎倾向于以家庭作为伦理基本单位。当然儒家并不忽视"身"，只不过儒家是在修养的意义上重视"身"。如孟子曰："天下之本在国，国之本在家，家之本在身。"（《孟子·离娄上》）

和民族之间的矛盾。

"家、国、天下"这个政治/文化单位体系从整体上说是"家"的隐喻，所以，家庭性（family-ship）就成为大多数中国人理解和解释政治/文化制度的原则。① 家、国、天下由于贯穿着家庭性原则而形成大概相当于三位一体的结构。按照家的隐喻，天子虽然有着父母般的管理权，但对子民也必须有着父母般的关怀义务。② 按照这种设想，除远古的面目含糊的圣君尧舜禹汤之外，实际上的皇帝对义务的实践总是非常可疑的。天下/帝国始终是个乌托邦，是尚未实现的理想，但确实是作为理念和标准而存在的。

在选择政治/经济理解的出发点上，个人和家庭都是同样显眼的自然事实，中国思想选择"家"作为制度的最后根据，这一点往往归因于，如果从人类学和社会学的角度看，古代中国是农业社会（或费孝通著名的说法"乡土社会"）的结构，据说由于农业社会的基本经济单位是家庭，所以强化了家庭的重要性并且赋予了伦理意义。这是个重要原因，但恐怕不充分。问题是，不同的选择会导致不同的理念或哲学效果。在中国传统语境里，家庭是一个具有自身绝对性的、不可还原的最小生活形式，而且任一个体都必须通过他在家庭中的存在而获得作为这个特定个体的意义（这一点和马克思主义所认为的人的本质是社会关系的总和的观点相当接近）。如果

---

① 历史上只有很少的中国思想家相对轻视家庭以及以家庭关系为基础的伦理体系，例如商鞅认为儒家所鼓吹的家庭性伦理实际上鼓励了人们不关心社会公共利益，因此社会性的法律是更重要的。参见《商君书·开塞》。

② 《尚书·洪范》曰："天子作民父母，以为天下王。"

不在家庭中存在，那么一个人就无法被定义为某人，就是说，当我们说到"存在着某个体 a"，必定是在说"存在着某个体 a，当且仅当，（a∧b）∧（a∧c）∧（a∧d）……"，个体 a 的意义必须表现在它与家庭的其他成员的关系中。这直接否定了个体具有自足的价值（所以中国传统主流与个人主义格格不入）。也许可以说，假定选择了"家庭"作为政治理解的出发点，由于家庭的逻辑性是"并且"（∧），那么要维护这一"并且性"就必然重视和追求"关系""和谐""责任"以及"和平"等系列概念；而假定选择了"个人"作为政治理解的出发点，由于其逻辑性是"或者"（∨），于是就必然更关心和追求"权利""主权""利益"和"征服"等系列概念。

传统中国意义上的家庭不能简单地理解为西方意义上的那种由个体组成的"共同体"（community），共同体是两个以上的自足个体的协议组合，而在中国理解里的家庭则是一种先在的人际制度和给定的生活场所，它具有纯粹属于家庭概念的先验生活形式和道德意义，简单地说，家庭是个先验形式，个体形成家庭只不过是"进入"了家庭这一先验形式而不是"组成"了家庭。个体自身不足以使他成为具有完整或成熟人性的人，而家庭正是个体将其自然本性（所谓"性"）实现为社会人性（所谓"德"或"人道"）的必要条件或前提。[①] 像"天下"概念一样，"家庭"也成为一个理想化的

[①] 关于人的自然本性和社会人性，中国哲学家有大量的讨论。简略地说，自然本性是告子最早定义的"生之谓性"（《孟子·告子上》）或荀子定义的"性者，天之就也，……不可学、不可事，而在人者，谓之性"（《荀子·性恶》）；社会人性则是孟子定义的"人之所以异于禽兽者"（《孟子·离娄下》）或朱熹定义的"德性犹言义理之性"（《朱子语类》卷六十四）。

先验概念，它的所指是理想化的家庭（显然实际上大多数家庭并不能达到理想指标）。按照这个理想概念，家庭应该是生活中利益计较趋于最小化的一种生态环境，应该最有利于发展人之间无条件的互相关心、和谐和互相责任。于是，"人性"和"家庭性"便在理想条件下被认为是一致的。就儒家思想传统而言，家庭性几乎构成了对人性的完全充分论证，所谓："上治祖祢，尊尊也，下治子孙，亲亲也，旁治昆弟，合族以食，序以昭缪，别之以礼义，人道竭矣。"①

　　如果还需要关于家庭性作为人性原则的直观确证（evidence），那么可以注意到中国哲学基本上都使用了"情感证明"。孔子所以把"亲亲"看作万事之本，就是因为"亲亲"是无可置疑的直接事实和所有情感的开端。显然，亲情是无条件的感情，人类所有其他有条件的情感都基于与亲情的距离而确定。在儒家看来，感情亲疏的距离正是伦理规范的绝对基础，甚至所谓文化也无非是人类各种情感关系的恰如其分的制度表现。②"亲亲"的绝对性表现在它的直接性上。这一确证在结构上的完美性可以与笛卡儿"不能怀疑我在怀疑"的论证或者胡塞尔"我思其所思"（ego cogito cogitatum）命题相比。孔子关于"亲亲"的论证甚至有着更强大的力量感，因为它非常可能是我们在情感事实方面所能够想象的唯一绝对的论证。而这一情感证明的文化后果是巨大的：既然在实际生活中能够找到人类情感的绝对支持，那么就不需要超越人类情感的信仰

---

① 《礼记·大传》。
② 《礼记·三年问》曰："称情而立文。"

（这或多或少能够解释为什么中国人不需要宗教）。情感证明是直证，是可以实现的普遍事实，而超越的宗教世界是不可证明的①，不可证明就等于人人都可以给出对自己有利的解释，而且没有理由接受任何其他人的解释，所以宗教是形成所有不可调和的冲突的根源。

既然家庭性被假定能够充分表现人性，那么，家庭性原则就是处理一切社会问题、国家问题乃至天下问题的普遍原则。儒家声称只要人道/家庭性原则万世不移，那么在其他事情上都可以根据实际需要而进行移风易俗，于是"圣人南面而治天下，必自人道始矣"②。如果理解了家庭性是处理天下万事的基础原则，就不难理解"天下"概念所蕴含的世界先验完整性和先验和谐——天下和家庭性之间构成一种循环论证。一般来说，当试图论证任何一种基本观念时，几乎无法避免地会遇到"循环论证"或者"无穷倒退"这

---

① 在中国思想里，相信某些东西是必要的，但是信仰某些东西则没有必要。《论语·雍也》曰："务民之义，敬鬼神而远之，可谓知矣。"中国式的智慧就是在力所能及的实践范围内找到思想和行动的绝对根据。当然，人们可以信仰某种实践之外的东西，但不可以真的相信它。如果利用维特根斯坦的"不可说"的概念，很显然，我们可以信仰某种不可说的东西，但却不能相信它，因为我们不能相信某种我们所不知道的东西。假如我们盲目地相信某种所不知道的东西，那么，在逻辑上说，我们被正确地引导或者被误导的机会相等。关于这一点可以参考柏拉图《美诺篇》的"美诺悖论"：即使我们遇到了我们在寻找但不知道的东西，既然不知道，那么我们不可能知道那就是我们所寻找的东西。

② 《礼记·大传》："圣人南面而治天下，必自人道始矣。立权度量，考文章，改正朔，易服色，殊徽号，异器械，别衣服，此其所得与民变革者也。其不可得变革者则有矣，亲亲也，尊尊也，长长也，男女有别，此其不可得与民变革者也。"

样的情况，我们很难想象还有第三条道路，因此很难完全消除怀疑论。① 但是至少可以肯定循环论证比无穷倒退要好得多，而且还存在着一种特殊的良性循环论证，它不仅不构成知识论困难，相反还构成知识的严格的绝对基础，即所谓的超验论证（transcendental argument）。天下和家庭性之间非常可能存在着超验论证的结构。

家庭性所意味的幸福必定基于它的完整性和和谐，这一真理是分析性的，因此是绝对的——显然，父母与子女、夫妇之间的幸福是互为条件和互相促进的，所以家庭的完整性和和谐是每个成员各自幸福的共同条件——那么，任何不利于完整性和和谐的事情也就被先验地定义为不可接受的事情。于是有这样一个一般性模式：关于幸福、和谐或和平的唯一有效原理就是，给定一个共同体或人际制度，它必须能够满足：

（1）这个共同体的完整性是任何一个成员各自幸福或利益的共同条件。

（2）这个共同体的总体利益与任何一个成员各自的利益成正比，或者说集体利益和个人利益总是挂钩一致，因此任何一个成员都没有反对另一个成员的积极性。

按照这一完美共同体标准，家庭性模式是最合格的。于是，当我们幻想世界的幸福、和谐或和平，至少在理论上，就有理由把家

---

① 宗教的解决也许算是第三条道路，即给定一种信仰，不许怀疑，不许争论。但这不是知识论的解决而是政治性的解决。如果从知识论角度看，信仰的解决是完全不成立的，因为如果能够任意相信某种东西，那么在逻辑上就可以随便相信另一种东西，并且任何人都可以以任意的理由来拒绝其他人的思想。所以，宗教的解决是知识的堕落和意识形态冲突的根源。

庭性原则推广应用到整个世界。当然这一推论并非逻辑推论，即并不能由家庭的和谐模式"推理"出天下的和谐模式，这种推论是数学的"映射式"（mapping-into）的，即既然家庭模式在形成和谐关系方面具有优越性，那么，如果把天下建设成家庭模式就也能够形成和谐关系。这种映射式的推论是中国思维惯用模式。

但是，对由家而国至天下这一推广并不是没有任何疑问，至少有一点是相当可疑的。家庭是人的情感中心，其他情感关系则围绕着这一中心按照其亲疏程度层层向外远去（按照费孝通的比喻，它是个波纹同心圆的结构①），这就很容易想象，当情感关系走到非常疏远的层次时，淡化了的情感恐怕就无力再来维持家庭性模式的互相爱护了，就是说，家庭性原则会在情感的淡化过程中消于无形。看来，由家庭性而世界性的推广还缺乏某些实践条件。不过家庭模式仍然是世界模式的理想，这一点不成问题。费孝通对家庭性模式的著名批评恐怕是对经典理论的误读，费孝通认为，《大学》里的"古之欲明明德于天下者，先治其国，欲治其国者，先齐其家，欲齐其家者，先修其身……身修而后家齐，家齐而后国治，国治而后天下平"这段经典论述意味着一个自私的制度："一个人为了自己可以牺牲家，为了家可以牺牲党，为了党可以牺牲国，为了国可以牺牲天下。"② 这样的结论在逻辑上是推不出来的。（不过有趣的是，商鞅倒是早就有类似解读："其道亲亲而爱私，亲亲则别，

① 费孝通：《乡土中国》，25 页，三联书店，1985。
② 费孝通：《乡土中国》，27 页，三联书店，1985。

爱私则险。"①) 费孝通把自我中心的思维归于中国主流文化难免让人迷惑。(自我中心的思维倒是西方现代个人主义价值观的典型表现，而且表现在一些典型的西方哲学概念如"个体""主体"和"个人权利"之中。中国固然也有自我中心的理论，如杨朱的利己主义和道家个人生命价值理论，但这些都不是中国的制度主张。)真实情况可能是个理论与实践的差距问题：儒家的家国天下理论是一个事实上总也做不到的乌托邦，却不能说成是一个自我中心的制度主张，由于它有着实践上的局限性，理想难以实现，所以人们观察到的社会学事实并非理想的社会主张。如何改进家庭/天下理论使得社会以至世界的和平和谐在实践上也成为可能，这才是重要的问题。

5. 制度最大化问题以及作为完成式的和作为使命的世界

就历史的情景（context）或历史发生学而言，天下理论所直接设想的是一个天下/帝国，但就其理论的深层意义来说，它蕴含着关于"世界"的饱满概念和世界制度的先验理念，即作为天下体系的世界制度。天下理论最重要的创意就在于它的世界概念以及世界制度的先验理念，尽管历史上实际存在的帝国从来没有很好地表现这一理念，但这个关于世界制度的先验概念始终是天下/帝国的深层结构，而天下/帝国则是它的某个表现模式。我们无法断言天下/帝国是不是天下体系的唯一可能的表现模式，但很可能是天下体系的一个有效模式。正如前面所说到的，以人类本性和生活欲望作为

① 《商君书·开塞》。

约束条件，我们所能够设想的社会制度的花样并不多。许多思想家都希望能够在理论上（也就是提前于充分的实践经验）分析出哪一种社会制度对于人类生活是最适宜的。通过理论分析而发现最佳选择其实可以看作人类心智的精明之处，也最合乎经济学，因为通过实践经验来选择很可能是不能承受的代价，历史不仅是不可逆的（不可改变其过去），而且有时候还很可能是不可逆转的（无法改变其未来），即一旦错了就永远错下去，即使知道错了也没有条件改正错误（潘多拉盒子模式）。自马克思以来的批判理论就是在不断提醒人们说，现代性所带来的社会发展是以扭曲人性为代价的，而且这种错误很可能难以逆转。不过，自由主义思想家们则致力于论证，在给定自私和贪婪人性的约束条件下，自由主义社会制度已经足够好了（所以才会有历史的终结的说法），如果有更好的，那就是不现实的。自由主义论证相当有力，但是有一个无法回避的困难：自由主义社会制度总是仅仅在"国内社会"的约束条件下有效，它不能超越国家这个约束条件，因此它不能满足制度最大化和普遍化要求，不能成为一种对所有规模的社会都有效的社会制度。这是一个致命的问题，也是经常被忽视的问题。

所谓制度最大化和普遍化，指如果一个社会制度是最好的，那么它必须能够成为一个普遍有效的社会制度，以至于能够尽可能地扩展成为在任何一个政治/社会单位上有效的社会制度，否则它就是个不彻底的社会制度。一个社会制度之所以需要成为普遍有效的，至少有这样一个基本理由：各种政治/社会单位并非各自独立互相无关，而是互相影响、互相制约着的，尤其是这些政治/社会单位之

间的关系是包含关系，即按规模层次一个包含另一个，于是，规模
比较大的单位就形成了比较小的单位的外部环境和存在条件（这一
点在全球化时代变得更加突出），如果忽视一个社会的外部环境
（尤其在今天的世界），或者说各个层次的单位之间没有一致性，几
乎必然要产生无法控制的混乱、失序、矛盾和冲突。因此有理由认
为，假如一个社会制度不能成为世界性制度，那么它就不是一个完
善的制度，它就还没有能力建立人类生活所必需的完整秩序。社会
制度的最大化和普遍化必须被看作一个社会制度的必要指标。

　　缺乏世界性制度的原因除历史和现实所给定的实践困难之外，
在思想上或理论上的原因是人们在理解世界时缺乏理论准备，没有
给予世界一个世界观。只有当能够从世界的整体性上去理解世界才
能够有"世界观"，否则就只是关于世界的某种地方观，只不过是
"管窥"（the view of the world from somewhere），就不会关心世界性
利益。在这个意义上，"天下"作为一种世界观的重要性就冒险起来。
"天下"所认定的世界是个在概念上已经完成的世界（conceptually
completed world），是个已经完成了它的完整性结构的世界，它承
诺了世界的先验完整性。既然世界具有先验完整性，那么世界的存
在论意义就在于保护其内在和谐。基于这种完成式的世界概念，世
界的历史就不可能有一个进化论的终点，即一个要等到最后才实现
其目的性（finality）的目的地。① 对于天下理论，历史是维持世界
先验理念及和谐状态的无穷过程。可以看出，天下的世界观深刻地

_____

　　① 福山式的历史终结论对于中国哲学来说是不可理喻的，如果不假定一种 finality，
就无所谓 the end of history。

影响着中国的历史观，这种历史观以理解生命和生态的方式去理解存在，即存在（being）的目的在于维持良好的存在状态（state of being），而不是为了存在之外的某种目的。所以中国总是以存在状态的情况去分析历史，特别是以"治/乱"模式去判断一种存在状态是否良好。①

西方对世界的理解可以看作与此不同的典型例子。西方对世界的理解，无论是帝国的还是帝国主义的，都把世界看作分裂的，把世界的完整性看作尚未完成的历史使命（往往同时又是宗教使命）。一旦把世界的完整性看作"使命"而不是给定的概念，就不可避免地为了克服所想象的分裂而发动战争，进行殖民，从事政治、经济和文化的征服。西方对征服的迷恋是出于作为意识或潜意识的所谓"使命感"。可以看到，天下/帝国理论与帝国主义理论在对世界的理解上有着顺序颠倒的结构：天下/帝国的理论是个由大至小的结构，先肯定世界的先验完整性，然后在给定的完整世界观念下再分析各个地方或国家的关系。这是世界观先行的世界理论。而帝国主义是个由小至大的结构，先肯定自己的民族和国家的绝对性，然后以自己国家的价值观把"其他地方"看作对立的、分裂的和未征服的。这是没有世界观的世界理论。也许我们无法比较哪种理论本身是更正确的（因为在社会和历史方面没有绝对真理可言），但假如我们需要世界正义、世界制度和世界和平这样一些事情，那么天下理论更有助于达到这些目标。

---

① 关于"治/乱"模式，我在本书《历史知识是否能够从地方的变成普遍的?》一章中有更多的讨论。

与天下这一先验概念相配，天下的完整性是依靠内在的多样性的和谐来维持的，因此又有一个关于世界和谐的先验原理，所谓"和"。一个东西本身无所谓"和"，因为没有什么可以与之构成"和"，至少必须有两种以上的东西才能够形成"和"。然而，假如只有一种东西存在，不是更具典型的完整性吗？对于完整性而言，"和"似乎是多余的。关于这个问题，中国哲学在至少 2000 年前就进行了不同寻常的深入反思，其中关键的论证是这样的：

（1）至少两种以上东西之间的和谐是任何一种东西能够生存的必要条件，就是说，单独一种东西靠它自身不可能生存，任何一种东西都不得不与另一种东西共存，于是，共存（co-existence）成了存在（existence）的先决条件。

（2）足够多样的东西才能够使得任何一种东西具有魅力或者说价值和意义，因此，足够多样的存在方式是生活意义的基础。经典的表述有："道曰规，始于一，一而不生，故分而为阴阳，阴阳合和而万物生"①；"和乃生，不和不生"②；以及"夫和实生物，同则不继。以他平他谓之和，故能丰长而物归之，若以同裨同，尽乃弃矣"③。基于这样的考虑，只有多样的和谐这一模式才能够同时满足世界的完整性和生命力的双重要求。不过应该指出，这样两个论点都是出于直观的，这样的直观虽然神奇而且实践经验也几乎总能够给予验证，但却不能被绝对地证明。不过，假如再加上一个约束

---

① 《淮南子·天文训》。
② 《管子·内业》。
③ 《国语·郑语》。

条件"对于人类生活而言"，这两个论点可能就能够在某个超越论证（transcendental argument）中被证明。

6. 不完美的帝国实践

天下理论显然过于完美，往往被认为只属于古老的圣贤时代（其实即使圣贤时代的完美性也是想象的，未必真的完美）。不过重要的不在于理想不能实现，而在于理想是必要的标准。没有理想就等于没有尺子。尽管事实上的古代中国帝国的确与天下/帝国理想有相当的距离，以至于在许多方面只不过是个寻常模式的帝国，但古代中国帝国毕竟在文化追求上一直试图按照天下/帝国的文化标准去行事。至少有这样几个方面是明显的：

（1）在天下一家的理想影响下，在中国的意识里不存在"异端意识"，于是，中国所设定的与"他者"（the others）的关系在本质上不是敌对关系，其他民族或宗教共同体都不是需要征服的对象。这不是说古代中国与其他民族和宗教共同体没有冲突，关键是，那些冲突在本质上只是地方利益的功利冲突，而不是在精神上或知识上否定他者的绝对冲突，因此所有冲突都不具有不共戴天的性质。这显然要归因于"天下"与"天"一样都是不可分的公共空间和公有资源这样一个理念。

（2）天下公有而为一家的意识还抑制了天下/帝国作为军事化帝国的发展趋势。按照"天下"概念所理解的帝国不是一个超级力量的存在。事实上，中国古代帝国在人口和经济方面都非常突出，但按照比例，其军事实力并不十分强大，以至于西北人口很少的少数民族军事集团永远成为中原帝国之大患。① 天下/帝国的理想追求不是征服性的军事帝国，而是文化帝国，而且这个文化帝国也不是致力于普遍化自身的统治性文化帝国，因为中国式的文化帝国以"礼"为基本原则而形成自我限制。

（3）天下/帝国所设想的根本不是一个国家。如果说全世界变成一个国家，这个说法在逻辑上显然没有意义，所以天下/帝国设想的是一个世界制度。它把世界理解为一个完整的政治单位，这种理解在民族/国家思维模式中是不可能的。天下/帝国虽然是一个完整的政治制度性存在，但它允许按照各个地方分成许多"国"，就是说，天下制度是共享的，但是各个地方在经济、政治和文化上是独立的。

（4）在天下/帝国的理想指导下，既然空间问题（土地的征服和空间占有）不是根本问题，于是时间问题就被突出。古代中国王朝帝国确实重视"时间性"问题超过"空间性"问题，即它总是优先思考帝国的持久性而不是领土的开拓。这样，帝国的主要问题就是制度的可持久性，所谓"千秋万代"问题。中国帝国制度设想者们的思考重心显然不在经济发展速度和管理效率的最大化上，而在生活方式的稳定性和社会和谐的最大化上，因此总是以最大限度减少社会冲突和规避冒险性发展作为基本原则。这大概是为什么几乎所有的王朝都选择了儒家制度的一个原因，因为儒家制度具有无有

---

① 即使在似乎很强大的王朝如汉、唐、明、清，西北威胁仍然严重，更不用说像宋这样比较弱的王朝。但是元帝国除外，元帝国仍然是军事帝国的模式。历史上个别"穷兵黩武"的皇帝也除外，他们对军事征服的兴趣应该归于个性而与帝国理论无关。

其匹的稳定性。但是我们绝不能认为儒家制度是一个足够好的制度，就儒家制度所能够提供的可能生活而言，它有着非常严重甚至不可接受的局限性（鲁迅对表面温厚的儒家制度处处都在"吃人"的深刻批判不能被遗忘），何况这个制度在今天已经失效（回归儒家社会是个不切实际又毫无想象力的主张）。当然，我们所熟悉的儒家社会其实是以宋明儒学为原则的退化了的或歪曲了的儒家社会，并非原本意义上的（fundamental）儒家社会。①

（5）由于天下/帝国不是个国家，而是世界性政治单位，于是在天下/帝国这个概念下的"国际关系"就不同于通常意义上的国际关系。天下单位之下的"国"不是民族/国家，而应该说是"地方性统治"。中文的"国"最开始时本来就指的是王都以及地方都城。商周时代人们对天下范围有着纯概念的想象：在天子的直辖地之外一圈一圈地围绕着各个伯侯之国，这些属国与天子有着法律上的朝贡关系。秦始皇一统六合，虽然不能说天下尽属王土，但也几乎海内尽属王土，于是整个中原都变成了王朝直辖地，在王朝辖地之外的地方就在理论上变成了环绕着的各国。原来规模比较小的天下视野就在结构上映射到规模比较大的天下视野中。而由于那些遥远的地方并不属于同一文化体系，而且也较少往来，于是原来的"法定朝贡体系"就转化为"自愿朝贡体系"，即中原正统王朝虽然认为其他国家应该尊崇中原王朝而发展朝贡关系，但并不强迫它们

---

① 中国早期古代生活显然存在着很大的自由生活空间，但宋明以后的儒家原则发生了无节制的自身膨胀以至于取消了生活的所有方面和所有细节上的自由，所以变成了严重压抑的社会。

这样做。朝贡的自愿性从表面上看似乎是由于在控制世界方面实力有限，但更重要的原因应该是中国关于礼的理解，而礼被认为是处理人际和国际等一切"际间"（inter-ness）关系的普遍原则。

7. "礼不往教"原则

特别需要讨论的是"礼"这一充分表达了中国心灵（heart）①的实践原则。礼的精神实质是互惠性（往来），所谓："礼尚往来，往而不来，非礼也；来而不往，亦非礼也。"② 这种中国式的互惠性虽然也包括经济意义上的互惠，但似乎更强调心之间的互惠，即心灵的互相尊重和应答。如果说经济上的互惠能够带来利益，那么心灵上的互惠则产生幸福，所以心灵互惠是更加深刻的互惠。由礼所规定的社会关系被认为是最优的，因为据说它表达了人性基本原理"仁"。仁的直接意义是"二人"，这一语义结构意味深长。仁的更古写法为"忈"，似乎表达的是千心所共有的人性或共同认可的人性原则，可以理解为对人性的普遍意识，即仁是人的普遍要求。③ 因此可以想象，二人关系的人性要求就是众人关系的人性要求的最基本模式，因为二人关系是最基本的人际关系。

不过"二人模式"是可以争论的。至少从现代社会的结构来看，把众人关系还原为二人关系似乎有些过分，更合适的基本模式可能应该是三人关系。一个重要的理由是，一个社会，不仅仅是现

---

① heart 有多种译法，如"心事""心灵""心志""心意"等等。

② 《礼记·曲礼上》。

③ 从千心变化而为仁，关于其中的理由似乎并无确切记载，但从孔子的学生不断问仁，至少可以说明孔子对仁的用法包含新的含义，所以需要不断解释。

代社会，总是包括陌生人的。尽管古代中国社会据说是个熟人社会，但陌生人仍然存在并且同样构成问题。三人模式可以解释为"至少存在着一个陌生人的人际关系"。但如果进一步看，孔子的二人模式则另有道理，他试图说明的是人类所能够指望的最好人际关系的伦理条件，而不是关于社会的科学描述的经济学或社会学条件，所以在这个意义上，二人模式仍然是最优的。道理很简单，在二人关系中，另一个人必定是自己的存在条件以及生活意义的条件，失去另一个人只剩下自己的生活不仅没有意义而且几乎不能生存。因此二人模式是发展和谐关系的最优模式。列维纳斯（Emmanuel Levinas）也有类似的见识，在二人面对面的关系中，另一个人就不再是形同路人的"他"而变成了与我息息相关的"你"，因此二人模式是个"我与你"的亲密关系模式，其中人之间的互相尊重和关心成为无条件的。不管是孔子还是列维纳斯都无非是想论证道德的先验条件。正是基于二人模式的条件，孔子才能够说出"己所不欲，勿施于人"① 和"己欲立而立人，己欲达而达人"② 这样的道德完美主义原则。

仁这个"二人模式"的幸福境界就成为分析社会/生活的伦理学原则和好社会/好生活的乌托邦。正如前面论证的，二人模式是发展和谐、幸福以及和平的最优条件，因为在二人模式中，要最大化自己的利益的唯一可能途径就是同时去最大化他者的利益，否则必定损害自己。这就是孔子名言"己欲立而立人，己欲达而达人"

---

① 《论语·颜渊》。
② 《论语·雍也》。

的深层含义。当然，这个"二人模式"不是指仅仅有两个人的社会，而是指众人之间的人际关系达到相当于二人关系的良好水平。不过，由于存在着利益冲突，所以在实际上并不能真的在所有人的关系中实现互惠，于是，仁就不得不限制在具体情景中，人们只能在某些特定关系中才能发展超越利益互惠的心灵互惠（reciprocity of hearts）。所谓"义"和"礼"就被发展为实现仁的具体规则。

有一个非常典型的义气原则是"豫让原则"①，即给定特殊的人际关系，别人给我什么样的价值待遇（不等于物质待遇），我就以配得上这种价值待遇的行为给予回报。豫让原则是伦理原则和策略原则的结合，就其行为策略方面而言，它非常接近于现代博弈论中据说被证明为在长期博弈中最成功的"回应性"模式，即首先采取与他人合作的策略，但以后的每个行为步骤都模仿他人的上一个步骤以回应他人。其中充分体现了以他者而不是自己为思考核心的"他者性原则"。

在礼方面的一个重要原则是自愿原则。这个原则一直没有被充分表述，但它是明显存在的。中国伦理强调的是"以身作则"而不是把自己的价值观加之于人（后者是西方的"传教"模式）。中国伦理的基本原则（例如孔子原则）表面上看起来有些类似于西方的金规则，有些西方学者就这样认为②，但这是典型的貌合神离，其本质区别在于西方的哲学假设是主体性原则而中国的哲学假设是他

---

① 《史记》卷八六。

② *A Global Ethic：The Declaration of the Parliament of the World's Religions*，ed. by Hans Kung and Karl-Josef Kuschel，The Continuum Pub. Co.，1993.

者性原则。因此西方的金规则的眼界就比较狭隘，它只能按照自己的价值观去定义什么是不应该对他人做的事情，而没有考虑他人对生活的不同想象。这一缺陷使得西方伦理原则只能满足形式或程序上的公正而不能满足实质上的公正。中国哲学显然考虑到了他者心灵，即他人的价值观、生活想象和情感方式，是不可还原的，于是在与他者的关系中引入了自愿性原则。如《礼记》所说："同则相亲，异则相敬。……礼者，殊事合敬者也，乐者，异文合爱者也。"① 又曰："礼，闻取于人，不闻取人；礼，闻来学，不闻往教。"② 等待别人来学，与强加于人显然是完全不同的原则。于是，不管自己认为自己的文化多么优越（似乎绝大多数的民族都有这样的自我感觉），也不能因此认为自己的文化有更大的权力去获得普遍化。这其中显示的正是他者性原则。

历史事实显示，中国古代帝国在扩大其文化影响方面的确实践了"不取人、不往教"的原则，尽管中国古代帝国连续 3000 年保持着优势的帝国文化，但是其文化影响的扩展速度非常缓慢，基本上只影响了近邻地区，甚至几乎只限于其属国范围（日本除外）。相反，中国一向引进"西方"文化，大规模的引进至少有胡服骑射、佛教和现代欧洲科学文化。可以说，以"礼"和"仁"为表里而定义的天下/帝国想象的是一种能够把文化冲突最小化的世界文化制度，而且这种文化制度又定义了一种以和为本的世界政治制度。文化制度总是政治制度的深层语法结构，亨廷顿（Samuel

---

① 《礼记·乐记》。
② 《礼记·曲礼上》。

P. Huntington）也意识到了这一点，所以在文明关系上重新理解了国际关系，可是他只看到了冲突，这毫不意外，因为这只不过是主体性思维和异端模式的通常想法。

二、天下理论与当代问题的相关性

1. 联合国模式

按照家庭性关系而想象四海一家的天下/帝国模式有时候会让人联想到今天的联合国模式，它们或多或少有些相似性，比如它们都被假定是某种世界组织，而且有义务解决国际冲突，保证世界和平与秩序。然而它们的差异则是本质性的。就事实而言，天下/帝国模式尽管在实践中远远没有达到所预期的标准，但已经在中国古代许多朝代的实践中被证明比较成功地维护了和平、社会稳定秩序和传统的延续。而联合国的实践却不能说是很成功的，它在保证世界和平与世界秩序方面显然有非常大的局限，而且联合国几乎没有能力创造世界性的公正体系，何况它的有些成就在今天还被超级大国毁于一旦。从根本上说，联合国的概念并不是一个清楚的理念，它没有提供一种世界性的社会/生活理想。在缺乏相应的世界性理想的情况下，一种世界性的制度是可疑的和没有确定性的，它不能为自身辩护从而没有能力去解释和解决世界性问题，所以与其假定的身份不匹配。而就世界的理念而言，天下理念却是基本清楚的，它是个世界乌托邦，从而它不是一般意义上的帝国，而是世界社会制度，它指望的是有着共同的世界理念却不存在着霸权的天下体系，在其中，和谐、沟通和合作通过一个共同认可的世界制度而得到保证。当然，联合国之所以虚弱自有"各方面的"实际原因。在这里我们只分析其理论假设方面的缺陷。

为了更单纯地在理念层面上进行分析，我们回避天下模式和联合国模式在历史语境中的具体得失成败，而只考虑它们的理念和假设。天下模式预设了世界的先验一体性（oneness a priori）。如前面所论证的，既然天下是个先验理想，那么，世界中的所有可能生活就被认定为天然合法的，因为生活方式的任何可能性都是世界一体性的可接纳部分，甚至是构成生活意义的必要条件。当然，这一逻辑包含着一定的危险性，因为的确存在着某些可能生活是危险的或有害的。这一点可以这样解释：天下理想在可能生活上并非完全没有限制，凡是与天下理想得以成立的条件（至少是"世界完整性"原则以及"和谐"原则）互相冲突的生活方式就被认为是不可接受的。那些危险的生活既需要获得天下模式的支持又准备破坏天下模式本身，而按照"超验论证"的标准——任何一个东西 p 不可以构成对 p 所依赖的某个条件 q 的否定，既然反对自身的存在条件是不成立的，那么就证明 q 是必要的约束条件——那些危险生活就被排除了。由此我们可以更准确地理解天下模式的有限性：所有可能生活，如果与天下模式的存在条件没有冲突，那么都是天然合法的。

从理论立意上说，天下的概念默许了世界的多样性。不同的生活就仅仅是不同的生活而已，而不是某些必要修改或必须消灭的异端，因为任何一种所谓不同的可能生活都分有着世界的先验一体性。按照老子的理论，多样性是一体性必然需要生长出来的，否则世界就什么也没有。① 把"多"看作"一"的存在需要甚至存在条件，这一哲学原则几乎是所有中国哲学所共同强调的，如前面讨论到的所谓"道曰规，始于一，一而不生，故分而为阴阳，阴阳合和而万物生"，以及"夫和实生物，同则不继。以他平他谓之和，故能丰长而物归之，若以同裨同，尽乃弃矣。……声一无听，物一无文，味一无果，物一不讲"②，等等。既然世界的一体性是先验的，世界就是一个完成式的概念，既然世界多样性成分是一体性的必要生存条件，那么就不可能把其中某种东西理解为不可兼容的、不可接受的异端，无论它是如何陌生和异己。因此，天下模式不包含"普遍化"（universalisation）的要求。这里需要分辨的是，普遍化并不等于标准化。标准化的确建立了各种普遍统一的标准，但是那些普遍化的标准基本上都是生产、社会管理和政治制度所必需的实用性标准，正因为实用性标准是生活所必需的，所以任何文化都包含大量的普遍性标准，即使是特别强调灵活和变通精神的中国文化也不例外。③ 所以"普遍化"不包括物质层面的普遍标准，而是指统一精神和心灵的企图，即试图把属于自己的价值观和意识形态、观念体系和知识体系给予单方面的推广，从而剥夺其他观念和知识

---

① 《老子》第四十二章曰："道生一，一生二，二生三，三生万物。"

② 《国语·郑语》。

③ 翟光珠：《中国古代标准化》，山西人民出版社，1996。中国古代的标准化涉及文字、纺织、农业、道路、车辆、度量、货币、建筑、航运、桥梁、工程等方面，标准化的范围和项目与其他文化大同小异，可见标准化是出于生活需要而并非文化风格。

体系的生存空间。由此来理解，秦始皇的"书同文、车同轨"应该属于标准化而不是普遍化（不过，秦始皇"焚书坑儒"以及汉朝的"独尊儒术"则属于意识形态方面的普遍化，可以说是天下模式的反例。什么事情都会有反例，这倒不奇怪）。

与天下理论的单纯性不同，联合国模式表面上是众多国家的联合机制，但实质是二战后对世界权力关系的重新规划。联合国在发展其多种功能的过程中也发展了许多混杂的思想观念，其中特别包括了多元论和普遍主义这样两个有严重分歧甚至互相矛盾的原则。当然，联合国模式本来就是以众口难调和"什么都要照顾到"的复杂情况为背景的。一方面，它要以各国所"共同认可"的原则为基础来把各国联合起来追求某些"普遍的"价值和目标。另一方面，既然联合国并非一个"世界国"或严格意义上的世界性单位，各国就必定仅仅考虑或至少优先考虑自身的利益，这样的联合性或"合同性"的制度显然不可能形成甚至不可能去发现属于世界整体的价值观、世界性利益和世界性理念。那些所谓的"普遍"价值和目标一方面是伪装成普遍价值的超级大国的利益，另一方面又被各国多元地解释，显然只不过都是各自利益的表述而已。多元论和普遍主义本来应该是"或者"的关系，但是在联合国那里似乎被伪装成"并且"的关系。

也许可以更准确地说，联合国根本不是个世界性制度（institution），而只是个世界性组织（organization），是关于各国利益的一个谈判场所或机构，而且还是个不健全的谈判机构。原因是明显的：当不存在一个世界性制度时，就不存在超越国家利益和力量而做出解释/

决定的可能性，也就不存在超越民族/国家的游戏规则，而且也没有能力去控制一个超级力量滥用实力，比如说超级大国单方面地普遍化其自身的利益、价值和知识，而剥夺他者的发展机会甚至发动战争。这里并非在批评联合国，事实上联合国已经尽了很大的努力试图通过理性对话来减少可能发生的战争或严重冲突，但由于这一模式在理论上的局限，它不可能减少世界中的利益冲突和世界性的不公正，相反，它维持着世界上各种不合作博弈和自私的最大化者思维。无论从理论准备上说还是从实践上看，联合国模式不但没有超越民族/国家思维，而且是附属于民族/国家体系的一个服务性组织。由于联合国模式关于世界的概念以及对世界中政治/文化关系的理解从属于民族/国家体系，因此，联合国必定为各个民族/国家的国家利益所约束，它要照顾的并非世界这个整体的利益，而是各国的利益，它也就在事实上很容易为某些甚至某个特别强大的民族/国家的帝国主义所利用。即使它不愿意为帝国主义所利用，帝国主义也有能力超越它。所以，就联合国的概念而言，它不可能把世界引向一个新的体系、新的国际社会和新生活，相反，如吉登斯（Anthony Giddens）所指出的，联合国似乎没有削弱而是加强了作为现代政治形式的民族/国家体系。[①] 可面前的问题是，今天的全球化运动已经使得世界制度问题成为一个迫切问题。世界从来没有像今天这样需要一个世界制度，也没有像今天这样难以创造一个世界制度。这可能就是前面讨论到的那种不可逆转的历史性堕落。

[①]　Anthony Giddens，*The Nation-State and Violence*，Chapter 10，Polity Pr.，1985.

2. 现代游戏

作为现代性的最重要特征之一的民族/国家体系在基本价值观上与西方思想中"个体"或"主体"这样的基本概念或者基本思考单位是一致的，并且存在着映射关系，只不过民族/国家单位更大。我们可以看到从个人主义到民族主义或国家主义、从个人权利到民族或国家主权之间的一致逻辑，即有意义的存在形式总是某种自身独立的单位（个人或国家），而且，任何一个独立单位的思维模式必定都是并且仅仅是对自身利益的最大化。按照这一逻辑，各个独立单位之间的冲突是不可避免的，因为其他独立单位，不管是他人还是他国，都被先验地假定为"负面的外在性"。而且利益的最大化是个永远的过程，无休止的过程，所以冲突永远不可能消解。就民族/国家体系而言，如果一个民族/国家足够强大，那么它就会发展为帝国主义（列宁早就分析了现代世界为何必然会产生帝国主义，尽管他的论证不很充分①）。

不过我们没有必要对哪一种游戏进行价值批判，不能认为哪一种游戏本身是错误的，而只能说由于不具备适合该游戏的充分条件而导致游戏不成功——意识到这一点是重要的，否则就会陷入无助于解决实际问题的意识形态批评。真正的问题是：给定某种游戏，这种游戏在它的制度设计或规则体系上是否有能力去避

---

① 列宁努力论证帝国主义是资本主义的必然产物。不过，尽管资本主义和帝国主义之间存在着历史事实上的密切关系，但是否存在着绝对必然关系则仍然需要更充分的论证。或许资本主义只是其中一个因素，而观念和文化传统，包括宗教意识，可能需要考虑在内，甚至有可能是更深层的因素。参见列宁：《帝国主义是资本主义的最高阶段》。

免这个世界所不能承受的各种困难、危险甚至毁灭？如果这样去思考，我们就能够把价值或意识形态的立场之争转换为能够无立场分析的问题。当意识到帝国主义与民族/国家以及民族主义的关系，当意识到"利益最大化"思维与无止境竞争的关系，当意识到对他者的否定与异端思维的关系，我们就会发现今天世界的危险根源，就会意识到以主体性原则、经济人原则和异端原则作为元定理而设计的现代社会游戏根本没有能力来维护游戏的合理性。应该说，人们对"现代游戏"（任何单位意义上的利益最大化运动）的危险性已经有了明确的意识，因此，不管是在社会制度问题上还是在世界体系问题上，人们都希望能够有一个足以避免危险和毁灭的制度设计。由此可以看到公正、规则、法律、权利、权力、秩序、对话和合作等事情之所以成为今天世界的关键"问题"的理由。

那么，现代游戏是否能够通过自身完善而发展出一个足以保证游戏正常运作和合理性的制度？一般地说，现代的制度想象是这样的：如果有一个由合格的法律和政治制度所保证的个人或任何独立实体的政治权利、社会秩序和自由市场，那么，个人的利益最大化行为不但不会导致互相的损害，反而会在"看不见的手"的指引下促进共同利益，或者说，只要制度在技术上（程序上）是公正的，那么就可以规避危险的直接冲突而形成公平的市场交易，于是互相获利。这个亚当·斯密（Adam Smith）式的推论其实非常可疑，因为没有理由能够证明，利益冲突形式由直接的暴力争夺变成和平竞争就必然能够导致互利。这一论证的缺陷居然长期不被觉察，一直到纳什均衡得到证明才被普遍意识到。① 甚至现代民主政治制度本身也被发现存在着理论上的严重缺陷，阿罗的"不可能性定理"说明了，不存在完全公正的民主选举方式②，尽管据说实际的选举并没有那么不可救药。现代民主政治和自由市场制度尽管存在着许多缺陷，但仍然被大多数人认为是个比较好的制度，而且要寻找一种明显更好的制度似乎并不容易，这正是福山宣称"历史的终结"的重要理由。

我们在这里不打算卷入关于现代制度作为一种国内社会制度是否合理的讨论（当然这是非常需要讨论的，尤其是现代制度绝不像通常想象的那么乐观），因为这里所讨论的是世界制度的问题。只要面对世界性问题或者国际问题，就很容易发现，到目前为止还没有一个实际存在的世界制度，所以不可能有效地解决世界性和国际问题。联合国的概念并不是一个世界制度（the world institution），而只是一个试图解决世界性和国际问题的"国家间机构"（an international organization），正如前面所论述的，它的思考方式和利益分析单位仍然以民族/国家为标准，它至多只能照顾国家而不是世界。人们虽然"被抛入"世界，但是人们不看护世界。迄今为止，"世界"只是作为一个地理事实而存在，仍然不是作为一个制度事实和文化事实而存在，这意味着世界还没有完全充实"世界"这个概念。"世界"在西方一直是个很单薄的哲学概念，一直没有

---

① 纳什均衡证明了由于自私的个体互相不信任从而形成不合作的博弈，结果不可能形成共同利益的最大化，或者说，由互相受害向互相得益的帕累托改进总是不可能的。

② 许多政治学家和经济学家试图通过一些有限的条件修改来克服阿罗定理所证明的困难，但是困难并没有得到真正的解决。

被充分地、全方位地、多层次地思考。而中国的"天下"则是个丰厚得多的哲学概念，在其中，地理和人文、制度与情感是浑然一体的。当思考世界制度时，天下概念显然是个重要资源。

正因为世界还没有一个以世界为单位的制度，所以国际问题最后在实质上只能是通过国与国之间的对话、协议或者冲突来解决，联合国的"决议"在实质上仍然是国与国的协议，因为它最终可以还原为国与国的协议，或者说和国与国的协议等价，而在这种协议的背后只不过是国与国的利益博弈，并不存在高于民族/国家概念的世界制度依据。许多人以为，人权可以成为世界普遍的法律基础，所以有了"人权高于主权"这样貌似世界性原则的口号。但人权是个非常空洞的概念，它的具体内容的解释权就成了问题。显然，人权概念并没有获得一个世界性的解释，而是由各个国家各自解释，于是就出现了"解释的解释"这样的知识论的元解释问题，还出现了福柯（Michel Foucault）式的"知识/权力"知识政治学问题。简单地说，关于人权的解释本身就是一件缺乏世界性依据和世界性公正的事情。即使仅就西方主流认可的人权概念来说，"天赋人权"的基本假设也存在着严重的逻辑错误。①

现代制度的局限性在世界性和国际问题上就特别明显地暴露出来。现代制度是以民族/国家为思考单位的产物，它所设计的是一个国家内部社会的制度，所考虑的人民也是国家内部的人民，它本

① 参见我的"预付人权"理论，《赵汀阳自选集》，191-203页，广西师范大学出版社，2000。

来就没有或几乎没有考虑到世界整体的利益。既然现代制度只是国家制度而不是世界制度，它就没有能力处理世界问题。尽管现代制度所推崇的种种主要观念如"民主""自由""平等""公正"等就其理论概念而言看上去似乎应该是普遍有效的，但是这种"普遍性"实际上只是在国家内部社会中有效，而不是在世界上普遍有效。诸如"民主"和"公正"这些原则从来都不被应用于国际关系中，那些现代的"普遍"原则只要一进入世界性和国际问题就立刻化为乌有。当考虑到现代制度不是一个世界制度时，现代制度就更加不让人乐观了。现代制度不具备处理世界性问题的能力配置、义务或责任界定以及道德与德性理想，而在这个全球化时代，几乎所有国家内部社会的问题都已经无法避免地与国际问题联系在一起。在这个世界上，现在已经不可能有与世界无关的"自己的"问题，这一点决定了现代制度不是一个充分的社会制度，也说明了世界社会需要有一个世界制度。

3. 遗弃世界

由于文化上的偶然，中国最早思考了世界制度的问题，即"天下"理念。中国的"天下"概念是严格具有世界眼光的世界理念，即能够达到老子的标准"以天下观天下"。有一些西方近现代思想家，例如从康德、马克思到罗尔斯，也都思考过这个问题，但是除了马克思，西方思想家并没有能够发展出一个超越了国家眼光的世界眼光。马克思的思想在西方传统中多少显得独辟蹊径。马克思超越了国家概念，发现了普遍存在于各个社会中的"阶级"以及全球化的阶级剥削①，于是马克思想象总有一天"全世界无产者联合起来"，建立一个没有国家的共产主义世界性社会，而这种超越了国家的世界人民的联合之所以是必要的，马克思论证说是因为只有解放全人类才能真正解放自己。马克思主义在西方之外特别是在"东方"被接受并不偶然，因为尽管关于世界的理解不同，但马克思主义显示出一种世界尺度的思维，这一点至少与中国思想在"形式上"有所沟通。不过，马克思主义在西方并不太成功，就西方主流思想而言，民族/国家是人们更喜欢的概念，人们在思考到世界问题时仍然是以国家为最大的独立单位去计算的，因此，所谓世界问题就只不过是"国际问题"而不是以世界为单位的世界整体问题。西方的这种主流思维在实践上表现为联合国等国际组织或国际契约，在理论上则典型地表现为康德—罗尔斯观点。

罗尔斯主要是继续了康德的工作，如果说多少有些新意的话，主要是突出了美国式的政治自由主义和人权高于主权的观点。康德的思想则的确是开创性的，康德关于"世界公民"、"各民族的联盟"（foedus amphictionum）或"和平联盟"（foedus pacificum）的理论基本上涉及了以个人权利和民族/国家权利为准则所能够想象

---

① 《共产党宣言》是最早讨论全球化的文献之一，它宣称："资产阶级，由于开拓了世界市场，使一切国家的生产和消费都成为世界性的了。……物质的生产是如此，精神的生产也是如此。各民族的精神产品成了公共的财产。民族的片面性和局限性日益成为不可能，于是由许多种民族的和地方的文学形成了一种世界的文学。"参见《马克思恩格斯选集》第 1 卷，276 页，人民出版社，1995。原文中"literature"一词，往往译成"文学"，不是非常准确，似应译成"文献"。

的国际关系最优模式。① 罗尔斯在细节上发展了康德的观点，并且进一步提出了部分类似于一种世界制度的"万民法"（law of peoples）②，但他在康德没有考虑的两个问题上提出了非常阴险和危险的两个观点：

（1）适合于国内社会的公正原则不适用于国际社会，特别是涉及分配公正的那一条有利于弱者的"差异原则"是万万不能在国际上使用的。在一个自由社会里，差异原则用来限制不公正的社会关系，即使不从伦理学上去论证，而从经济学的角度去看，差异原则也是维持社会秩序的必要条件，因为维护弱者的生存条件是一个社会必须付出的代价和投资，否则活不下去的弱者就会成为破坏者。当罗尔斯在国际社会中取消了差异原则时，就等于取消了国际公正，也就鼓励了弱肉强食的国际社会。而差异原则是保证一个社会免于退化成为弱肉强食社会的唯一条件，取消差异原则的危险结果是绝对无法辩护的。

（2）假如给定的只有弱肉强食的世界，别无选择，那么按照弱肉强食的逻辑，弱者就没有义务与强者合作去维护强者的压迫和剥削，而一定会奋不顾身、不择手段地反抗，这是强者不愿意为秩序而投资的必然结果。这样危险的世界从对等性上说也算是正常的和公正的。可是罗尔斯还是决心彻底取消国际公正，他另外想到了解决方法，他认为应该剥夺弱者的不合作或反对的权利和力量，不是

---

① 康德：《历史理性批判文集·世界公民观点下的普遍历史观念·永久和平论》，商务印书馆，1990。

② 罗尔斯：《万民法》，吉林人民出版社，2001。

让弱者不想反抗，而是使弱者没有能力反抗。在这一点上他所依据的是"人权高于主权"的干涉主义。他说：如果必要的话，法外国家将被"强行制裁甚至干涉"，理由是"在万民法之下，自由和合宜的人民有权利不去宽容法外国家"①。罗尔斯的理论等于主张了一种新帝国主义。这种新帝国主义就是美国现在所推行的，美国不愿意为国际社会的秩序而投资，却愿意为战争投资。其实康德关于世界契约的理论本来是相当谨慎的（尽管存在着民族/国家思维的局限），康德的头脑异常清楚，他已经提前反对了罗尔斯式的国际理论："双方中的任何一方都不能被宣布为不义的敌人（因为这就得预先假定有一种法庭判决）。"②

要保证一种契约的有效性就必须有制度的支持，而一种制度是有效的就必须是一个权力体系而不仅仅是一个权力契约。现在世界上的国际组织，比如说联合国，所以不像国家那样有效，就是因为没有相匹配的有效的世界制度作为支持，进一步说就是没有一个仅仅属于世界而不是属于任何国家的权力体系的支持。因此，一个有足够实力的强国只要愿意，就可以超越联合国之类的国际契约性组织。这就是关键问题之所在。在"个人""民族""国家""宗教""异端"等计算单位所构成的概念体系中不可能理解和解决世界性的问题，这些概念不是为世界而准备的，只有新的概念体系才能够产生新的知识体系。马克思曾经以"阶级"这一概念作为旧概念体系的突破口而发现了世界性问题。类似地，今天的哈特和尼格瑞以

---

① 罗尔斯：《万民法》，86 页，吉林人民出版社，2001。
② 康德：《历史理性批判文集》，102 页，商务印书馆，1990。

新马克思主义的姿态通过"帝国"和"普众"（multitude）这些概念试图再次突破旧概念体系的框架来重述世界性问题。他们论证说，全球化会产生出"普众"来消解新帝国，从而最后建立起全球的民主社会（这听起来有些类似于马克思说的资产阶级自己生产出了作为资本主义掘墓人的无产阶级）。[①] 不过，即使是当年马克思主义那样狂风骤雨般的观念革命，也并没有完全超越西方思维模式。"阶级"定义了另一种意识形态和另一种异端，阶级虽然是任何国家都存在的，它以一种横切面方式解构了民族主义而制造了国际主义，但是仍然假设了世界的分裂性和斗争性（阶级斗争）。自从基督教征服了希腊文明之后，西方就形成了固定的异端模式思维，它以各种方式把世界看作分裂的和战争性的。可以说，基督教在西方哲学中毁灭了"世界"这一概念，使"世界"在精神上和理论上失去了先验给予的统一性和完整性，"世界"变成了一个永远没有完成的使命——甚至在逻辑上也永远不可能完成，因为按照异端模式思维习惯，即使某个异端被消灭了，那么就必须把另一种东西定义为异端，否则就不知道该与谁进行斗争了。冷战的结束也是"共产主义异端"的结束，亨廷顿马上就发现了新的异端和文明的冲突。

正如前面讨论到的，天下这一概念所承诺的世界一体性是先验给予的整体性，而世界的先验一体性又构成了对世界内部多样性的承认，因为多样性不但是既定事实，而且是任何东西的存在条件，

---

① M. Hardt, A. Negri, *Empire*, Harvard Univ. Pr., 2001.

必须有某些东西可以"和"才有各种东西的"生"。世界的先验一体性之所以重要，就在于它在理论上拒绝了"异端""战争""冲突"这样的危险思维。从哲学上说，天下是关于"世界"的全方位概念，不仅是地理概念，而且是文化和制度概念。从政治学和经济学上说，天下是危险性最低的世界制度理念，它拒绝了把物质上的统一世界在观念上又理解为分裂的至少两个世界（或许多个世界）。假如未来需要一个世界制度，或许天下理论就是一个适宜的理论基础。

三、结论或者开始：世界还不存在

今天的全球化是否正在解构还是正在加强民族/国家体系，这是个非常暧昧的问题。但几乎所有人都承认，在今天，任何一个地方的本地问题都联系着世界上的所有问题，任何一个地方的生活都联系着其他地方的生活：跨国公司、全球市场、网络、知识推广、文化交流、跨国迁徙①和新帝国主义政治等。但是在"一个问题和所有问题"或者"一个事情和所有事情"的知识、利益和权力互动结构中，"世界"还不存在，我们看不到"世界"，看不到一个具有属于世界整体的世界利益、世界制度和世界秩序的"世界"。就是说，在作为地理事实和财富资源的物质世界之外，还不存在一个精

---

① 不必是传统意义上的移民，更大量的情况是，许多人持有其本国护照，却在世界各地工作。

神、制度和价值意义上的世界。一个没有世界制度和世界利益的世界仍然不是世界。今天世界的各种问题已经形成了对世界制度和价值的迫切需求，而且这一需要正在变得越来越强烈，于是我们需要一个全方位意义的"世界"概念，同时需要一个相应的世界事实。西方哲学没有完整意义上的世界观，在西方概念体系里，国家已经是个具有完整意义的最大概念，西方的世界概念虽然比国家更大，但却不是全方位的世界概念。天下概念作为全方位的"世界"，显然是重新思考今天世界问题的一个重要思路。

帝国以及帝国主义就其理念来说总是世界性的，但是除了天下/帝国模式，其他的帝国模式都没有世界观，都只有国家观，只是以国家为主体单位而试图扩展至整个世界，无论扩展到什么程度，其利益、价值观以及制度设想都是基于国家尺度的视界。这里不妨对几种典型的帝国模式进行简单的比较：

1. 罗马帝国模式

这是具有普遍性的典型古代帝国模式。帝国（imperium）原义指罗马执政官代表国民利益的行政统治权力，分成内政统治和对外征服两方面责任。一般来说，这种帝国是个领土扩张型的军事大国，往往包括多个民族。就其公开声称的或者隐蔽的目的而言，假如条件允许，它将扩张至全世界。于是，这种帝国只有临时性的"边陲"（frontiers）而没有法律明确认定的"边界"（boundaries）。这种古代帝国不管在实践上还是在理念上，自现代民族/国家时代以来就已经不可能存在了。

2. 大英帝国模式

这是基于民族/国家体系的典型的现代帝国主义。它总是一个帝国主义的民族/国家，以民族主义、资本主义和殖民主义为帝国理念和行动原则。帝国主义就是以现代化的方式来实现民族/国家利益的最大化。现代化本身可以理解为一种"最纯正的帝国主义"，现代化推行普遍主义来"生产一种全球规模的形式或结构上的同质性"，但是，"资本的全球扩张却绝不产生真正实质上的同质性，而是产生了不均匀和断层的全球体系，因为不平等的发展就是资本主义的一个最基本的要求"①。这种帝国有着明确划定的边界，不过明确的边界并不意味着帝国主义准备自我克制，边界的意义在于用来禁止其他人随便进入而危害帝国或分享帝国的利益。与古代的领土扩张主义有所不同，帝国主义在控制世界方面主要表现为：首先，在条件允许的地方开拓境外殖民地；其次，在不容易通过征服而变成殖民地的地方，则强行发展不平等贸易（"大英帝国的性格是商业性"，它是个国际贸易体系②）；最后，通过现代性话语重新生产关于事物、社会、历史、生活和价值的知识或叙事，把世界划分成中心的、发达的、有神圣法律地位的一些主权"国家"和边缘的、不发达的、没有自主性的"地区"，划分成"有历史的和进化的"世界和"没有历史的或停滞的"世界，通过这种不平等的知识

---

① S. Makdisi，*Romantic Imperialism：Universal Empire and the Culture of Modernity*，pp. 177 – 182，Cambridge Univ. Pr.，1998.

② D. Armitage，*The Ideological Origins of the British Empire*，p. 8，Cambridge Univ. Pr.，2000.

生产来造成其他地方的知识退化。二战之后殖民地纷纷独立并加入民族/国家体系，同时世界各国都强化了民族主义意识和主权要求，于是现代帝国主义也就转变为全球化帝国主义。

3. 全球化帝国主义就是美帝国主义模式①

首先，全球化帝国主义尽量继承了现代帝国主义能够被继承的特性，主要表现为对其他国家的政治霸权、经济支配和知识霸权从而形成"依附"② 格局。依附的政治和经济格局虽然是现代帝国主义的特性，但只有在全球化时代才可能被强化到极致，以至于全球化帝国主义能够形成对世界的全方位控制和霸权，按照美国自己喜欢的说法则是"美国领导"（American leadership）。这种"美国领导"被约瑟夫·奈（Joseph Nye）生动地解释为"硬力量"和"软力量"的双重领导③，即由美国领导和操纵的全球政治权力体系、世界市场体系和世界文化知识市场体系，而且这些"世界体系"都达到仅仅最大化美国利益和仅仅普遍化美国文化和价值观。也许约瑟夫·奈是对的：建立文化知识的统治是比政治和经济的统治更一

---

① 哈特和尼格瑞论证说，新帝国与欧洲老帝国非常不同，它产生于美国的宪政主义（American Constitutionalism），它更像罗马帝国而不是欧洲帝国主义。参见 M. Hardt, A. Negri, *Empire*, Harvard Univ. Pr., 2001。

② 所谓"依附"，就是指"一些国家的经济受制于它所依附的另一国经济的发展和扩张，……依附状态导致依附国处于落后和受统治国剥削这样一种局面"。参见多斯桑托斯：《帝国主义与依附》，302 页，社会科学文献出版社，1999。

③ 约瑟夫·奈呼吁美国加强它的软力量以补充其硬力量，尽管美国已经是"自罗马帝国以来最强大的力量"，但单靠硬力量还不足以"在世界上为所欲为"。参见 J. Nye, *The Paradox of American Power：Why the World's Only Superpower Can't Go It Alone*, Oxford Univ. Pr., 2002。

劳永逸的解决。因为只有文化知识的统治才能够通过使其他文化知识传统作废而达到使其他心思（the other minds）作废。要达到这样宏大的目标，如果仅仅是发展了现代帝国主义的手段，显然是不够的。于是，全球化帝国主义创造了一种超越了现代帝国主义的新游戏。如果说在现代帝国主义游戏中，帝国主义依靠强大实力而永远成为赢家（比如说总能够签订不平等条约），那么，在这个全球化帝国主义新游戏中，帝国主义不仅由于强大实力而永远是赢家，而且还是唯一有权选择游戏种类的主体以及游戏规则的唯一制定者。于是，美国就成功地成为世界游戏中唯一的法外国家。很显然，当集参赛选手、游戏规则制定者和游戏类型指定者这三个身份于一身，就必定是个法外选手。不过美国的无法无天并非完全归因于美国的野心，更重要的原因应该是世界缺乏世界理念、世界制度和足以支持世界制度的力量，而这正是这个时代提出来的严重问题。

4. 天下模式

在思考或许可能的世界制度的问题上，天下模式至少在世界理念和世界制度的基本原则上具有哲学和伦理学优势（virtue），它具有世界尺度，所以能够反思世界性利益，它又是一个冲突最小化的模式，最有利于保证世界文化知识的生态。由于天下概念意味着先验的、完成式的世界整体性，因此它是个全球观点（globalism）而不是全球化要求。必须强调的是，虽然天下理念是中国提出来的理论，但天下体系的理想不等于中国古代帝国的实践。由于中国古代帝国仅仅部分地而且非常有限地实践了天下理想，所以这一不完美的实践主要是形成了专制帝国，而并没有形成一个今天世界所需要的榜样。显然，天下理念只是一个理论准备，它仅仅是个值得研究的问题和值得利用的思想资源，特别是天下理念所包含的世界先验一体性观念、他者哲学以及和谐理论。

世界制度在现实性上尽管遥远，可它又是世界的迫切需要，这一点有些悖论性。美国对伊拉克的战争本身就是这个世界作为"问题世界"的集中表现。为了不卷入烦琐论证，在这里我们不讨论哪一方比较正义或不正义，重要的是，这一事件说明了这个世界没有能力解决世界性问题。世界的无能在各种冲突还没有极端化的时候并不明显，因为人们似乎可以指望"对话"，尤其是哈贝马斯（Jürgen Habermas）想象的满足了理想商谈条件的长期理性对话。但是哈贝马斯忽视了两个致命的问题：其一，有一些事情无论经过什么样的理性对话仍然是不可互相接受的，即"理解不能保证接受"的问题；其二，还有一些事情涉及当下利益，假如不马上行动就会错过机会而失去利益，即"时不我待"问题，它说明了在对话上的时间投资会导致利益上的损失。于是，当问题以话语的方式提出来总是不太严重的，而当问题以行动的方式提出来，世界就茫然失措，因为没有什么样的话语能够回应行动的问题。这就是"对话哲学"的破产。

传统哲学曾经试图独断地给出关于事物的真理，但是各种文化和不同的知识体系的存在使得单方面的真理成为不可能，于是当代哲学的一个努力是把真理的证明转化为观念的对话，"同意"（agreement）优先于"真理"。但是现在我们又看到了对话哲学的破产，当行动提出话语无能力回应的问题时就破产了。哲学在追求真理与知识然后又是利益和对话的路上走到了头，现在有理由认为，我们通常用来表述和分析各种问题的"概念体系"非常可能有着严重缺陷，以至于不能正确地理解事物。概念体系构成了思想的"计算单位"，假如计算单位不合理，即使思想的计算在逻辑上都是正确的，仍然可能错过重要的问题。前面的分析正是试图分析西方概念体系中的一种偏好，它总是选择诸如"个体"和"民族/国家"这样的实体作为决定性的计算单位，这种计算单位隐藏着一个内在的秘密：它的利益是独立的，不必与他者的利益挂钩。于是，对自身的利益最大化就可以：第一，不把他者的利益考虑在内；第二，如果涉及对他者利益的计算，那么就只想损人利己。这种行为不是伦理上的无耻或缺陷，而是一个利益能够单独成立的存在单位的存在论逻辑（ontological necessity）。假如给定生活的目的是利益，那么这种个体存在论（the ontology of individuals）是合适的，但是假如生活的目的是幸福，那么那种个体存在论是不成功的，因为，幸福的存在论条件是"关系"，幸福只能在成功的关系中产生，幸福只能是他者给的，自己不可能给自己幸福。中国哲学概念体系所偏好的"计算单位"往往强调一种存在论单位的关系结构，典型的如家庭和天下。中国哲学更为关心的是关系存在论（the ontology of relations），具有关系结构的存在论单位所提供的是关于幸福的逻辑，即它假定他者是自己的幸福条件甚至存在条件。基于"关系"而不是"个体"的哲学便形成了"无立场的眼界"（the view from everywhere）而不是"特定角度的眼界"（the view from somewhere）。

这样的概念体系对于分析和解决世界性问题是必需的，否则甚至不可能发现世界性问题的症结所在。

不过，传统天下理论还只是关于世界制度的初步理论准备，仍然有大量疑难问题存在，尤其是目前缺乏足够的实际条件来实现一种世界共同认可的世界制度。其中尤其缺乏的是能够形成世界性利益的社会结构，也就是说，现在世界上的社会运动和人们的行为基本上都趋向个人利益和国家利益，而很少去发现和发展世界共同利益，所以很难形成人们之间或国家之间的"正面外在性"，即各方的行为碰巧在客观上形成互惠结构配置，也就是各方之间存在着利益的互相依附关系。许多人追求世界各国或各地在政治社会制度的同质性，这种做法很可能无助于解决任何冲突，因为政治制度的同质并不逻辑地蕴含实际利益的对等和公正。因此，对全球政治社会制度同质化的追求（不管是自由主义还是共产主义）也许不是错误的，但非常可能是无效率的。各地人们所能够普遍满意的真实条件其实是物质利益和权力、知识和话语的发展水平的等量化，这样才能消解世界上的冲突、矛盾和战争。简单地说，凡是仅仅能够兑换成权利（right）的东西都是虚的，凡是能够兑换成权力（power）的东西才是实的。

世界性利益不能仅仅是观念，而必须是实际存在的利益，否则没有人有追求它的积极性。如果在将来也不能慢慢地形成客观利益上的互惠结构，那么世界制度就会遥遥无期而仅仅作为理想而存在。即使如此，理想仍然是重要的，它至少能够让我们知道错在什么地方。

认同与文化自身认同

一、问题的背景和结构

Identity 最早是个哲学和逻辑问题（在哲学和逻辑里就译成"同一性"），虽然重要但是并不特别显眼，或者说并不为人们所热切关心，这是因为事物的同一性看上去是"明摆着的"（evident），似乎没有什么值得担心的地方。逻辑里关于同一性的表述则是著名的"三大规律"中的同一律。在逻辑三大规律中，排中律受到许多质疑，甚至矛盾律也并非绝无疑问，但是同一律却始终众望所归。①

---

① 三值逻辑和多值逻辑都质疑排中律，而辩证逻辑则欢迎矛盾，但没有一种逻辑能够反对同一律。

只有在把 identity 落实为人或者文化的身份时，这个问题才有些异样。

最普遍的身份现象是作为一种社会制度意义上的身份。身份意味着社会等级、权利、权力、利益和责任。在社会中每个人都有许多身份，其中有一些是在"什么是什么"这一事实判断形式中成立的，如父亲、儿子、官员、警察、小偷等等；还有一些是在"什么被说成是什么"这一价值判断形式中被认定的，如好人、坏人、吝啬鬼、变态者等等。特别值得注意的是，身份的社会制度往往有着价值偏好，于是可以让某种本来以事实判断形式成立的身份同时意味着某种在价值判断形式中成立的身份，比如西方曾经有"黑人＝低等人"这样的意识。这种在理论上非法的转换可以成为某些人拥有获利特权或者某些人被迫害和歧视的理由。著名的身份对比例子有古代的"奴隶/贵族"、美国的"黑人/白人"和中国的"城市居民/农民"等等。现代社会的出现对传统等级社会中的身份进行"身份解构"（de-identity），表现为对各种价值判断形式中的身份的怀疑和拒绝。关于价值判断通过伪装成"知识"而导致歧视的问题，福柯有过经典的分析，他揭示了社会如何生产关于精神病人的知识从而定义了精神病人的身份。[①] 身份解构背后的理想是要把人还原为身份平等的"同样的人"，或者说是把具体的人抽象化，使得人人只剩下共同的、普遍的抽象人面目。所有人都是这个"抽象人"的可任意代入的变元，这正是人人平等原则的哲学基础（例如

①　福柯：《疯癫与文明》，三联书店，1999。

"在法律上人人平等"和"人人拥有同等的人权")。这种对具体价值身份的解构是逐步进行的，开始的时候解放的是受封建贵族压迫的平民（如法国大革命），后来又解放奴隶（如林肯的解放黑奴），还有解放妇女，如此等等。各种明显的奴隶都解放了之后，现在人们在后现代态度的指导下正在解放同性恋和艾滋病人以及一切自己觉得受到身份歧视的人。

如果引入时间的维度，还可以发现一个人并没有一个固定身份，"我是谁"至少可以划分为"我过去是谁""我现在是谁""我将来是谁"。当人们采取本质主义的态度来理解人，那么就会以"过去是谁"为准来理解一个人，因为本质被假定为"一贯如此"。本质主义或多或少具有"出身论"的一般思维结构，因此为所有试图改变命运的人所痛恨。以"将来是谁"为准，则是典型的现代主义思维。人们在设想未来时，除非已经失败得无可救药，总是把自己幻想得更伟大，总是希望梦想成真。这种思维方式在推崇白手起家英雄的美国尤其受到欢迎。从心理学上说，不仅积极的人，而且自卑者和妄想者都喜欢这种以未来和理想来定义自己身份的思维。不过萨特（Jean-Paul Sartre）曾经尖刻地批评了这种幻想，按照他的存在主义观念，人不是别的，他的实际生活是什么，他就是什么，如果用没有兑现的梦想来说明一个人，那么只能是对他的否定性的说明，只能说明他不是什么。因此，"这样的思维对于一无成就的人来说的确不是安慰"①。不过我们将会讨论到这种最重要的

---

① J.-P. Sartre，*Existentialism and Humanism*，p. 42，tr. P. Mairet，London，1948.

身份认同方式。"现在是谁"的模式是现实主义的，看来能够经得起萨特式的批评。也许可以说这是经济学态度的或者博弈论态度的身份意识。尽管这种身份意识是相对最真实的，但是却与文化自身认同这一时代焦点问题关系不是很大，而文化自身认同与"过去是谁"和"将来是谁"则密切相关。经济学态度过于现实主义而不可能自寻烦恼地卷入那些无谓的痛苦，所以经济学不能用来思考心灵、情感、希望和理想，可是心灵、情感、希望和理想（即使不切实际）却是人类生活尤其是文化和精神无法回避的问题。

精神分析学曾经创造性地把 identity 变成一个心理危机问题（在心理学里被很好地译成"自我认同"），特别是埃里克森（Erik H. Erikson）1968 年《同一性：青年与危机》一书使得自我认同成为日常生活中的一个驰名问题。这种关于自我认同的理论相信每人都有对身份的自觉意识、对人格统一性的追求以及对某种人生或社会理想的趋同。这种自我认同是在青年时期形成的，因此青年时期会出现严重的自我认同危机，如果不能成功地明确自己是什么人、自己生活的目的以及如何对待他人这样几个基本意识，就会导致"角色混乱"和随之而来的各种人生失败。[1] 进一步还可以发现似乎人人都有自我认同的危机。当然，这个论点很容易成立，因为在社会中几乎人人都有某方面或某种程度的自己不愿意承认和接受的失败或失意，因此这一发现其实平淡无奇，而且似乎只有在现代社会里这种心理危机才显得比较突出，大概因为现代社会的竞争性使

---

[1]　E. H. Erikson，*Identity：Youth and Crisis*，New York，1968.

人们对成功和失败更加敏感。

Identity 问题远远不仅是个关于事物和人的身份问题，它在更大规模的事情（例如国家和文化）上甚至是个更严重的问题。在国家和文化层面上的 identity 问题（自身认同），也自古有之。从古代的"异教徒""正统和异端""华夷之辨"到现代的"阶级意识""东方和西方""资本主义和社会主义"，诸如此类，人们自己按照偏好和想象划分着各种集体，论证各自的精神优越性和利益根据。与对属于社会等级制度的身份的"身份解构"运动有所不同，现代社会并没有准备解构文化身份，相反，文化身份正在得到强化。或许可以说，正是由于社会地位身份的解构使得文化身份的意义更为突出，因为社会平等使各种人群有权利宣称自己拥有不可还原、不可替代的文化身份。这种文化意义上的自身认同又另有一种形式，它既不是事实判断形式（没有人愿意正确认识自己），也不是社会制度认定的价值判断形式（没有人愿意接受他人或社会评价），而是一种特殊的价值判断形式，即"自己把自己说成是什么"。但是要把自己说成是什么，并非一件容易的事情。

可以说，文化自身认同从来都是人们行动理由中的一个重要变量。不过传统意义上的文化自身认同虽然导致许多严重冲突，但却总是被明确界定了的，冲突各方都可以把对方定义为含义清楚的异端，因此，传统的文化自身认同只是一个利益冲突的实践性问题，而不是一个思想性问题。文化自身认同在全球化和后殖民状态下变成一个时代的核心问题，其中一个原因就是文化自身认同变得含义不清，它不仅产生实践冲突，而且导致思想混乱，有时各方似乎不知道为何而冲突，也不知道为了获得什么。在今天，文化自身认同就好像是一面没有标志的旗帜，却在指引着人们进行各种斗争。如果隐喻地把集体"集合地"看作个体，那么这是典型的心理学意义上的"自身认同危机"。人们今天在文化上找不着北，恰如个人在生活中找不着北。文化的心理混乱导致了文化的自身认同危机。尽管文化的自身认同从来没有像现在这样混乱，但是"我们每天都可以听到要求自身认同的呼声，各个国家、地区、教派、民族和团体都在标榜自身认同，同时又宣称它受到威胁，为了拯救自身认同而宣布了近乎圣战的战争"①。

二、Identity 问题的哲学分析

在 identity 这个概念作为文化自身认同而成为当代核心问题之一之前，它首先是个逻辑/哲学问题，所谓"同一性"问题。虽然传统哲学的同一性问题与今天的文化自身认同问题非常不同，但它们之间仍然有着重要的联系。

希腊人已经有关于同一性的观念，亚里士多德（Aristotle）讨论到，有时候两个或更多的名称指的是在同样时间、地点的同样特征的东西，那么它们是同一个东西。一个事物的同一性特别表达在它的定义中，定义表达的就是一个东西"是其所是"的特性。后来

---

① Marc Fumaroli, "I Is an Other," in *Diogenes*, No. 177, 1997.

逻辑中的同一律（表达为 p iff p 或者 p then p）表明，承认事物的同一性是我们能够讨论任何事物的前提。说一个事物是自身同一的，它就必须能够经历所有可能的变化而仍然保持其同样的唯一性（the sameness in its singleness）。思路与众不同的赫拉克利特（Heraclitus）最早发现一个事物如何能够保持同一性竟然是个难题（例如是否能够踏进"同一条河"），尽管这样的思想显示了智慧的深度，但在实际生活中却可能是有害的，它鼓励人们钻牛角尖。亚里士多德的发现可能更有意义，他已经看到，"种类意义上的同一性"和"数量意义上的特殊同一性"有些区别①，前者可以是两个或更多有着同样本质的东西，后者则只能是唯一的一个东西。

　　显然，通过可描述的性质来确定一个东西是某种东西比较简单。曾经有个哲学家说到，如果某个东西长得完全像鸭子，叫得像鸭子，各种习性都像鸭子，那么它就是只鸭子（当然，这样是不是就确定了本质，是有讨论余地的）。表达为唯一性的同一性则严格得多，以今天的克隆为例子，两只在技术上无失误而克隆出来的羊应该有着同样的本质，但是不能说它们是同一只羊。看来，"完全一样"也仍然有些含糊。关于同一性的通常标准定义是莱布尼茨（Gottfried Wilhelm Leibniz）式定义：如果属于某个东西的所有性质都属于另一个东西，或者说，以一个代替另一个而不改变任何命题的真值，则它们是同一的。② 这个定义相当好了，但是它只能证明两个东西逻辑全等，就像两个等边等角的三角形，在现实中相当

---

①　Aristotle, *Topics*, 103a8 – 9.
②　威廉·涅尔、玛莎·涅尔：《逻辑学的发展》，438 页，商务印书馆，1985。

于克隆或同模板产品，却还不是最极端的自身同一性。小孩"索赔原物"的例子最生动地说明了问题：一个小孩的一粒糖被别人吃掉了，别人赔他许多同样的糖，他不要，他只要"原来那粒被吃掉了的糖"。这并不能理解为无理要赖，人人都可以理解到"那粒特别的糖"所身负的情感意义和分量，被偷吃掉的不仅是糖，而且还是某种找不回来的情感和感觉，所以小孩会有无法补偿的心痛。情感负担使得那些本来一样的东西又不一样了。

可见，最严格意义上的同一性的约束条件比"同样本质"要多出来那么一点东西，它不仅要求有形而上学上的本质或逻辑意义的全等，还要求有存在论上的唯一性，也就是它还必须表现为"个体"（an individual）。个体的本来意思是"不可分者"，即某个东西不可再分否则就不再是这个东西。这种表现为唯一性的同一性于是具有自身封闭性（与他者绝对区分开来），也就具有了自身的绝对性、唯一性、自身封闭、绝对性是连续成立的。即使在本质以及其他性质上都与另一个东西一模一样（克隆或复制），它仍然只能是它自己，而不是另一个东西，它具有绝对的不可替代性——但也许会有很少的某些东西在这个问题上存在着疑义，例如纸币，除了序列号码，两张同样面值的纸币当然是一模一样地制造出来的，并且完全可以互相替代，因为它们的全部功能是一样的，而且人们对它们的需要或预期也完全一样，当它们进行互相替换时不会有任何损失，于是我们确实看不出它们有什么不同，也不会拒绝互相替换。当然，我们在逻辑上可以想象有个怪人声称他非要丢掉了的那张纸币不可，而不要同样面值的另一张纸币，但我们一定会认为他不太正常，是在无理取闹。丢了的纸币和被吃掉的糖并不能相提并论，因为被吃掉的糖对于那个小孩有着"重要的"心理价值和经验。

那种存在论意义上的唯一性——特别当我们谈论的是作为个体的人——至少表现为经验和利益的唯一性。比如说，你和我的手以同样规模同样部位同样力量被划破了，但是我仍然不能有你的那个在时间和空间上仅仅属于你的痛，尽管估计是同样的痛。或者假如你和我是克隆兄弟，连思想和经验都一模一样，可是你的财产显然不是我的财产，你的权利显然不是我的权利。个体所拥有的存在论唯一性是考虑利益、权利和权力的基本单位，而且不存在更基本的计算单位，许多重要的概念如产权、主权、分配、自由、平等、民主等都以个体概念为基础才得以定义、解释或暗喻地生成。后来人们谈论的国家、民族、群体和文化的自身认同（同一性），虽然不是在谈论作为最小单位的个体，但是却与个体的唯一性有着映射的（mapping）意义关系。

个体作为某人时，他的存在论唯一性更多地或更基本地落实在他的身体性（body）存在上，尽管在身体的基础上更突出地表现为人们喜欢说的心智（mind）①或"自我"。自我多少是个暧昧的概念，它的哲学表述是 ego，而 ego 总落实为 cogito（我思），由于 cogito 被认为是任何心灵的表现，因此就几乎是任何心灵的普遍本质，如胡塞尔关于心灵结构的概括性表达"ego cogito cogitatum"（我思我之所思）。这样，虽然 ego 也往往被作为心理学的概念使用，但它的哲学底色使得它更多地具有普遍性而不是特殊性，因为

---

① mind 有多种译法，如"心智""心思""理智""心灵"等等。

ego 的思想性很强。心理学以及社会科学里喜欢用的另一个自我概念是 the self（自己），这个表达似乎更能够容纳身体性，它把心灵和身体统一地具体考虑在一起。

不管人们更习惯于使用哪一个表述，有一点是至关重要的：身体性的唯一性是个体自身认同的真正根据，而思想性的自我只有在以身体性的唯一性作为根据时才能够连带地具有唯一性。心灵和思想当然有着个性，但心灵或思想在本质上是公共性的，它的来源和所表达的东西都是公共可理解并且可分享的。如果自我要独自占有某种思想的话，除非这种思想能够成为私人的，但是严格意义上的私人思想是非常可疑的，因为缺乏专门用来表达私人思想的语言（维特根斯坦曾经令人信服地论证了私人语言不可能，因此私人思想其实也是不可能的①）。与身体紧密相关的私人性却不成问题，我们可以替别人感到难过或者为别人感到高兴，但并不能真的拥有别人的感觉，所以感觉的确是私人的。同时，思想在本质上不仅可以被分享而且还要求被分享——这一点极其重要，如果不被分享，思想就几乎没有价值，至多是自娱。这说明思想不是一个需要去占有的对象，相反，它是需要派送出去的东西。而身体性的利益（人们所追求的各种实际利益包括心理利益在内归根结底都落实在身体的存在论唯一性上）是需要私人占有的，是不能随便出让的。这样就意味着，个体的特殊性虽然表现在心灵和身体两方面，但是引起冲突的所有问题最后都落实在身体所能够占有的东西上——心灵就其本身而言没有冲突。身体意味着生命和生命的限度，不能表现为

---

① L. J. J. Wittgenstein, *Philosophical Investigations*, Oxford, 1958, § 234 – 315.

身体享受（包括物质享受和心理享受）的东西并不需要争夺。如果思想变成需要争夺的对象，只能是当思想的发明权、使用权和生产权能够带来实际利益时。而利益最终是属于身体的。

思想虽然是公共性的，但却是一种非常特殊的公共资源，它的一些性质甚至与一般意义上的公共资源恰好相反。由于任何一个人对某种公共资源的使用不能排除其他人对这种公共资源的使用，因此必定会导致所谓"公共资源的悲剧问题"，例如没有被干预和管理的公共渔场因为"租金消散"很快就无鱼可捕。但是如果说思想是一种公共资源，它的性质恰好相反，一种思想越是被公共地开采和使用，它的利用价值就越大，越被集体开采，它的储量就越多（解释者和批评者越多，它就不断得到补充和发展），这种思想的权力就越大，它就控制着更多的人的心灵和行为。假如一种思想成功地成为普遍思想，那么它就相当于垄断企业，它通过成为支配性的话语体系而控制一切。可以说，思想成为公共资源不但不是悲剧，而且反而是"公共资源的凯旋"。思想的相关物如语言、宗教和文化都具有同样的性质（当然，这里讨论的思想不包括技术性知识，特别是特殊配方知识，甚至也不包括自然科学知识，但是包括一切人文知识。科学和人文知识的一个重要区别是人文知识从根本上说是以价值观为基础的社会/生活理解。由于技术性知识本身不包含价值观，因此不一定越公共化就对知识主人越有利。可以考虑专利制度问题）。

显然，假如思想、语言、宗教和文化这些东西不与以身体性或实体性为限度的生命存在结合在一起，就不会构成问题，因为当思想和文化脱离了与某种特定生命存在的配合关系，就等于脱离了任何利害关系。在那种情况下，各种地方性的知识、思想和文化的汇合和统一不仅必定满足一般意义上的帕累托改进，而且必定形成互惠的帕累托改进，亨廷顿式的文明冲突就不会出现，而福山式的历史终结则会成为全球化福音。可是为什么作为文化的普遍增长的互惠帕累托改进是不可能的，就在于思想和文化是甚至比经济和政治更深刻的支配性力量，因此它是与某种特定存在的利益密切相关的最重要问题。思想和文化越成为公共资源就越成功，就越用之不竭，就越能够产生收益。这可以视为思考文化自身认同问题必须考虑的一条基本原理。

三、他者问题

自我认同是个体的一个心理需要，它表明自己是什么。不过这种通常的表述其实不够准确。一块石头，比如说一块最大最漂亮的钻石，当然有着区别于所有石头的性质，但是它没有必要有自我认同，它只不过"是什么什么样"就是了。人意识到"自己是什么什么样"，这表面上看同样是个存在论表述，但是由于这个存在论表述已经同时是个反思性的描述，或者说是对自己的表述（the reflexive description or the representation of the self），因此问题就复杂化了。给出一个人的基因编码，就足以描述他的"唯一性"，但是没有人会满足于把基因编码之类的准确描述看作关于他"是什么什么样"的表述，比如说，基因编码表明某人智力平庸、体能低下等等，没有人愿意相信这样的身份界定。显然，自我认同只是采用了事实描述的形式——因为这样可以显得好像无可置疑，显得是科学的和公正的表述，尤其是在进行自我表扬的时候。比如说"我是最善良最……的人"——这其实是伪装成客观陈述的主观表述，就是说，自我认同是个把自己理想化的表述，它已经由表达"是什么"的知识论断定暗中演变成表达"想是什么"或者"相信是什么"的价值预期，因此，自我认同是一个自诩的预定预制身份（自我认同在本质上都是自我表扬，但偶尔也会有情景性的自我贬低，比如说为了逃避承担责任，或者为了减轻心理负担，或者为自己的失败辩护）。

如果世界上只存在一个人，那么根本不需要自我认同（这就像只存在一个人时根本不需要产权界定）。尽管"我是谁"这样的问题似乎是个深刻的问题，但在世界上只有一个人的情况下想象"我是什么什么样"未免过于愚蠢，完全没有意义。人只有需要区别于他人才有必要给自己定位，而且，自己的定位只有以他人为条件和参照才成为可能。进一步说，由于自我认同是价值判断，因此，在一个由至少两人组成的社会里，由于存在着各种权利和权力的界定、分配和攀比，自我认同才是有意义的。自我认同不是自己一个人单纯的心理游戏，而是一种广义的"产权"追求和界定（可以联想到张五常所说的"如果交易成本为零，就可以忽略产权的界定"[①]）。假如在一个没有价值判断的社会里（这实际上不存在），

---

① 张五常：《经济解释》，442 页，商务印书馆，2000。

尽管所有的自然差异都存在，但是人们会觉得一切都无所谓，人们不在乎谁更聪明、谁更漂亮、谁做得更多以及谁应该获得更多等等，那么，自我认同也是没有意义的。这类似于在现实中我们不会这样标榜自己："我可是住在地球上的人"（不住地球你又能住哪里呢?），或者"我可是能够使用语言的人"（显然我们没有必要跟动物炫耀），因为这些事情是不值一提的。但是可以考虑这样的说法："我可是使用英语的人"，这就有些不太一样了，其中暗含许多有意义的价值判断（英语是世界上的普遍语言、占优语言，据说还能"改变一生"……）。

自我认同语句是伪装成陈述语句的价值语句，这一点应该是普遍而明显的事实。表面上看，界定差异的语句是客观陈述：X 区别于 Y，因为 X 有如此这般的性质。即使在这种语句中所陈述的事情不是自我表扬而是事实，仍然有可能包含价值判断。考虑两个所指"相同"的表达："一直未婚的男人"和"老光棍"，或者"残废人"和"生理上受到挑战的人"，如此等等，这显然不像说到"启明星"和"长庚星"那样是价值中立的。按照逻辑分析的意义理论，尽管它们的含义（senses）不同，但所指（references）相同，如此而已。但是含义显然需要更进一步的分析，语言是有感情因此是有表情的，有感情有表情就与利益有关，就能够帮助人也能够伤害人。① 语言是为社会生活的需要而生产出来的，而不是为了客观地描述事实而设计出来的。当抽象地说到"X 和 Y 有着关系 R"，这

---

① 日常语言学派虽然是分析哲学的发展形式，但它突破了逻辑分析或语义分析的工作框架，它把语言理解为行为，因此导致了"语用学转向"。

似乎不会产生什么价值问题，但是当具体地代入为"自己（self）和他者（the other）有着关系 R"，就会出现价值问题。可以明确，自我认同是在"自己和他者的关系"格式中出现的为了维护自己利益和权利所进行的价值论证或资格论证。

作为个人的自我认同虽然在心理学中仍然是一个重要问题，但是它已经不再是一个标志着时代而被特别关注的问题。现在人们更关心的是以某种集体为思考单位的自身认同问题。可以注意到，由于以个体为不可分的思考单位到以集体为不可分的思考单位之间存在着可以类比或类推的关系，因此，所有关于个体的自我认同问题都几乎"映射地"实现为关于集体的自身认同问题，所有关于个体的自我认同命题也都隐喻地实现为关于集体的自身认同命题。那些被作为思考单位的"集体"，根据人们的具体需要和兴趣而可以是文化、国家、民族、共同体、宗教、派别、阶级、组织、地区、企业等利益/理念集团。不管是哪一种集体，我们都可以把它看作"利益/理念"集团。其中利益包括通常所说的各种物质经济利益以及各种权利和权力，理念则包括价值观、信仰以及生活方式和所有偏好。理念方面其实也可以理解为精神和心理利益，它也是人们一旦认定了就非要不可的东西，因为它提供了精神和心理所需要的享受和信心。

或许这样一个关于自身认同的定义是合适的：给定他者的存在，自身认同是一种自私认同，它表现为对自身所有利益（物质的和心理的）以及各种权利（所有方面的产权和观念的推广权）的主观预期，而且这种主观预期总是表达为一个价值优越的文化资格论证。正如前面所分析的，自身认同表面上采取的是"如其所是"（to be as it is）的表达形式，但这其实不是兴趣所在，它实质上是"如其所求"（want to be as it is expected），并且，这个"如其所求"又同时在价值资格上被论证为"所求即应得"（the expected is ought to be the deserved）。满足这样一个结构的自身认同就是一种认真的自身认同，否则是不当真的。

集体的自身认同非常容易（如果不说是必然的话）形成排他性情感，因为人们对自己所属集体的表述总是建立在他们对其他集体的特性描述之上。各个民族对其他民族、各个国家的人对其他国家的人、各个地方的人对其他地方的人的气质、性格和民俗都有着各种俗套的、并无充分证据的偏见（心理学的说法是"刻板印象"），比如说，德国人永远机械地遵守纪律，法国人永远陷入轻浮爱情，犹太人永远吝啬和狡诈，中国人永远喜欢两可之词，如此等等，而与此作对比就比较容易给自己安排一个相对很好的价值定位。其中值得注意的是，人们并不是发现了他者有这样那样的特点，同时发现自己有这样那样的特点，而且通过比较而发现这些特点碰巧在事实上形成对比；而是在并不存在着这样碰巧的事实对比的情况下，主要根据对他者的印象而"逻辑地"（其实就是按照思想的对比偏好）去推论出（其实是想象出）自己有什么样的相反特点。关于自己的定位不是通过比较而是通过想象和推论，这是形成自身认同的关键。

上述的那种生活性的偏见并不用很当真，也无伤大雅，虽然总有些丑化，但不失为有趣的故事。然而关于他者的政治性和文化性偏见则是非常认真的，不再是故事，而是伪造的历史，它甚至在形成自身的政治和文化原则上有着很大的促成作用。最典型的"对比型推论"就是"西方/东方"的概念。萨义德的《东方学》揭示了"西方"这个概念的关键性含义都是对照着想象出来的"东方"特点而建构出来的，东方是西方的"最深切最经常出现的他者形象之一……帮助规定了欧洲或西方的意义，即与其对照的形象、思想、性格和经历"①。东方学是人类学中最有意味的研究。人类学虽然也研究其他广大的落后和边缘地区，但是其他地区（例如非洲或南太平洋的原始部落）从许多一般的文化指标来看，总是相当轻而易举地就被"证明"为文明水平落后、文化结构单调、文化层次和内容简单贫乏，等等。但不幸的是，"东方"的情况却复杂得多，因为东方无论怎样理解都有着高水平的文化，而且其精神内容复杂细腻而深刻，甚至有西方所没有的许多思想发现，于是很难简单地说成是落后的。于是东方就必须被变相地想象成另一种特殊意义上的落后文化，它虽然很美（东方美是西方所需要的一个美学景观），但是美而坏——它是神秘主义的、思维混乱的、异端的、道德上邪恶的、社会专制的、反对一切进步价值的（科学、民主和个人自由）、不讲公正和效率的，等等。西方现代知识体系中关于世界和历史的各种肯定性和否定性的"对比性"话语都是在这种对比性语法中生产出来的，除了西方和东方，还有进步和落后、发展和欠发展、普遍主义和特殊风格、现代和传统、科学和神秘主义、民主和

---

① 萨义德：《东方学》，绪论，三联书店，1999。

专制、开放和封闭、理性和非理性，诸如此类。

　　在很长的时间里，人类学是一门不太科学（比较多的主观判断和不客观的暗示）的知识学科，但在近数十年来就变得或显得比较科学了，比如说格尔兹（Clifford Geertz）以客观"浓描"方式（thick description）去生产的"地方性知识"。① 不过，不管人类学作为一种学科现在是否已经建立了知识自身的合法性，人类学都仍然更应该被看作西方解释他者的一种普遍态度，尽管今天的人类学已经显得友好得多，但它至少暗中还保留有两个基本意识：第一，把西方文化看作世界上唯一具有普遍描述能力的知识体系，它能够描述所有的东西包括不属于它的东西，而其他文化却没有这样强的描述能力，就是说，西方文化既能够生产它自己的地方知识，又能够生产世界性的普遍知识，而其他文化大概只能生产自己的地方知识；第二，西方文化有着自身反思、自我表述的思想结构和知识能力，而其他文化，即使那些充满魅力、美不胜收的高水平文化（例如中国文化），却没有能力进行自身反思和自我表述。简单地说就是，西方文化被认为既能够解释他者又能够解释自身，所以是普遍的知识体系；其他文化既不足以解释他者又不能自我反思，因此是特殊的或地方的知识体系。人类学这种关于他者的表述同时也构成了对他者的否定。

　　这种文化资格论证包含着一些相当复杂的问题。假如采取相对主义或多元论观点，那么文化资格论证就完全不能成立。但是我们

---

　　① 参见格尔兹：《文化的解释》，上海人民出版社，1999；《地方性知识》，中央编译出版社，2000。

不应该轻易地欢迎相对主义和多元论，因为它们有可能更加危险，而需要去考察相对主义和多元论的基本假设是否合理。

有一个假设是这样的：每种文化都有着它自己的并且仅仅属于它自己的文化语法，因此各种文化在思想上不可通约。这个假设其实与私人主义（个人主观主义）的假设是一致的，即我的心灵和你的心灵肯定在根本层面上是不同的，你不能代替我，反之亦然。但是这样的辩护相当含糊，我们有理由要求知道到底什么东西是绝对不能比较的。思想的技术层面（逻辑和方法论）看来是普遍可理解的，事实表明，世界上不存在某种无法被理解的逻辑，于是，我思（cogito）具有普遍品格。思想的内容方面则比较复杂一点，所思（cogitatum）总要包括能够在语言中说出来的普遍内容，按照胡塞尔的论证，所思的纯粹思想含义（noematic sinn）既然总能够在语言（logos）中表达出来，那么它就是普遍的，因为语言的本性是普遍的，否则说出来的东西是无意义的（维特根斯坦的反私人语言论证提供了这个论点的最好论证）。我们不能忽视语言的普遍性的逻辑品格和事实品格，就是说，从任何一种语言的逻辑潜力来说，它总是能够被普遍理解的，如果一种语言是他者的语言，那么，只要通过充分地学习这种语言甚至学习他人的整个"生活形式"（维特根斯坦指出学习一种语言就是学习一种生活方式），就必定能够学得地道。同时，所必然能够学会的那些在逻辑意义上的普遍内容却不一定是我们都能够同意的，因此我们在逻辑上能够理解所有东西，但是在事实上可能会反对某些东西。语言和生活是同一的，我们能够学会他人的生活（这是逻辑潜力上的普遍性），但是不一定同意他人的生活（事实上反对某种普遍性）。我的论点是，任何一种生活形式和知识体系都具有普遍的逻辑性，但又都是地方性存在。在不同的文化或知识体系之间不存在着所谓的"理解"难题（如果不计学习成本），只存在着"接受"难题（西方哲学从解释学到交往理论都过于强调所谓的互相理解的困难，而真正的问题其实是互相接受的困难①）。如果有不可比的东西，那它一定不是思想方面的，而是价值方面的。而价值的不可比正是相对主义和多元论的另一个假设。

相对主义和多元论的另一个假设是这样的：每种文化自己的文化语法是自身完满的，即它就其自身而言是无缺陷的（所谓缺陷都是他者的观点制造出来的），因此一种文化语法的完满性并不能用来批评另一种文化的完满性，因为完满都是"同样好的"，说一种完满比另一种完满更完满在逻辑上是荒谬的，就像不能说一个标准圆比一个标准三角形更完满（当然，你自己可以有偏好，比如说你觉得标准圆比标准三角形在美学上更完美）。因此，各种文化和知识体系之间不存在价值的可比性。价值性的不可通约显然比较有道理，尽管没有严格的论证可以证明不同的价值体系同样好，但是也没有普遍必然的理由可以论证某种价值体系必然更好——显然，如果我们提出某种价值标准来论证什么是更好的，这只不过是把难题转移到下一个论证，而那个更进一步的价值标准同样需要论证，这

---

①　一直到哈贝马斯都还在强调"理解"问题，他相信只有对话的条件是理想的，那么才能够最后达成共同结果（agreement）。我曾经试图向他证明"理解"虽然是个实践困难，却不是个理论困难，更重要的问题是"接受"。参见我的论文《理解与接受》，载《跨文化对话》第 9 辑，2002 年。

样的无穷倒退论证不会有结果，除非独裁地规定到某一步就是最终的价值标准，并且不许讨论，这样显然不公正。

可以看出，"想的不一样"和"要的不一样"是两种完全不同的通约问题。"众思一致"（minds）是可能的，而"众心一致"（hearts）则非常可疑。所以经济学回避这个问题，它直接就承认各人的效用和偏好是不可比较的。阿罗定理甚至证明了，试图通过民主选举或民主投票来在不同的偏好之间实现公正合理的社会或集体的公共选择是不可能的——民主地得出某种结果是可能的，但这个结果不可能是公正的①，或者温和地说，民主不是对公正的保证，公正和民主没有必然关系。民主和公正一致性的破产使得不同价值观的合作更加渺茫。如果说不同价值观的冲突在社会内部都是一个难以克服的问题，那么在国际上、在不同文化之间就更是难题，甚至即使我们只好凑合依靠民主这种有着严重缺陷的社会选择形式，在目前也都还不可能发展出一种能够将就使用的"全球民主"②，可见在文化之间和国家之间都还不存在任何有效避免冲突的公共选择形式。我们不得不承认亨廷顿关于文明的冲突的论点是一个不能回避的见识。

根据以上分析可以看出，所有文化和知识体系就其思想内容来说都是能够被普遍地理解的，但是在价值观上却无法互相认同。但

---

① K. J. Arrow，*Social Choice and Individual Values*，Yale Univ. Pr.，1951.

② 在一个社会内部，民主都存在着不可克服的难题，更不用说在国际问题上，比如说在联合国的投票中，在人们直观中被认为是违心的、缺德的、落井下石的那种"策略选举"或"不真诚选举"却是完全符合程序公正的，因而被认为是合理的。被利诱甚至仅仅是为了避免强者的故意伤害都可以使得小国永远不真诚参与选举。

这并不等于支持了相对主义和多元论。事实上，我们只能承认相对性和多元性是个价值事实，不管有没有相对主义和多元论，相对性和多元性就已经是个事实，而不是个论点。但是知识论意义上的相对主义和多元论则是神话。承认存在着多元的事实不等于鼓吹强化多元的倾向。相对主义和多元论在理解相对性和多元性的事实上有着严重的误解。相对性和多元的事实仅仅意味着：存在着某种知识体系，它被局限于对某个地方进行表述，而还没有成为普遍的表述。而它并不意味着：存在着某种知识体系，它永远只能是关于某个地方的特殊表述而永远不可能具有普遍意义。

从效果上说，相对主义和多元论是对普遍主义的一种拒绝合作的因而是错误的反抗。把各种文化和知识体系说成是特殊的因此不能合作，这样并不能解决任何问题，而文化之间的合作就像人之间的合作一样是不可避免的。进一步说，知识论意义上的相对主义和多元论看上去几乎是普遍主义的一个阴谋，因为假如某种文化自己单方面承认自己在知识论能力上仅仅是特殊的和地方语境的，那么，这反而证明了它自己确实没有自身反思能力，显然，不能表述他者也就不能正确表述自身，所以，不能作为一种普遍表述，也就没有反思能力。这个问题其实与日常生活中的个人特殊性辩护是同构的，如果一个人声称自己有一些如此这般"特殊的"价值或观念以至于不可能为他人所"真正理解"，这样的"孤独"和苦闷除了证明他自己的在世失败并不能证明任何别的价值，同样，如果一种文化自己鼓吹相对主义，那么只不过证明了它没有信心和能力对自己进行普遍化。因此，普遍主义者会喜欢相对主义者和多元论者，因为对于普遍主义来说，相对主义和多元论是有趣的然而是没有挑战能力的挑战者，普遍主义真正反对的是别的普遍主义。

如果说在相对主义或多元论背后确实可以有一个有意义的问题的话，这个问题也绝不是一个类似追求"自我价值"这样虚幻的问题，而是一个为存在和利益而斗争的实实在在的策略问题（随便一说，除能够归结为私人幸福的东西以外，根本也不存在什么自我价值，如果有，也同样是人生失败的证明。除了私人幸福，人的价值都是社会价值）。就是说，如果要从正面去理解相对主义和多元论，那么必须把它看作一种为争取平等和公正作斗争的策略，它是在自己处于弱势时所采取的对权威的"不合作"策略。只有这样理解才是有积极意义的。不过我愿意强调，相对主义和多元论还是太消极了，其实还可以找到更好的策略，这就是：对普遍主义进行改造或重新解释，使得原来的单面普遍主义变成互惠普遍主义（reciprocal universalism）。"互惠普遍主义"可以理解为这样几个基本信念：第一，拒绝单方面专门推广某种文化和知识体系的那种普遍主义；第二，各种文化和知识体系同样都具有值得推广并且必须被推广的普遍价值，即如果你有要求被普遍化的东西，那么就必须承认我要求被普遍化的东西；第三，在某种程度上和某种方面上互相接受他者的文化价值是保持人类文化的总体生态平衡的必要条件。

问题远没有解决。我们知道，在他人问题（以个人为单位）和他者问题（以共同体为单位）之间存在着难点的同构性，但是他者问题更深刻，难度也更大。在建构一种自身认同时，他者是个必不可少的参考系，而且他者在原则上只能是个被贬损的对象，否则不利于自身认同的积极建构。这样的偏向必定加深不同文化或价值体系原来就已经很深了的鸿沟。但是还必须考虑这样一种特殊的情景，当他者非常强大，并且被解释为理想榜样，那么就非常可能会出现对他者的过分美化，同时也就会对自己进行过度反思，从而形成一种爱恨交加的自身认同。例如中国在 20 世纪初的五四运动和新文化运动以及在后来的 80 年代，曾经两度出现后来被戏称为"逆向民族主义"（王小东语）的自身认同，即通过"自由的和奴隶的""进步的和保守的""蓝色文明和黄色文明""洋和土""现代化和传统"等比较，把各种积极的、成功的、深刻的文化性质都归属给西方文化，而把所有丑陋的性质留给自己，从而形成一种自我折磨的自身认同。这样自我贬损的自身认同并非不爱自己的家园，而是给自己一个痛苦以至绝望的定位。鲁迅在这一自我折磨的自身认同传统中最为典型地表现了其中的爱恨交织。这个定位方式在意图上可能是希望通过自我折磨的激励能够带来人们彻底的觉醒，从而走向真正的进步和发展。但是这种呐喊在实践上并不像所期望的那么成功。那种自我折磨的批判远不如革命有力和有意义。

那种自我折磨的批判之所以不成功，可能是因为有特殊的历史危机。比如像李泽厚相信的那样，中国在寻求一条属于自己的现代化道路时总是遇到"启蒙与救亡"的两难，而且往往是救亡压倒启蒙，理由是救亡是救急。① 但如果从思想危机的层面上去理解，则

---

① 李泽厚：《中国现代思想史论》，1—49 页，东方出版社，1987。

似乎可以更深入地发现，凡是这类在物质方面处于劣势的文明在面对现代化挑战时都会遇到这个类型的思想危机——这已经成为一个普遍模式而不仅仅是中国问题——而其中的思想危机逻辑是这样的：首先，一方面，自己有着伟大的精神传统，因此相信自己有优秀的精神能力；另一方面，由于物质方面的明显失败，于是只好相信原来的精神传统是错误的，结果，对自己的信心就只剩下对能力的抽象信心。进而，既然西方是成功的，那么要成功就无非是把自己变成西方，因此，在现代化语境中，东方文化的自身认同就变成了"让自己也变成西方"或者说"让自己扮演他者"这样一种悖论性的自身认同，虽然它确实表达了自强的想象，可是这种自强却又是以否定自己为前提的。这里存在着一个存在论和知识论之间的鸿沟，正如前面所分析到的，自我认同的存在论支持非常重要，尽管自我认同总是一种或多或少言过其实的想象（想象自己是什么、希望自己是什么、相信自己是什么），但是，如果自己的存在论状况根本无法承担关于自己的知识论想象，那么可能会遇到痛苦的失败。这类似于一个胖子想象自己是一个瘦子，但是事实上不是，而且也变不成。明明是自己的那个状况却被认为"不应该是自己的"，关于自己的定位其实是他人。这是在希望理想能够向着现实靠拢，但是正如伊萨克·多伊彻（Isaac Deutscher）所说的，"由于现实并不往理想靠拢，两者之间出现的那道沟比先前窄是窄了，但却深了许多"①。

---

① 夸特罗其、奈仁：《法国1968：终结的开始》，133页，三联书店，2001。

　　这样的自身认同既然在实质上是认同他者，那么这种自身认同的成功就反过来依赖着他者的允许和承认，如果得不到作为榜样的他者的承认，就还是失败。不幸的是，这种东方式的自身认同却得不到西方这个他者的承认，因为它恰恰不符合西方关于东方的东方学想象，西方不愿意东方变成西方，西方需要东方总是东方那样的景观。东方想获得一个不属于自己的身份，而西方不承认那可以是东方的身份。东方式的变换身份的要求和想象典型地表现在要求对传统进行所谓"创造性的转换"或者"转换的创造"之类的想法上。所谓"转换"主要是以地方性传统资源作为原材料，以西方知识体系作为生产标准，然后把地方传统按照西方标准改写成现代西方知识，比如说去论证从中国传统中能够"开出"西方的民主、自由等价值观念。假如这种"转换"是可以成立的，那么就似乎证明了"东方变西方"的变性手术的合理性。在这种奇特的自身认同中可以看到与阿德勒（Alfred Adler）的"自卑与自尊"的混合情结模式的相似性。① 欲望和幻想可能使人们宁愿忽视这种"转换"的明显无理之处，比如说，假定我们的目标只不过就是开出西方的文化，那么又何必去把无比艰苦的事情再做一遍而不接受现成的西方文化？另外，我们又怎么知道传统资源碰巧就是能够转换成西方文化的好材料，假如其实是不合适的材料呢？再说，我们又怎么能够断定对西方的模仿是好的？

　　与激进的五四运动和八五新潮（即中国第一次当代艺术运动）

---

　　① 参见阿德勒：《生活的科学》，三联书店，1987；《自卑与超越》，作家出版社，1986。

相比，可能作为最开始的现代化尝试的"中体西用"模式反而是比较稳健的自身定位。今天人们似乎又回到了这一定位上，今天的"中国特色"道路基本上是中体西用的新版本，即在价值观和思想上谋求中国的方式和根据，在技术和经济方面采用西方方式。简单地说就是谋求中国精神和西方物质。当然这个新版本显然要开放得多，特别是在思想领域也默认了中国思想和西方思想的双重并列权威。这个当代的中国自身认同模式虽然没有严重的内在思想性悖论，但是仍然存在着实践上的严重困难，其中一个重要的危机是，维持着"中国特色"的东西几乎仅仅是中国古代的东西，而现当代中国经验的创造性却连自己都不敢承认，结果使得支持着"中国"这一概念的思想含义只是遥远地在回顾中存在着。

上面我们以中国概念为例子所试图说明的是，在现代化语境中，东方以及第三世界试图为自己塑造某个符合现代化标准的自身认同的困境。作为一种并非必要然而有趣的对比，我愿意提及过去西方曾经有过的东方迷恋。如艾柯谈到的："欧洲确是以一种'崇洋'的方式看待过中国。这里'崇洋'指一种文化态度，在这种态度下，一切来自遥远异域文明的陌生、不同、不一般的事物都显得美丽诱人。自17世纪到19世纪早期，整个欧洲都痴迷于这种异国风味，尤其是所谓'汉风'，欧洲艺术在某个时期几乎变成中国式的。"① 欧洲过去对中国可能确实有过巨大的兴趣，但是这种兴趣看来主要是美学意义上的，这就决定了西方的中国迷恋与东方的

---

① 乐黛云等主编：《独角兽与龙》，2 页，北京大学出版社，1995。

西方崇拜的根本不同。由于让西方佩服的中国文化只是其"美丽诱人"的方面，因此所影响的就只是艺术（也许还有设计风格和其他某些趣味性的生活细节）。美学方面显然是生活和社会中相对次要的方面，至多是"锦上添花"中的"花"，只有当有了作为基础的"锦"才是有意义的。西方社会和生活中的决定性方面，思想体系、价值观、宗教和社会制度，并没有接受中国或者其他东方社会的影响。西方守护着自己那些在生活中起决定性作用的思想和制度，这与它对东方的美学化并且仅仅是美学化形成一种互相配合的作用。"美学化并且仅仅是美学化"使得东方变成一个非常单薄的形象，只不过是"浪漫之地，充满珍奇异物，难以忘怀的风景，千载难逢的经历"，结果"东方过去不是（现在仍然不是）一个自由思想和行动的主体"①。就像一段著名的歌剧唱段那样：在深山里有数不清的宝石，在海洋里有数不清的珍珠，印度有许多奇迹……。单纯的美学化是一种遮蔽别的更重要的性质的技巧。

尤其自19世纪以来西方在全球获得全面的胜利，西方的异邦经验就更加不可能是正面的了。尽管在西方的异邦经验中也存在着某些正面经验，正如霍布斯鲍姆所提醒的：西方的异邦经验并不能像后殖民理论那样把它一概"简单贬为对非欧洲文化的傲慢毁谤"，可是他所举出来的例子仍然是艺术方面的，比如西方的前卫艺术非常欢迎来自异邦艺术的启发，"无疑，它们的'原始风味'是它们

---

① 萨义德：《东方学》，绪论，三联书店，1999。

的主要吸引力"①。西方对东方艺术方面的兴趣至今如此②，但是除了艺术，似乎很难找到关于东方的正面经验，可以说极其罕见③，尤其没有关于东方思想或制度的正式学术承认（这里"正式学术承认"指的是把某种思想看作普遍思想来加以研究，而不是看作某个地方的特殊文化现象去理解。例如莱布尼茨关于《易经》的分析是纯粹学术的，而大多数汉学家是人类学式的）。显然，在不撼动自己文化根基的情况下去崇拜他者，当然不会生产自身认同危机或精神危机，反而能够使精神更丰富。东方的自身认同危机就在于它为了迎合现代世界的生存环境而不得不在文化根基处即观念体系和制度体制方面进行西方化的改革，这恐怕不能和欧洲过去对东方的兴趣混为一谈。

这样就不难理解为什么他者问题（the other-ness）在今天突出地成为哲学、政治学、伦理学和人类学以及文化理论的核心问题。在古典思想里，他者概念并不是一个严重的问题，因为它被理解得太清楚——在知识论上，他者与我"思同此理"，都同样是"我思"的表现；在价值观上，他者与我"其心必异"，互相被认为是异端。但是在今天，人们意识到了我与他者的互动的复杂关系，自己和他

---

① 霍布斯鲍姆：《帝国的年代》，93 页，江苏人民出版社，1999。

② 中国的当代艺术尽管现代化了，但仍然有着迷人的地方性和政治差异，因此在西方仍然能够获得成功，例如蔡国强、方力钧、徐冰、张元等人的作品在近十年里都在西方获得了成功。

③ 例如关于中国，在思想和制度这些真正决定性的方面，我们就很难找到西方的正面经验。莱布尼茨由《易经》而盛赞中国最早发现二进制算术和思维方式，并且把这个分析以正式的学术承认方式写进论文，这可能算是难得的例外。参见"Explication de l'arithmétique binaire, qui se sert des seuls caracteres 0 et 1, avec des remarques sur son utilité, et sur ce qu'elle donne le sens des anciennes figures chinoises de Fohy"，1703。

者都不再是明确的概念了，因为自己和他者都只能在变化着的关系（对话、交往、混合）中获得重新定位和重新调整，就是说，不再可以把自己看作不动点或者常数。

四、异端模式和天下模式

从传统上说，他者问题最容易表达为以宗教分歧为底色的异端模式。宗教分歧当然是以基督教、犹太教和伊斯兰教之间的分歧和冲突最为典型，甚至我们有理由猜想，假如没有它们之间由于特定历史原因导致的冲突，今天人类思想方式中也许就不会有"异端"这样一个思维模式。或者假定它们所统治的地区相隔甚远，其精神资源又毫无联系，那么，即使后来相遇时仍然发生了严重冲突，也不一定就会形成作为一个思维模式的异端模式。文化和社会之间的差异只是个普通事实，它可能会导致互相冲突和毁灭，但不必然；它也可能导致互相吸引和接受，但也不必然，这都要看具体情况。例如古代欧洲从埃及和巴比伦那里吸收了许多智慧，古代中国也从佛教中获得许多思想，这些文化相遇的情况都没有导致异端模式。

不幸的是，基督教、犹太教和伊斯兰教有着许多共同的思想渊源——就它们的最原始根源而言，按照阮炜的说法，"它们都结构性地禀有'叙利亚文明'要素"① ——于是就出现解释学问题（当

---

① 阮炜：《"历史"化内的叙利亚文明》，载《读书》，2002（8）。

然在解释的背后总是有利益问题），而非常尖锐的解释分歧就会产生异端认定。一般来说，如果我们把某种事情说成"如此这般"，而别人把它说成"别样那般"，并且仅此而已，这并不足以形成异端认定，因为大多数人在真理的问题上并不像哲学家那么喜欢较真，话不投机就算了，犯不着拼命。比如说假定有人非要认为世界的本质是精神而不是物质不可，或者坚持认为人类起源于300万年前而不是250万年前，如此等等，大多数人不会为此较真以至耿耿于怀，因为这些事情即使重要也不至于要命，答案不管是什么样的，人们都只会觉得有趣。一般地说，人们对生活的兴趣远远大于对真理的兴趣，人们甚至有可能放弃真理，但却很难放弃与自己利益密切相关的价值观。因此，能够形成异端认定的充分条件是：给定我们把某种事情说成如此这般，而他们把事情说成别样那般，并且，这件事情是我们和他们都非常挂怀关切的，它涉及人们的生活意义，那么，对这件事情的异样解释就是不可容忍的异端了。

由于特定历史背景使得基督教、犹太教和伊斯兰教共享某些精神资源，它们就必须把他者定义为异端以保护自身的利益。而在历史中偶然形成的这种异端思维逐渐固定下来成为一个既定的异端模式，它开始只是被滥用到各种教派和解释的传统之间，在现代以来则进一步扩大地发展为——或者说普遍化地发展为——理解其他文化的一个典型的解释学前见。正如前面谈论到的，除了在艺术这个非常自由浪漫的领域或美学方面，其他文化的其他方面都非常可能被异端化地理解，尽管像中国文化这样的文化其实与西方文化毫无共同渊源，根本谈不上是它的"异端"，但也会被纳入异端模式去解释。这说明异端模式已经变成一个普遍的理解模式。相反，典型的异端模式在中国文化中几乎不存在，一个重要的原因是宗教在中国历史上没有取得文化中的最高地位，因此不存在一种被盲目地假定为高于思想而必须支配思想的东西。宗教是唯一能够使人放弃思想志趣的迷幻形式，思想是艰苦的，而据说高于思想的信仰能够使人再也不用想什么，因此，宗教是心智的愉快堕落，而心智的堕落使人可以在宗教的名义下进行所有的罪恶。有趣的是，正因为中国缺乏宗教，所以在西方看来是难以理解进而难以接受的，因此是一种特殊的异端。中国学者跟随西方抱怨中国缺乏宗教者也不乏其人，却很少有人去思考中国思想是如何得以避免（而不是如何缺乏）宗教这一心智陷阱的这样的问题。事实上正因为中国缺乏宗教才能够避免与其他文化产生不共戴天的冲突。

可以说，典型的异端模式总是以宗教认同为基础的。基于宗教标准的文化自身认同至少强调了三种东西：

首先是绝对性。承认神使得绝对性由单纯的概念变成存在，由知识论的一种想象性追求变成了存在论的一个"现实"，而绝对性的现实化使绝对性具有了强大的精神和情感力量，具有了精神和情感力量的绝对概念就成为无条件地加以寄托的信念。把精神和情感赋予某种信念就等于把整个生活托付给这种信念，一旦整个生活都托付给某种信念，人们就不再有怀疑它的积极性，由于这种信念已经成为生活的支柱，怀疑它就等于完全否定自己以及自己的生活，这样做的成本无穷大而收益无穷小，当然没有积极性。因此，信念借助精神和情感的力量超越了思想。我们知道，在思想中不能被怀疑的东西少之又少，可能除了逻辑命题，并没有什么不能怀疑，而逻辑命题等于什么都没有说①，因此不是真正的思想，所以没有一种思想能够赢得绝对性地位。只有宗教信念才能做到这一点。宗教信念和绝对性的结合是经过了一个技术水平很高的转换才达到的，中世纪的神学家们为此费了许多力气，主要是利用希腊知识论的方法：既然要寻找知识，就是要找到真理，而真理需要存在的保证，上帝指的就是最大最根本的存在，所以关于上帝的观念就是最根本的真理甚至是全部真理，因为其他真理无非是最根本的真理的各种表现。当明确了上帝作为思想的根本任务，虽然思想不可以停止——因为上帝是永远思考不完的，但是除了上帝，别的事情已经基本上不用思想了。这样就等于说，关于上帝的思想反对其他一切思想，于是思想在性质上就发生了根本变化，只允许思考一样东西的思想就变成了信仰，不再是思想了。由此可以理解奥古斯丁（Augustine）的"信之而可知之"原则了。

其次是有限性。信奉什么样的教条和什么样的诠释需要斩钉截铁的选择，需要明确的"边界"。在西方思想传统中，"有限性"是个重要指标，希腊人就已经相信，完美的东西必须是有限的，因为如果不是有限的，那么就不能把所有意料不到的非常可能是坏的东西排除在外，就难免不完美。在这个思想背景下，划清界限就成了

---

① 逻辑命题是重言式（维特根斯坦），它们只不过表达了命题之间的抽象的真值的传递，并无实际内容。也正因为它没有实际内容，所以能够是绝对真理。凡是有具体内容的命题，或者由于所能够表达的经验的有限性而永远是有可能被证伪的（波普尔），或者由于涉及价值观而永远不可能得到众心一致的认同。

保证完美的必要措施。由此又可以理解西方一丝不苟地界定各种事情的热情，概念、个人权利、财产、国家边界等都同样以"划清界限"的思维模式来理解。有限性或界限也是原旨主义的哲学根据。从原则上说，一种宗教如果是彻底的，那么它就必须是原旨主义（尽管出于策略考虑，许多宗教或教派并不宣称自己是原旨主义），否则不但在逻辑上说不通，而且在实践上会失去保护自身不被解构的能力。

最后就是普遍主义。这是由上述的绝对性原则和有限性原则共同支持的结果。既然某种信仰既被认为是"绝对的"同时又是"有限的"，那么就逻辑地意味着存在着一些在它之外而又不合乎它的理想的观念体系，或者，存在着某些不属于这种信仰的其他信念并且它们是不可容忍的，于是，进一步就必然得出，那种被赋予绝对性品格的特定信仰有理由和有资格推广为普遍的信仰，而其他"在外的"信念必须被禁止——假如有可能做到的话。这里不难发现原旨主义和普遍主义其实是暗中统一的，即原旨主义总是要求被普遍化，同时普遍主义要加以普遍化的总是某种原旨主义。这样就不难理解为什么一种在逻辑上满足严格彻底的宗教要求的信仰总要把其他信念定义为异端。异端的存在不仅使某种信仰的普遍扩张具有合理性，而且能够唤起人们更大的热情、正义感和责任感，显然，人们喜欢做侵犯这样的坏事，假如找到了冠冕堂皇的理由使侵犯显得像好事，那做起来就更有热情了。

异端模式意味着这样一种资格论证的思维模式：把自己与他者严格区分开来，对精神进行划界，认定自己是特殊的并且是优越的，最后，自己的特殊性由于有被假定的优越性，因此有资格被普遍化，有资格代替或统治其他特殊的他者。其中的核心就是由"特殊"到"普遍"的资格论证。

在自身认同这个问题上，中国的思想传统确实显示出特殊性，它不具有异端模式（当然是因为没有宗教来形成强大的激励）。"中国"这个概念在地域上和文化思想上从来都有着某种程度的模糊性，它没有明确边界，所以它具有人们经常提到的中国文化那种能够消化一切的融合能力，尤其是，我们自己对没有边界并不觉得难受。所谓模糊性从另一个角度看就是开放性。不过这种开放性并非没有节制——否则中国文化就不会在现代被认为是"保守的"（尽管当年新文化运动和西化运动的倡导者们在批评中国文化的保守性时难免夸大其词）。中国式的开放性似乎可以说是一种"有弹性的开放性"，即它像任何其他文化一样都会有某种保守主义（保守主义是任何一种文化的必要机制，它可以维持文化核心传统的必要稳定性），但它永远有着商量的余地，因此它可以接受某些异己的思想观念，尽管往往是部分接受或者是改造了的接受，其中典型的手法也许可以称作"文化改制"（reculturing），就是让外来的文化按照本土的需要去生长，使外来文化能够"变生为熟"而达到"转世而生"——比较逻辑地说就是能够为另一个可能世界开发进入本土可能世界的可通达性（accessibility）——从而既为本土文化注入新的活力，又不至于破坏本土文化内在结构的平衡。这种"文化改制"由一系列不破坏原先基本结构的有限改变所构成，这些有限的改变一方面在不断增加文化的新含义，另一方面在不断地解构外来文化的原本含义。其基本的转换方式大概可以描述为：假设本地文化为 C，C 可以开放地接受所有与 C 相容的文化因素 c_1，c_2，c_3，…。假如某个新的外来因素是 w_1，那么 C＋w_1 是可能的，当且仅当，w_1 能够被变成（c_1，c_2，c_3，…）中的一个新因素 c_n 比如说 c_4。而成功地把 w_1 转换为 c_4 又使得 C 具有了新的能力去接受更多的新因素。最典型的例子是佛教和马克思主义的成功移植。其他如西方的当代学术、当代艺术和生活方式以至社会制度也正在成功地被"移植/解构"（移植并且同时被解构）。[①]

　　这种让外来文化本土化（localization）的成功基于一组特殊的条件，这就是，这种本土文化必须是一种无明确边界的或有兼容能力的文化精神，并且，它的表述系统（即它的自然语言）必须具有无限丰富和自由的重新组合能力。由于一些在历史学上还难以解释清楚的原因，中国文化碰巧具有这样两个特点。关于后者，众所周知，中国的语言在语言能力上与众不同，它在构词能力上可以说几乎是有着无限可能的，因此具有极大表现力，这里说的不是中国语言更优美（不可能有这样的价值断言，因为不可比），而是说它的构词能力由于享有自由，而能够达到表现力的最大化，因此，几乎没有什么不能够进入中国表述系统的概念，几乎任何外来的概念在中国语言中都可以和谐生长而不会格格不入。这绝不是说，所有外

---

　　① 有一个以小见大的例子：现在至少中国城市接受了圣诞节作为一个节日，但是人们根本不理会圣诞节原本的含义和情感分量，人们解构掉它原来的宗教背景而把它基本上当作一个美丽的聚会或烛光晚会之类的欢乐机会。

来概念都能够准确无误地被翻译，显然并非如此①，但是我们在此讨论的根本不是翻译问题，而是文化的转化能力。使一种外来的概念能够"转世"而获得新生并且在本土文化中找到合法位置，即使其翻译并不准确，就已经是对于外来文化的成功移植了。语言是文化思想的土地，重要的不是所种的东西能够保持原样，而是什么都可以种并且成活。在此没有必要过多地讨论语言问题，但是有一点是值得注意的：中国语言是一块具有极强兼容能力的"文化土地"，它在基本精神上与中国文化整体的精神原则是同构的，它的性质可以使我们隐喻地理解中国关于"世界""文化""地域"的观念。

传统中国关于世界、文化、地域和界限的理解集中地表现在"天下"这一根本性的概念中。"天下"是个纯粹中国式的概念，在某些方面类似于"帝国"的概念，或者说与帝国这一概念有密切关系，它表达了中国关于帝国的独特理解和解释。中国式的帝国和西方所谓的 empire 在许多表面形式上确乎是共同的，应该都属于"帝国"这一政治/社会/文化制度，然而却有着一些极其重要的区别，尤其与现代意义上的西方帝国则有着更大的差别。"天下"是中国对世界的政治/社会/文化制度的哲学构想。它看起来几乎是最早的"全球化"概念，尽管有着一个我们在后面要讨论到的根本区别。

在西方，自从罗马帝国以来，帝国就开始成为一种制度和一种

---

① 事实上有一些西方概念一直都不能够非常准确地被翻译，例如"being""Dasein""logos""discipline"等等，但这并不妨碍关于这些概念的"错误"翻译成功地成为中国概念体系中的合法概念。

思想。即使在西罗马帝国崩溃之后，后来所谓的神圣罗马帝国尽管不再有帝国那样的宏大面目，但仍然继承了罗马帝国的称号，这更表明了对帝国这个制度的认同。而皇帝与教皇的合作又进一步创造并明确了它的自身认同——这一创造极其重要——把罗马帝国和基督教的概念都看作"世界性的"（类似于今天的"全球化"），并且这二者是同一个世界的本质的两个方面，正如戚国淦所比喻的，这两个基本的方面被塑造为不可分的"灵魂和肉体"的关系。[①] 这已经相当完整地定义了帝国概念，既有了思想又有了制度。

帝国的疆土从来都是不确定的。传统帝国至多能够确定自己的中心，却不能确定它的边界，因为帝国的成功程度取决于它的军事实力。帝国政府从来没有在思想上有关于帝国明确边界的预期，即从来没有想好要征服"到什么地方就够了"，而宁愿把边界或明或暗地想象为开放性的。传统帝国即使没有一统天下的明确想象（事实上没有一个帝国有过这样的实际能力，不管是罗马帝国还是蒙古帝国或者大清帝国），恐怕也都不会拒绝这样的愿望。传统帝国的实际边界是随着实力的变化而变化的。更准确地说，传统帝国本来就没有严格的"边界"（border）而只有边陲（frontier），即一个模糊的、帝国影响力渐渐弱化而消于无形的地带。这个边陲不仅是政治、军事和经济力量的边陲，而且也是文化力量的边陲。帝国为了保持是个帝国就必须保持是个超级力量。

不过，中国古代帝国从来就与西方帝国有所不同，它似乎更相

---

① 布赖斯：《神圣罗马帝国》，序言，商务印书馆，1998。

信文化的力量。当然，无论怎样，中国古代帝国也必须依靠强大的军事力量来保证它的存在和发展，但是它在精神气质上不是侵略性的。如果说中国古代帝国同样得到了扩展的话，这些扩展主要来自防守性战争的胜利所带来的额外成果（如汉唐对北方游牧民族的防守性战争的胜利确实导致了边疆的扩展），而在后来更大面积的扩展则更是偶然的所得，是继承了入主中原的扩张性蒙古帝国和大清帝国的遗产。中国主流的思想包括儒家、道家再加上佛家，都对侵略和战争非常不感兴趣。中国帝国的骄傲更多表现在自身文化地位上而不是在版图上，它把自以为核心的文化传统当成是描述帝国的最重要根据。中国传统帝国的标志是它的"文化引力"，它具有一种"星系形态"。对于传统帝国来说，它或许在实际上会对尚未纳入帝国控制（尤其是文化控制）的其他地区（所谓"化外"之地）有某种程度的陌生感或歧视，但却没有自觉和明确的理论意识要把其他地方看作异端性的。从理论上说，万邦都一视同仁地属于"天下"，一个地区还没有进入"引力场"，并不意味着它是在天下之外的。中国以"天下"这一概念去理解的"帝国"是个最大的地理概念，尽管这个"天下"始终是理论上的存在，而没有真的形成事实上的"天下/帝国"，但它在理论上有着极其重要的意义，它是人类文化中唯一超越了自身认同的政治单位。"天下"可以被定义，但不是自身认同。它是一个意味着彻底的"世界体系"的文化/制度概念，也是一个最重要的哲学观念。

"天下/帝国"是一个在今天非常值得研究的哲学观念。中国传统帝国认定帝国的范围是"莫非王土"的"天下"，在地理学的意义上它相当于整个世界，凡是在天之下的土地都在理论上属于"天下/帝国"。不过，这个"世界"更确切地说是个关于世界的文化地理学视界（horizon），作为世界的"天下"是有扩展性的，它随着视界的扩大而扩大。视界所及便属天下，它永远比力所能及的地域要大。蔡邕曰："天子无外，以天下为家"①，司马迁亦曰："天子以四海为家"②。天下是至大无边的，大到"无外"。忽必烈也觉得只有"大元"这样的称号才能配得上他那几乎是天下的帝国，大元意味着大到不能再大。这样以整个世界作为政治单位的帝国在逻辑上根本不是一个"国"。国必须是"在世界中"的给定范围（中国所谓"国"，最早仅仅指都城，稍后又把都城的郊区也算在内，远处土地就不是"国"而是"野"了。大概在春秋战国时才开始把整个统治地区的"域"称为国③）。

在西方思想里没有"天下"这个哲学观念，这是中国式的天下帝国与西方强权帝国的原则性差别。尤其需要强调的是，"天下一家"看起来与"全球化"相似，但在其含义（内涵）上却非常不同。对于全球化来说，世界的统一不管在理论上还是在实际上都是个未完成的概念，因此在帝国之外的地区就是要征服的对象，全球各地的一致性原则是通过征服而强行创造出来的"齐一"。而对于天下理论来说，尽管在实际上世界远远没有一统，但是在理论上它被假定为已经完成了的概念，是一个本来就完整的世界，是先验的

---

① 蔡邕：《独断》卷上。

② 司马迁：《史记·高祖本纪》。

③ "国"古时作"域"，意谓在所统治的土地之上建城而以兵戈守之者。参见白钢：《中国政治制度通史》卷 1，人民出版社，1996。

一家。这一点是最关键的："天下"是个关于世界政治或全球政治的先验概念。于是，天下万邦只有差异而没有必要划分出异端。由于强权帝国用来思考世界的概念是一个关于世界未完成状态的概念，因此，世界其实并不是"用于思考的概念"而是"被思考的概念"，即不是观念性的，而是对象性的，真正的思想单位是"本地"（local），是"此地"，其中并不包括"彼处"，所以，西方的世界观的底牌仍然是地方观，它是以西方这个"地方"去看待世界，而不是从作为整体的"世界"去看待所有地方。正好相反，天下帝国的眼光是世界性的，既然世界已经是个完成的整体存在，那么理所当然从"世界"去看待各个地方。只有天下帝国拥有超越了地方观的世界观。正是天下帝国的这种世界概念先行的思维模式决定了天下帝国的价值和情感偏好，由此很容易理解为什么绝大多数中国思想家都把天下的"合""和""治"看作头等大事和最重要的问题并且坚决反对"分""乱"，因为世界有着给定的完整性，"合和"就是不再需要理由的先验原则，所有"地方"都以"合和"为先决条件才能够保持给定的完整性，所以，没有一种地方观（无论是宗教还是知识）可以有正当理由通过推广自身而侵略、吞并和取消其他地方观。本来这种以天下为思维尺度的问题体系和理解方式是对所有事情都具有合法性的思维模式，以全观缺，当然好过以偏概全。但是中国人却在近百年来被现代观念歪曲了自己的思维，把反对侵略、以守为本说成是懦弱，把天下之心说成是傲慢幻想。

决定天下所属的天命被认为是一个独立于任何政治实体和宗教组织的自主性原则。天命只助有道者，不管是谁（即不考虑特定身份）。"有道"是拥有天下的唯一合法辩护。有道与获得天下民心是同一的。"天下"这个中国概念自古以来就有着双重含义，它不仅指天下之地（"下土"），而且指天下之民心（"天视自我民视，天听自我民听""民之所欲，天必从之"①）。于是"天下"概念具有一种内在的哲学关系：天子受命于天而在理论上拥有天下之地，而拥有天下之地的意义实际上又在于拥有人民（"得乎丘民而为天子"②），因此，民心的向背成为是否真的拥有天命的唯一确证（evidence），就是说，天命只有在被民心承认时，才由理论上所声称的变成实践上被确证的。其中有个"确证而后存在"（to be is to be evidenced）的哲学原则。如果某个王朝失道了，别的政治集团就有理由"革命"（如"汤武革命"），而且不限于中原民族。尽管中原民族会对自身多有偏心（这是人之常情），但终究是非常开放的。

天下观逻辑地注定了中国文化的开放性原则。历史上诸多外族多次入主中原，从五胡到契丹、女真、蒙古。其中蒙古族和满族是典型的成败例子，很能说明问题。蒙古族采取的是强权帝国模式，武功虽前无古人后无来者，但它的强硬压迫和敌对态度完全违背"天下原则"，因此失道而亡。满族则因为有道，便相当顺利地获得了人民的认同。其实早在满族入关之前，后金帝努尔哈赤就已经明白这一点并且以天下理论作为革命辩护，他在"后金檄明万历皇帝文"中声称："天地之间，上至人类下至昆虫，天生天养之也，是你南朝之养之乎？……普养万物之天，至公无私，不以南朝为大国

---

① 《尚书·泰誓》。
② 《孟子·尽心下》。

容情，而仍责其不公。……天命归之，遂有天下，天惟论其德。……
只论事之是非公断。"① 这番道理也是后来人民承认清朝统治的理
由。当然中国并非没有狭隘民族主义意识（自私之心人皆有之），
然而狭隘民族主义、狭隘文化意识形态等在中国的思维结构里并不
是根本性的原则，甚至不是思想理论的组成部分，而只是与具体利
益联系在一起时的自然情感。其实，说到中国古代的"民族主义"，
是有些疑点的。中国民族向来血统混杂，南北朝后更融入诸多北方
民族，所以并没有西方意义上的民族主义（以民族主义原则为本而
立民族国家乃西方模式，并非中国之发明）。与其说中国的民族主
义，还不如说是地方主义（一种比较广义的乡土认同），中国对自
己的土地有着超乎寻常的感情（这种感情是如何形成的，于此不
论）。这种地方主义才是中原人民保家卫国的真正动力。如果说地
方主义是中国的情感原则，那么，天下主义就是中国的思想原则。
这其中导致的思想与感情的某些不一致也在所难免，不必细论。

　　无论如何，在思想层面上，有道者得天下这个原则与西方征服
世界的思维方式大异。对于西方，自己的利益和宗教就是对自己的
利益和信仰的辩护（这种自相关的辩护在逻辑上其实不成立），于
是才会发明出异端模式（这种思维模式一直到今天仍然没有改变，
甚至现在美国声称它可以先发制人地打击任何有潜在能力威胁美国
安全的国家。这种在无人挑战的情况下仍然要消灭别人的想法如果
按照中国的道义来看可谓无道之至）。显然，在"帝国拥有世界"

---

① 《清人关前史料选辑 1》，289－296 页，中国人民大学出版社，1984。

这个问题上，西方强权帝国所理解的就没有像中国天下帝国所理解的那样轻松，问题就在于思维的异端模式。西方传统帝国不得不面对与它自己所定义或自己创造出来的异端世界的紧张关系（自己创造出敌人，这也是自我折磨）：由于在它之外的地区是异端地区，而不是荒蛮的未开发地区，是有着完全不同的发达意识体系的地区，而不是无思想定义的地区，以上是另一个世界（所谓一个世界，从根本上说是由某种独立思想意识所定义的），所以另一个世界是个暗含威胁的世界，不得不与之紧张相处。西方强权帝国对自己的承诺也是一个世界性帝国，但是由于它以宗教为思维模式和依据，把世界的某些部分定义为异端，这等于把世界看作不完整的、分裂的，也就是前面说的，完整的世界只是一个未完成的概念，而为了获得完整的世界就不得不去征服外在的其他部分，取消外在世界的异端思想含义。

　　这种理解在这里确实表现出与中国的哲学语法的深刻差异。"天下"意味着完整的世界是已经给定了的，所谓"化外"之地本来就是"天下"这个概念所包含的合法部分，不是需要征服的对象，而是需要与之沟通使之发现帝国中心的吸引力的地方。"化"甚至不是通常所误解的同化，而是感化或显示吸引力使得别人被吸引，因为以文化之是要通过"礼"的，而如果强加于人就恰恰无礼了，所以"礼"本身的逻辑就已经决定了"化"只能是被动性的、等待性的而非侵略性的。[1] 总之，"化"承认他者的自由意愿并且

---

[1]　《礼记·曲礼上》曰："礼，闻取于人，不闻取人；礼，闻来学，不闻往教。"

以情感化交往为本。中国传统帝国所创造的"朝贡体系"就典型地表明了"帝国拥有世界"的情感化交往模式，它相信天下是已经完整的世界，相信四海一家，它所要求的只是天下"万邦"对天子在礼仪上的敬意——礼仪作为形式，它在内容上表达的是情感上和文化上的承认，特别值得注意的是，由于礼仪总是双向的，因此它先验地预定了互相承认和互相尊重。这一点决定了朝贡体系的根本性质或哲学前提是互相承认的文化/情感交往方式，而且由于礼仪的双向尊重，帝国并不要求和强迫朝贡国接受属于帝国的宗教或者价值观，这样一种"文化的承认"在思想或理论上又预定了双方在政治方面的独立性原则（在权力结构和社会制度方面的独立自主，比如说帝国对朝贡国只能"册封"却不能任命）以及在经济贸易方面的自愿自然原则（即朝贡体系中的经济关系目的主要是"互通有无"模式的互惠，而不是强迫性的推销以谋取顺差利益）。可以看出，"承认的文化"比"承认的政治"更为根本。

西方现代帝国与传统帝国又有些不同，它主要是以民族/国家为基本界定的，这比以宗教认同的基本界定似乎又狭隘了一些。现代民族国家的兴起使国家有了非常明确的、往往经过边界条约认可的合法边界和同样明确的利益。这种基于民族国家的现代帝国就是列宁所批判的帝国主义。帝国主义给世界造成的伤害已经不言而喻（两次世界大战以及多次局部战争），更深远的后果是使世界上的利益争夺形成了肆无忌惮、明目张胆的行为模式。如果说西方传统帝国的模式是罗马帝国，那么现代帝国的模式就是大英帝国，而美国帝国则是更新的帝国模式。哈特和尼格瑞相信美国帝国更接近于罗马帝国模式而突破了欧洲民族国家帝国模式，而且正在以一种立宪主义（constitutionalism）的态度试图管理世界。[1] 这个论点虽然不见得很准确，但的确是有见地的。美国所注重的是美国的世界"领导地位"，例如约瑟夫·奈指出，美国尽管已经成为自罗马帝国以来最强大的力量实体，却仍然无法做到在世界上独行其是，他的建议是，除了加强美国的"硬力量"，还必须大大加强"软力量"（文化和思想）。[2] 美式帝国应该是一个混合型的新帝国，这一帝国模式之所以特别值得重视，就在于它不仅要把帝国的统治由政治和经济方面扩大到文化和思想方面，而且不满足于当世界游戏的大赢家同时还要成为世界游戏规则的立法者。这样它就把异端模式的思维逻辑全面贯彻彻底了。

五、作为策略的自身认同

在存在帝国主义的世界背景下，对于那些没有希望当上帝国的民族国家来说，文化的自身认同很自然地就成为一种国家策略。民族国家运动是现代的一个持续的运动，先是欧洲国家，后来是东方和非洲国家。民族国家的意识是"启蒙"的一个特殊方面。"启蒙"主要表现在对平等的个人的存在和价值的自觉与发展，以及对理性

---

[1]　M. Hardt，A. Negri，*Empire*，Harvard Univ. Pr.，2001.

[2]　J. Nye，*The Paradox of American Power：Why the World's Only Superpower Can't Go It Alone*，Ⅴ，Oxford Univ. Pr.，2002.

和科学精神的建构。民族国家意识本身不应该属于启蒙原则，但却是启蒙的间接产物。启蒙所鼓励的是在社会平等背景中的自由竞争，当把"个人"这一单位换算成"民族"和"国家"，自由竞争的关系同样成立。竞争关系非常可能唤起了各地方的自觉意识，于是，不管是民族主义得到了强化还是地方主义转换成了民族主义，总之各个国家都逐步意识到文化身份和经济、军事一样也是立国之本。所以，文化自身认同便成了国家策略，但同时也成了一个思想问题。对于中国来说，符合西方标准的民族主义和民族/国家只是在西方挑战下的现代产物（正如前面所讨论到的，古代中国至多有本土主义而没有清楚界限的民族主义），文化自身认同也一样，在现代才成为中国的一个迫不得已的国家策略。按照原来的天下模式，自身认同根本不构成问题，几乎是多余的，至少在理论上并无必要。

诸如生活方式、习惯和风俗甚至艺术这些事情并不是文化认同的根本性标志，这些都只是美学景观。思想体系、价值观和语言才是一种文化的根本。其中的一个重要区别是：在文化中，美学景观是消费性的，而思想、价值观和语言则是生产性的，只有思想、价值观和语言才能够为一种文化带来权力、影响力和利益。这就是为什么在这个盛行文化多元论的时代里拥有文化霸权的西方热情地欢迎东方的美学景观而坚决拒绝给予东方的思想、价值观和语言以相应的地位的原因。毫无疑问，人们现在几乎都意识到文化是一个民族或一个国家的最大品牌。一种文化越在世界上得到推广，其品牌就越成功，就拥有对世界各种事情的更大的解释权，甚至可以成为世界的普遍知识的生产标准，它对世界的政治、思想和经济的影响力就越大。而这一文化品牌的国际竞争使得文化本身又成为一个政治问题。事实上，后冷战以来全方位的全球化运动似乎在经济和政治方面的某种程度上削弱了民族国家体系（许多人这样看），但由于全球化同时创造了一个世界文化市场，于是，文化的自身认同成为一种政治力量。世界市场终于形成了完全立体化的市场，不仅是产品的输出竞争，而且是理想和生活方式的交换输出竞争。在这个"谁适应谁"的场景里，美国在今天世界上的文化成功虽然很大程度上依靠了它的霸权，但还有一个不能被忽视的原因，这就是，其他文化被美国文化同化是个最省力、最简单、成本最低的工程，因为美国文化是大众文化，它本身最简单，缺乏复杂的传统背景、厚重的历史和细腻的精神。它不仅挑战复杂的东方文化，而且还作为西方文化的通俗版本挑战着高深的欧洲原版。几乎所有的文化都面临着生存竞争。

由于全球化的结果，社会制度、政治制度和经济制度的地方性特征的消失使得各地的自我定位更加困难，所以，文化的自身认同或者自我表述变得非常突出，几乎是最后的多元性依据了。可以说，今天世界上各种文化都面临着文化的自我表述危机，不知道用什么来表述自身，不知道能够表述出什么，尽管文化自身认同作为策略是清楚的，但是要坚持什么、要为什么而辩护则是不太清楚的。这就不难理解为什么文化间的"对话"问题成了当下的焦点问题，人们不仅想通过对话借助他者的眼光而更充分地认识自己的文化［这是苏格拉底（Socrates）"认识自身"问题的新版本］，而且想在对话中进行文化博弈而使自己的文化处于最有利位置（"文化博弈"应该成为博弈论的一个重要问题）。在过去的世界里，并非没有文化间的对话和博弈，但毕竟与今天的对话和博弈模式有一个决定性的区别：全球化背景中的文化对话和博弈是一个不可以不参加并且不可以退出的游戏，任何文化都不得不被卷入。这就是为什么我相信这个所谓的新时代是一个普遍的"文化改制"（reculturing）的时代①，不管愿意不愿意、喜欢不喜欢，任何一种文化都会被其他文化改写。传统哲学的 inter-subjectivity 问题也因此转变为更复杂的 inter-culturality 问题。

在世界的文化问题变得越来越复杂的时候，我们可以发现，对话只是必要的策略，但是我们还需要找到能够保证对话有效性的思维模式，否则有了对话也不可能真正解决问题和冲突。事实上，那个能够保证对话有效性的模式已经存在，它就是中国经典意义上的"天下模式"。中国的"天下模式"可能是唯一超越了文化自身认同局限性的文化模式。它直接就假定了"超越"文化地方性的更高视野，它把人类共有的"天下"当作一个先验概念（a priori），因此成为一种俯瞰性的超验世界观（transcendental）。它在多元论之上，但绝不是要取消多元的事实，相反，它准备包容多元的事实，这与试图以地方兼并世界的全球化普遍主义模式（蛇吞象模式）有着根本的不同。"天下模式"可能是克服文化自身认同危机的一个有效方式，因为它的眼光超越了自身认同，它不把自身认同看作根本

---

① 参见赵汀阳："On Reculturing," in *Alliage*，No. 45 – 46，France，2001。

性的问题，甚至可以说，天下模式是对自身认同问题的积极解构：世界需要地方性事实和地方性知识，却不需要作为任务和难题的自身认同。全球化是一个错误的指导性原则，因为它试图以某个地方尺度充当世界尺度。只有"天下"观念才是一个先验的世界尺度。

理解与接受 *

英国电信有一个令人振奋的口号"开口有益"（Good to talk），这让我想起了一句广为流传的中国传统格言："话不投机半句多。"将两句话合在一起就是："只有话投机时才能愉快地交谈。"这正巧暗示着这个时代所面临的一个重大问题，一个有些悖论性的对话局面。大多数人都希望看到，我们的时代或不久的将来或许能成为一个有益的对话时代。不过，正如亨廷顿等人所预料的，它也很可能成为一个文明冲突的时代。不幸的是，诸如美国与一些中东国家之间的冲突这样危险的信号似乎比事情朝着好的方面转化的迹象要更多一些。"对话与冲突"（这在某种程度上等于是"和平与战争"的

＊ 本文为 2001 年英国 SOAS "差别与对话"国际会议论文、2001 年欧盟"跨文化对话与互惠知识"国际会议论文。原文以英语写作，特请方杰先生译为中文，在此深表感谢。作者在中文版上根据新近情况有所增删。

另一种说法）的问题，不过就是在"生存与毁灭"之间的抉择。人们想要选择的无疑是对话，因为它是生存的唯一途径。可是，真正的困惑在于，通向和平与对话的道路为什么总是那么坎坷不平、困难重重。尽管对话是人们特别需要的，但由于冲突双方在政治、经济和文化等游戏中往往采取不合作的政策，这使得进行有效的对话步履维艰。我们知道，理性的不合作博弈最经常导致的是一种囚徒困境式的纳什均衡①，它不能够保证双方利益的最大化。在此，我拟简要地讨论的是，对话中的理解问题和接受问题以及它们之间的相互关系。我试图论证，接受的问题才是对话问题的真正关键之所在。

一、知识共同体内部的对话与知识共同体之间的对话

在一个被认可的知识共同体内部进行的对话，远远有别于不同的知识共同体之间的对话。但是这种区别尚未引起人们足够的反思，其原因在于，人们一般都相信，由于存在着普遍的人性和理性，因此人们就全都属于人类这个总的知识共同体。根据这种形而上学理由，人们永远喜好并且鼓励对事物做出普遍性的解释，而且

---

① 要获得对于双方都是最好的结果就不得不冒险，而没有人信任对方，因此双方总是选择"不给对方获得最大利益的机会、保证自己不吃亏"的策略，结果总是双方都不吃亏但不能皆大欢喜。

认为只有普遍的知识才是有意义的。这种假定的普遍性，可以在早至苏格拉底的几乎所有的西方哲学中找到。每一个传统的思想家都习惯于认为，所有的知识原理都适用于所有地方的所有的人，仿佛世界上只存在着一种可能的知识共同体。当然，确实存在这么一个，那就是形式逻辑所表述的世界。可那是一个单调抽象的世界，并不是人能真正生活在其中的世界。而在现实世界上，存在着各种不同的文化/知识共同体是个显然的事实。且不说涉及深远的文化传统的知识共同体，就现在社会中新产生的那些多少有些含糊的共同体而论，诸如男人与女人、少年与成人、异性恋与同性恋等群体之间的互相理解就已经形成了许多难题。由于害怕别人指责不够开放甚或政治不正确，我们宁愿假装出非常理解对方的样子。在这个大量信息的时代，我们已经拥有了关于其他知识共同体的大量知识，但这种知识难道就意味着对该知识共同体的理解吗？

苏格拉底式的对话或者西方的标准逻辑论争想当然地假定，人类共享着一种我思（cogito），因此属于一个有着同样理性的共同体，于是心灵是类似的。这样一来，"他者"在西方哲学中所指的就不过是他人的心思（the other's mind），一种拥有与我们相同的思维模式的另一个心思。可是从中国的思路去看，证明他人心思的存在居然会成为西方哲学中的一个传统难题，这实在是件稍微有点多此一举的事情。事实上根本没有必要去论证他人心思的存在，因为它就确实存在着，这应该是足够明显的事情。假如一定有必要论证的话，那么不妨进行这样一个简单的先验论证：任意给定一种语言，这种语言中的每一个句子都在逻辑上必定能够得到"肯定"或"否定"的响应，这就意味着语言具有一种内在的或先验的对话形式，它分析地注定了提问与回答这两个先天（a priori）角色。其中应答性的角色就是他人心思的逻辑位置之所在，它是摆在那里的空位，无论它是否做出实际上的回答，无论实际上是否有个真实的心思来填空，它都已经逻辑地存在着了。这就是说，纯粹的逻辑上的我性（I-ness）总是预定了其逻辑上的他性（other-ness）。这个在语言自身结构里形成的先验论证应该比通常的那种经验论和心理学的移情推论要更有效。但是，我更想说的是，他人的心思的问题本来就不成问题，它是明显的。"他人"这个重要问题的要害是在别的事情上。

与西方对他人"心思"（mind）的关注形成对比，中国哲学将他者的问题看作他人"心事"（heart）的问题（更准确地说，是他者的"心事/心思"综合体问题）。关于心思的哲学足以解释我们的智性行为，但是我们似乎需要发展一种关于心事的哲学，以说明我们的价值观、情感与实践生活——当然，心事与心思的截然划分并不是事物的真实状态，只不过在此用来从理论上说明思想中存在的不同倾向与模式。中西哲学在人类精神的问题上侧重点不同，这虽然没有造成事物本身的改变，但却表明它们对事物的不同理解。

要说明对话与交往的重要性，知识论就必须转向他人心事问题。我们只有用他人心事去理解他者，才能从根本上理解另外一个知识共同体，否则就只是理解了我与他人共有的思维方式（cogito）

而不能理解我与他人各异的思想内容（cogitatum）。而且，如果不在本质上将他者落实为他人心事，他者就不成其为一个值得分析的问题，因为人们虽然在精神上有很大差别，但是在知识形式上却没有太大差异。人们以同样的方式思考，但是却喜欢不同的事物。这是问题的关键所在。西方式对话与中国式对话之间的基本区别现在更清楚了：在典型的西方式对话中，人们认为被假定能够生产真理的逻辑论证是最为重要的，因为它能够澄清"谁对谁错"；而在中国式对话中，更注重的是取得一种双方都喜欢的或至少是都能接受的互利结果，假如在双方现成的想法中不能有共同接受的结果，那么就共同发明一个新的想法，它无所谓谁对谁错，或者说，对错在这里是不重要的，大家都喜欢才重要。不难看到，只要考虑谁对谁错，就等于承认了有个绝对的标准是存在于对话之外的，不管那个标准是在自然那里还是在上帝那里，总之是高过了对话、高过了人心的标准。而假如不考虑对错，思想的标准就被内化在对话这件事情本身中，也就是落实在人心与人心之间的互相期待中，心与心的和谐而不是知识与对象的一致就变成了绝对的要求。

有必要注意到，在对话中形成的心与心的和谐跟现代西方哲学所说的"主体间性"（inter-subjectivity）其实貌合神离（尽管在西方现代哲学中主体间性似乎被认为是对话的一个条件）。主体间性仍然是心灵在理性方面的一致，而并不能保证心灵在价值观或生活方面的一致。严格说来，主体间性这个概念在理论上其实有些多余，因为人们在理性层面上本来就一致而且不可能不一致（既然所有人被假定都能够理性地思考并且能够有共同知识），因此，主体间性是预先成立了的，它只是个不成问题的问题①，它并不比原来仅仅谈论人类抽象的我思时多出什么决定性的东西，也许可以说，我思是从人类心灵作为一个抽象的匿名的整体概念来规定心灵的，而主体间性（相当于"思与思"）只不过是从每一个心灵都分有着作为心灵的主体性的角度去讨论心灵的，它并不是对于我思概念的理论突破。但是，"心与心"（heart to heart）的和谐则真正是个另外的难题，因为它不是预先成立了的事情，而是需要努力才可能达成而且还不一定达到的结果，而且尤其重要的是，这个可能达成的和谐结果不可能是某个心的单方面预期的完全实现，而是众心在对话的自然发展过程中被生产出来的，所以它是不可预料和不可强求的。

在那种雄心勃勃地要发现普遍真理的对话中，我们就不得不接受一个逻辑上正确的论证而不管喜不喜欢那个结果，这其中的强迫性非常类似于我们对共同认可的游戏规则的遵循，比如说在足球比赛中"不能越位"。但是在建议性的对话中，我们倾向于接受一种有利于大家的观念，这却类似于从在逻辑上所能够想象的各种游戏中来做出选择，为决定大家到底玩哪一种游戏所进行的商讨，比如说商量到底是玩"足球"还是"象棋"。

---

① 主体间性之所以不是个真正的难题，是因为既然主体之间是可以互相理解的（假如有足够的信息），既然众心总有一致的理解，那么主体间性就只不过是关于"一致理解"这一事实的一种描述，而不是一个主体之间发生的难题。哲学里经常出现一些这样的不成问题的问题，可以这样定义：如果某件事情一定如此而不可能不是如此，那么它不是一个问题；而且，它也不能用来解决别的问题。可以参考维特根斯坦关于天空颜色的讨论：既然天空必定有某种颜色，那么对天空是某种颜色的惊讶是无效的。参见 L. J. J. Wittgenstein, "A Lecture on Ethics," in *Philosophical Review*, No. 74, 1965。

假如把问题推到极端的境地来讨论，那么可以说，即使是某个好像已经得到普遍认可的知识系统，对于其中所谓普遍和必然的东西也并非完全没有疑问。且让我们考虑一个改良了的维特根斯坦式的遵循规则的例子①：假定儿童甲和乙正在学习加法规则，他们学到并且练习了计算方法，但是相加数目的和永远没有超出过 10，这就是说，他们是在"X＋Y≤10"的范围内进行运算。但是有一天，他们偶然遇到了一个"7＋5＝?"这样的问题，甲认为结果应该是12，而乙则认为是 10。我们可以"从逻辑上"认定乙是傻子。但是乙完全可以同样"逻辑地"振振有词争辩说："既然我们所学过的最大的数字是 10，而 7＋5 的结果肯定足够大，所以 10 是个合理的结果。"我们还能争什么呢？如果我们确实想那样做，就必须转而进行说服与商讨，例如，可以指出，甲的知识共同体更有趣、更丰富、在现实生活中更实用。但是要是乙说他不以为然，他宁愿喜欢所谓的贫乏生活和简单世界，那么我们就无话可说了（维特根斯坦有个有趣的例子：大家打网球都不得不遵循规则，但是有个人就宁愿打几个臭球，这显然不能说他违反规则）。当然，我在此讨论的不是数学基础的问题，而是在暗示不同知识共同体之间的对话问题。

每一种语言、文化或者知识共同体都可以夸耀其自诩的关于世界与生活的普遍有效理论，但是这些所谓的普遍理论没有一个能得

---

① 参见 L. J. J. Wittgenstein，*Philosophical Investigations* 和 *Remarks on the Foundation of Mathematics*；以及 Kripke，*Wittgenstein on Rules and Private Language*，Harvard Univ. Pr.，1982。克里普克（Saul A. Kripke）曾经给出一个关于加法的例子，但不太恰当。这里我另外提供一个可能比较合理的例子。

到普遍的接受，这件事情就已经指出了问题。理解他人心思固然容易，但要接受他人心事则颇为困难。这就是为什么他者的根本问题应该被看作他人心事而不是他人心思的问题的根本原因。按照心事哲学（philosophy of heart）的观点，思考的起点不是像西方哲学中的"人对世界"关系，而是"人对人"关系（中国的关键词"仁"本来就意味着"人之间的"道德关心）。中国哲学不以西方哲学所界定的知识论和存在论而见长，而是专注于一种关于社会和生活的形而上学，可以称其为元心理学（meta-psychology）或者是关于知识共同体的元理论。于是西方哲学中的许多关键术语，比如主体性、主体间性和自我等等，在中国哲学中就几乎找不到，相反，中国哲学总是把心思、心事与肉体统一地进行考虑。将心灵简化为一个抽象和匿名的心灵是西方知识论的一个普遍主义梦想，可是正如某物（a thing）如果无法被特殊地描述就只是个 nothing 一样，一个心智（mind）如果没有心事和身体方面的特定身份，就也只能是个 nobody。在某种意义上，（单方面的）普遍主义就是原旨主义，它先验地是对他者的否定。我们今天需要发展的新型的对话，应该是在有着不同逻各斯的不同文化之间有效地进行的，只有当我们认识到他者的价值和观点与我们的价值同等重要的时候，对话才能是有效的，否则，将会变成两点之间最长的线。

二、我们确实理解他者了吗？

也许我将普遍主义与原旨主义联系起来颇为不恭。比较准确地说是，普遍主义是一种潜在的、随时可能转变为原旨主义的主义。一个例子就是近年某些西方思想家鼓吹的全球伦理。[①] 他们竭尽全力在不同文化中找到了一些共同遵循的金科玉律，并且认为，这些已经被证明是全球伦理赖以建立的普遍原则。很容易看到，他们所发现的主要是《圣经》中的或者与之相符的所谓金科玉律，就是说，《圣经》就像巴黎的那个标准米尺。要从不同的文化伦理体系中挑出一些相似的准则并不是什么难事（毕竟生活是类似的），至少可以想象，只要是坏事，所有人都不会喜欢，于是，人们至少在所不喜欢的坏事上有着比较多的共识。但是这仍然不足以建立一种全球伦理，因为不同文化的语境是不能被忽视的。首先，最明显的就是，不同文化体系中的人也许对坏事有共识，但对好事却未必有那么多的共识，所谓各有所好。其次，即使在好事上有些共识，然而在不同的文化语境里，那些看似相同的准则在评价和实际阐释中也许会处于不同的等级或优先次序，比如说，准则 A、B、C、D 在一种文化中按照其重要程度排列顺序为 1、2、3、4，而在另一种文化中，它们的排列顺序也许会变成 3、8、2、9。由于时间和条件的限制，人们不可能同时做所有的好事，于是"重要性"的优先次序就事实上决定了做什么和不做什么，这里的差别可能是巨大的。[②]如果将准则之间的一些固定的搭配关系再考虑进去，情况甚至会更加复杂，比如，当且仅当 A∧H 时，A 才是优先的，或者当且仅当

---

① Hans Küng，Karl-Josef Kuschel，*A Global Ethic*：*The Declaration of the Parliament of the World's Religions*，The Continuum Pub.，1993.

② 例如中国的"忠孝""义气"在西方价值体系中虽然也会有，但并不那么优先；同样，西方的个人利益和自由也会为中国人所喜欢，但未必是绝对第一位的。

B∧G 时，B 才是好的，诸如此类。所有这些可能出现的情况意味着，抽象地或不顾具体条件地寻求共识没有什么意义。

另外一个可能更能够说明问题的例子是人权。对于通常主张的关于人权的条款，人们很少存在分歧，但总是会有大量永远说不清楚的争论。其原因何在？因为在更深层次上，人们有着关于人权的根本不同的逻各斯或者哲学语法，而且，他们各自不同的逻各斯很难进入彼此间的对话，因为互相不信任对方的解释有效性。一个例子可以表明这种区别：西方的个人主义倾向于强调个人权利的优先，而中国的人道理论则往往坚持相互责任的优先。通过逻辑分析可以发现，西方的个人主义暗示着"个体的天赋权利必然要求别人有无条件尊重它的义务"，与之相反，中国的人道理论则暗示着"逻辑在先的对别人的责任才能赋予一个人以个人的权利"。个人权利从来没有在中国的思想里被理解为是天赋的，而是被理解为大概相当于我所谓的"预付的权利"。这意味着可以预付权利给每个人，但是也可以因为其犯罪而予以剥夺，即极端的坏人就"不配做人"。① 在这里，我们遇到了隐藏在我们对人权的解释之中的关于人的概念理解这样一个更深层次的问题。在中国对人的理解中，一个人由"做"人才能够成为人，而不是因为"是"人就成为人（a man does rather than is）。在西方则相反，只要生理上是人就算是

————————

① 近来在甘肃和辽宁接连出现极端严重残害幼女的犯罪案件（小兰事件和小茵子事件），结果网上出现大量的发言要求用酷刑处死罪犯，各种建议从凌迟、火烧、喂狗等到更加残酷的刑罚都有（现在那两个罪犯已经被判死刑）。网民们当然知道必须尊重法律，也知道现在的法律绝不会恢复酷刑，他们只是表达了他们心中对道德和人的真实理解。法律是重要的事实，但是，人们心目中的正义是重要的问题。

人了，而不必在精神上合乎人的概念。因此，中国"做人"的概念就成了一个优先于"人"的概念。①

人权的天赋性质在西方被人们想当然地接受了，好像理所当然无需理由。当今西方世界所推崇的大多数人权种类，在哲学上可以归类为消极的自由，即"免于干预"的消极自由（freedoms-from）而不是"有权要求"的积极自由（freedoms-to）——当然并非所有人权都是消极自由的，比如，投票权就属于积极自由。按照西方知识的逻辑，那些看来可以解释为消极自由的人权，由于它们在哲学上最容易被论证为普遍的，因此更有理由被认为是最重要和最根本的人权，于是，这些人权就应该在全世界普遍推广。不过有些自相矛盾的是，尽管西方知识的主流传统往往批评积极自由的缺点（例如暗含着专制奴役的潜力②），可是西方最希望在全球推广的政治却是属于积极自由范畴的民主投票权。而包括对其他文化和国家的人权干涉更是属于"积极的"而非"消极的"自由。可见，西方的人权理论或者是在内部逻辑上自相矛盾，或者是在实践上言行不一，二者必居其一。可以说西方的人权理论基本上是在盲目替人做主，基本不考虑他者的具体需要、迫切需要以及历史文化语境，当然就更谈不上去赞同别的文化思想体系中有所不同的观念。当西方人不注意他者文化中其他可能的哲学语法的时候，西方的普遍主义就好像是唯一可能的东西，就可能变成原旨主义，权当它是一种出

① 关于"预付人权"理论，参见赵汀阳：《论可能生活》，三联书店，1994；《赵汀阳自选集》，广西师范大学出版社，2001。

② 许多西方思想家如哈耶克（Friedrich August von Hayek）、伯林（Isaiah Berlin）、诺齐克（Robert Nozick）等都是这种思路。

于善意的原旨主义。

今天，每一个国家都愿意将自己看作一个"开放"的国家。当然，西方国家很久以前就这样界定了。其他的国家，例如中国，也喜欢说它正变得"越来越开放"。但这里的一个哲学问题是："对什么开放？"人们看来更容易对新生事物而不是异质事物开放。我们可以看到它们之间的一个很小的但却重要的区别。一件异质事物，如果确实非常不同，就永远体现在他者文化或者价值体系的深处，往往与我们深层的文化或者价值体系格格不入。但是一件新生事物是在旧的、相同的地方生长出来的。在全球化的时代，开放的概念应该被界定为对他者而不是对新生事物开放。对新生事物开放的时候，谁也不会真正感到深刻的痛苦。西方人最后都接受了诸如哥白尼日心说、达尔文进化论和弗洛伊德（Sigmund Freud）精神分析这些在当时非常新奇而令人愤怒的思想，而一旦面对那些同样有巨大价值的中国思想，虽然西方人像欣赏美丽的景色或者诱人的玩具一样喜爱它们，却根本不予接受。当然，中国在不情愿接受西方生活方式和价值观方面也是如此。在这种意义上，无论东方还是西方都尚未开放到所需要的那样。

过去几十年间，理解他者的一条比较成功途径是一种人类学的认识论，如同格尔兹所鼓励的那样，他利用赖尔（Gilbert Ryle）最先倡导的"浓描"，对他者文化的地方知识进行语境化理解。①这种从普遍知识向地方知识的知识论转向，虽然为我们提供了有关

---

① Clifford Geertz, *Local Knowledge*, New York, 1983; *The Interpretation of Cultures*, New York, 1973.

他者的更为准确的信息，但是理解他者的问题并没有因此得到彻底解决。"浓描"的艺术只是在更多细节和更广阔的语境里进入事物，因此我们能够知道得更多更准确。但是理解他者不仅仅是对他者知道得比过去更多一些，更是要创造一种对话，借助于这种对话，双方的思想和问题得以被质问与讨论，从而在这种对话中共同生产出建设性的结果。只有那种共同创造出来的新结果才是理解，就是说，理解不是单方面的知识，而是双方面的互相知识，且必须是共同的作品——这是问题的关键之所在。

科学知识是单方面的知识，因为自然不会说话。可是人文社会科学的对象是会说话的人，因此就无法再从单方面的知识去看待"理解"。理解是一种人际关系，它与其他的人际关系，例如友谊、爱情、配合、竞争等等，都一样有着"共同创作"这一社会性质。缺少交互质问、批判和重构的描述性知识就只能有益于理解一件事物而不是一种精神，不管这种知识多么"科学"，只要它只是一种单面的而不是相辅相成的知识，它就没有表达出人际关系这个基本的生活事实。关于他者的知识和理解注定要成为互相建立在无穷对话中的知识，这样才能够产生出生活的丰富性、创造性和公共性。近年来乐比雄关于互惠人类学或者互惠知识的概念[①]，也许可以看作对产生真正理解他者的方法论的一个更自觉的意识。

在此有必要讨论一个老问题：何谓知识？看来至少存在两种知识：描述事实的知识与参与命运的知识。不过在哲学上人们更喜欢

---

① 参见 Alain Le Pichon, "The Sound of the Rain: Poetic Reason and Reciprocal Understanding," in *The Conditions of Reciprocal Understanding*, Chicago, 1995。

笼统地讨论身份不明的"知识"。如果说科学是描述事实的知识，那么人文科学与社会科学则是参与命运的知识，是策略与想象的艺术，它创造彼此可以接受的共存方式，而不是对事物的描述性报告或者逻辑分析。于是，对于人文社会科学，真理不是知识的目标，当然也就不是个问题，它的目标是生活的幸福条件。可以反过来这样定义：如果一种知识是关于幸福的，那么它就属于人文社会科学。关于生活和社会的知识不能以描述事物的方式来生产，而必须通过与他者的商讨发展出来，因为幸福是必须与他人商量的结果。他者不是一件物体而是一个创造者，所以对他者的知识永远不是像研究石头一样，仅仅通过对其细节的客观研究来决定，更重要的是由他对我们对待他的方式做出的积极反应来决定。一个简单的例子是，如果我们友好地对待他，就非常可能会发现他是个友好的人，而在其他情况下，比如说漠视他甚至侵犯他，也许就会发现他是敌意的。可以看出，"他人"这个事实是活的，是在变化中的，他因为我们的变化而变化，他人这个事实的性质是我们生产出来的，"我"存在论地生产了"他人"，反之亦然。在这里，我们可以意识到一种不同的存在论理解：某人的存在，自己或他人，并非直接就是如此这般的——传统存在论的句式"是其所是"并不对所有事物有效——而是在他人的有关知识中被创造出来的，知识和存在这两个领域的问题变成了同一个问题（只有在人的问题上才有这样的结合），于是，存在论问题的形式不再是"to be"而成为"to be made to be"。① 关于

---

① 关于这个存在论新形式的论述，可以参见本人著作《论可能生活》和《一个或所有问题》。

生活和社会的知识有着比"真理""必然性""普遍性"等更为广阔、深刻的思想语法。关于他者的知识，除非得到他者的认可才能够成为普遍知识。如果以习惯的真理概念来说，那么，他者就是真理的标准。

关于生活和社会的知识从苏格拉底时代开始，哲学家的主要兴趣就是在于如何发展一种逻辑论证或者对话语的逻辑分析，仿佛对话主要只是服务于单纯的知识生产（科学知识），而不是去如何理解他者的价值。如果不理解他者作为一个有能力并且有权利拥有着不同的然而等值的生活观和世界观的人，就意味着否认了人文社会科学的合法性，因为人文社会科学主要就是关于他者的知识，理解社会和理解生活从根本上说就是理解他人。人文社会知识的这种特殊性表明了，对于人文社会知识来说，理性上的一致远远不足以形成知识的基础，理性上的一致相当于思想有了统一的"语法"，但仍然没有涉及思想的价值内容即"语词"。假如缺乏价值上的一致，那么，至少在人文社会知识这个领域里，"知识"仍然是一个不成立的概念或梦想，即仍然只存在着从希腊时代就令人为之烦恼的"意见"而不存在"知识"。如何化"意见"为"知识"，这是一个希腊人早就充分意识到了的知识论基本问题，甚至可以说，这是整个知识论中最根本的问题（后来在现代发展起来的许多知识论问题与之相比都显得小题大做①），可是这个根本问题在今天仍然是个

---

① 现代知识论体系里的一些问题如知识的主观性、主体间性、先验性等一度成为最重要的问题，现在看起来已经是比较次要的了。从康德到现象学和分析哲学所苦苦讨论的那些知识论问题大多都对人文社会知识没有太多的帮助，好像只是科学和逻辑的注释。

没有取得决定性进展的难题，它甚至变得更加复杂和困难，尤其是今天这个问题涉及了多种文化的存在这样一些新因素（希腊人当时还没有考虑到这些因素）。

有个必须考虑的问题：如果知识共同体并不预先存在，那么关于他者的知识又如何成为可能？也许我们能够想象彼此无知的初始情形，类似于罗尔斯所想象的"无知"状态。尽管困难巨大，但人们似乎都还只能寄希望于通过尝试性的对话来建立知识共同体。这不是因为人们缺乏想象力，而是因为确实没有别的办法可想。不过今天世界的事实似乎在表明，人们必须依靠的对话正在沦为一个空洞得只剩下"善良意志"的东西，假如不是连善意都没有了的话。

三、理解不保证接受

我们大多数人都是怀着善意去理解人而不是恶意地与人争斗，但是有了善意仍然不能解决不同文化和价值体系之间的关系问题。美国遭恐怖袭击后，一些完全迷惑不解的美国人问了这么一个严肃但却天真的问题：为什么世界上有些人那么痛恨美国人？这个问题虽然幼稚，但却暗示了，即使假定了互相的善意，也远远不能保证能够避免可怕的冲突。

当他者的核心问题被理解为他人心事的时候，我们关于对方的知识就涉及不同乃至互相矛盾的生活利益和价值观。人们很少就基本的价值和利益做出过让步，放弃必需的生活条件和已经深入人心的价值总是痛苦而且艰难的，因为放弃了基本的利益和价值就等于放弃了生活的希望，生活没有希望就会以死相拼。可以想象，即使对他者有了知识上的彻底理解也并不能保证对他者的付诸行动的接受。我们经常听见这样的说法："是的，我完全理解你，但是……"，这是"理解但不接受"的基本句法。谁也不能否认这个简单的事实：他所希望、所热爱、所相信的，比他所知道和理解的在决定行动上要更有力量。人们在思维时听从真理，但是在行动时却听从信念（价值观）。

这二者的不一致使哲学家非常烦恼，以至于克服这二者的不一致成了哲学的一个基本任务。其中最有想象力的方案是苏格拉底的"道德/知识"理论，他试图通过"无人自愿犯错"的命题来论证假如人们有了关于道德的充分知识就不会在道德行为上犯错。如果这个理论能够成立，知识和信念的一致当然就有了希望。可是看来客观事实不作美，事实表明，利益和信念压倒真理的情况更为多见。尤其是后来休谟（David Hume）关于"to be"推不出"ought to be"的理论更加彻底地否定了各种各样试图在事实和价值之间形成一致的想象。当代虽然已经很少有坚持事实与价值统一的理论，但是又转向寄希望于所谓"理解"。其中的秘密可能就在于，理解不是那种冷漠的科学知识，而是或多或少含有感情因素（比如同情和设身处地）的知识。正是因为它的"感情因素"，人们寄希望于它能够因此成为过渡到信念的桥梁——以为感情是沟通知识与道德的中间媒介，这是康德的老结构——可是事实再次不作美，我们几乎观察不到"感情随着真理走"的事实，相反，感情总是跟着信念。

因此，我们不得不现实主义地承认感情是站在信念或价值观一边的，它根本就不是什么中间环节。

现代发达的理性与审慎习惯的确使人们大大发展了相互理解，可是同时也生产了以文化多元论或文化相对主义为名而以相互冷漠为实的"政治正确"。政治正确表面上是礼貌和互相尊重，实际上是互不关心、各行其是、互相歧视，只不过不说出来。"谁也别管谁"貌似保护了各自的权利，实际上却是用来消解他者的利益、价值和力量的非暴力抵制性策略，而且非常成功。这很容易理解：正如"卖"总要被"买"才有意义，"说"也总要被"听"、"做"也总要被"认可"、"给予"也总要被"接受"才有意义。这个抵制他者的策略就是通过"没有感觉、不给反应"而达到取消他者的市场，没有市场就没有了价值。假如这个应答式的二元关系被削减为一元事实，所有意义就被消解了。也许多元论的确有着对普遍主义的解构作用，但却不是放弃抵制他者的途径和希望，相反，多元论意味着各自都被贬值、各自都被抵制。彼此的独立自由同时的代价就是彼此的冷漠和贬值（还值得反思的是，多元论其实很容易从个人主义演变出来，因为它们在导致彼此冷漠和维护各自权利方面是同构的。而普遍主义则是个人主义试图消除彼此冷漠的恐惧和痛苦的一个尽管不太成功的方案）。

我们可以发现一个对话与交往的怀疑论困惑：我们将不得不怀着良好的愿望把对话永远继续下去，因为别无更好的抉择；但又不能奢望被接受，因为理解不保证接受。这好像是说，对话是好的，但不解决问题。即便在我们处于哈贝马斯的"理想的言说状况"之中，情况也无非如此。那种理想的言说状况是个交往乌托邦，在其中人们永远如哈贝马斯所宣称的那样真诚地以正确的方式谈论着真实的事物。① 看来哈贝马斯对于人类理性相当乐观，他相信：在完好的理想商谈氛围中，参加者将会非强制地达成一致观念。也许这种交往的乌托邦最终真的会创造出一个生活与世界的乌托邦，只要这种理想的交往能够持续异乎寻常长久的时间。② 可是这种长生不老的乌托邦恐怕不是那么现实，且不说事情会日久生变，太久的等待也会使最好的东西变得一文不值。知识论的热心想象如果不能同时成为一种有现实兑现力的策略，可能终将会变得与需要解决的问题毫不相干。这里并没有怀疑哈贝马斯理论的重要性，而只是说这种理论忽视了人际关系中的某些重要问题特别是"接受"问题。

　　事情看来是这样的：对于形成人类的良好共同生活来说，仅仅有关于他人的科学知识（了解对方是什么样的）固然远远不够，于是我们就需要进一步理解他人（理解他人做某些事的可以同情或谅解的原因），可是理解了他人仍然不足以使我们形成良好的共生局面，因为缺乏可以让大家都接受的信念、价值观和生活想象，因此，"接受"问题便成为人际关系、不同共同体间关系和文化间关系的最后问题。理解他人心思不意味着接受他人心事，而拒绝别人的精神永远会使合作困难重重，这就是对话与交往理论中的关键难题。

---

　　①　Habermas，*The Theory of Communicative Action*，Vol. 1，Boston，1984.

　　②　哈贝马斯 2001 年在北京会谈时，我曾经提出理解不能保证接受的疑问，哈贝马斯辩护说：他可以承认接受是个大问题，但是不会构成彻底的威胁，他仍然相信合理的商谈（discourse）能够最后解决困难，关键是要知道事情并不能一蹴而就，只要坚持的时间足够长，理解会导致接受。我仍然觉得这种辩护利用了不合理的托词。

出路也许应该是去改变或者重写对话与交往理论，去重新思考关于他者的概念。哈贝马斯等所强调的语用学观点仍然是个必要的出发点，它把我们对语言的注意力从语言游戏内部的制度性规则引向了语言游戏的应答性实践。于是，"谁在说话"以及"我们在对谁说话"就变成了语言的基本问题。从实践性的语言问题入手，这没有错，关键是，当语言的实践方面成为思考的核心，就必定要走向通过语言实践所表达出来的生活政治和文化政治问题。这样，语用学就需要进一步变成语言政治学。这于是形成了语言问题的发展顺序：由针对任何"所说的"之意义分析走向"说者与听者"的互相理解，再由"说者与听者"的互相理解走向关于"各自所说的"之可接受性的价值分析。

四、发言与倾听

当代哲学中出现了从自我向他者的转向，而且他性的问题已经成了一个几乎所有问题都与之相关的新焦点，这一点现在正变得越来越明显，诸如全球化、地方性、身份认同、普遍主义、共同体、西方与东方、多元论和相对主义、文明冲突、暴力、大众文化、交往和对话、博弈与合作等表现着这个时代特征的问题都从各自的方向联系到他者这样一个核心问题。现代以来的"主体性"（subjectivity）原则（它是各种现代观念如个人主义、自由主义、民主思想包括法西斯主义等观念的共同哲学基础）已经远远处理不了在全球化背景下产生的思想新形势。

这个新形势就是：世界上各种文化传统（如中国文化等）和文化共同体（如女性主义等）获得了自己的话语权（the right of discourse）并且开始发展话语的自圆其说的辩护能力，于是，尽管存在着强势文化，但其他文化有了"不合作"的思想能力。这个事实的理论后果是，笼统的我思或主体性概念已经表达不了心灵问题。"他人"从原来所假定的那个同质的我思或者主体性这样的普遍概念中逃离出去，而"他人"的逃离同时也就等于剥夺了"我"在那个普遍的我思概念中的居留意义，因为如果只有我在而他人不在的话，"我"就被减弱为自言自语的单一心灵，这个单一心灵唯一有意义的作为就只能是自虐，因此"我"也就不得不逃离出来，我思或主体性就只剩下抽象的意向性和逻辑思维这样的形式而没有精神内容了。现在我思（cogito）只不过是个思想的纯粹形式，这个形式是普遍的，因此所有的所思（cogitatum）都能够在我思中被理解，但是我思却不享有对所思的支配权利，所思不仅是自由的而且有着属于所思的全权理由，就是说，我们各自要想什么就想什么，想成什么样就成什么样，一种想法的理由不能批评另一种想法的理由。于是，所思"拒绝"了我思的统一支配。主体性并非不存在了，而是退位了，它不再是个重要的问题。

主体性的退位是时代的要求。这一点可以从中国 20 年的现代化经验中典型地反映出来。中国 20 世纪 80 年代全盘引进了西方的主体性观念，一时一统话语天下，但是在新奇感觉过去之后，人们很快就意识到，人们本来渴望要得到表达的，通过主体性观念什么也没有得到表达，或者说，它表达的东西与人们所希望克服的困难、所希望实现的理想和成功，实在缺乏密切的相关性。由于在中国发生的是个后发的、迟到的现代化过程，而这个过程又无比迅速，因此在很快就扑面而来的全球化问题面前，主体性观念马上就变成一个抽象的意图不明的"启蒙"或"解放"的符号，不但解决不了当前的重要问题，而且它能够说明的问题也已经无足轻重了。全球化时代在思想上的一个后果就是思想的"问题体系"发生了结构性的变化。中国20年的经验只不过是以浓缩的方式表达了世界的这种巨变。

主体性教条向他性问题的转向就是这个时代的一个变化。与此密切相关，对话的概念与知识的概念应该得到重新阐释，以发展一种新型的对话。这种对话既不同于传统的苏格拉底式的吹毛求疵的智者对话，也区别于含糊其辞的欺骗性的政治对话，而应该是一种有着"重构文化"（re-culturing）功能的对话，即各种文化都通过对话而获得思想的新资源从而开始某种新文化的生成过程。① 这种新型的对话将寻求的是互惠的文化建构而不是作为唯一答案的普遍真理。这并不意味着我们关于生活与世界的知识中不存在真理，而是说，那种关于生活的真理，如果存在的话，也只不过是一个"事后真理"，即关于生活的某种断言只有在最终实现之时才成其为真理。没有什么证据能够证明，关于生活的真理在它成为事实以前就已经普遍和必然地存在着了［维科（Giambattista vico）早就有类似的见解］。假如我们承认在生活的问题上，真理只能是事后的，

---

① 参见本人论文："Re-culturing," in *Alliage*，No. 45 – 46，France，2001.

那么真理就不可能是对话的目的。当悬搁了普遍与必然真理，我们可以期望的最好知识就是能够促进文化重构的互惠知识（reciprocal knowledge），即某种能够满足帕累托改进的知识共进。互惠知识将是一种语用学最优策略，它能够最大限度地创造和谐对话并且最大限度地利用对话的各种可能性与益处。

哲学语用学分析集中在说者对听者的话语行为上。在主体性概念的影响下，哲学家们非常注意作为主体的说者。现在根据他者的重要性，我们发现听者及其倾听行为是更为本质的问题。当然这只不过是重新发现了传统的或者前现代里关于倾听的问题，它是一个在西方基督教世界和在中国都长期存在着的古老问题。

倾听远远比发言更能够触及"接受他人"的问题。这是其成为对话中的关键问题的原因所在。发言的行为多少暗含一种想要教训和指导对方的霸权。如果话不投机，可能就引起他人的拨乱反正式的反应，他人就会抹杀掉别人所加于他的描述（unsay the said of the other）。这种"反着说"（unsay）的态度虽然有时确实能够起到拨乱反正的作用，但同时也有副作用，其副作用就是这种"反着说"的方式没有建设性，它妨碍了甚至中断了形成建设性的对话循环。这就是萨义德式的东方学批评的局限性，也是其他批判理论的局限性。① 如果对话的各方都进行了拨乱反正的"反着说"，这种

---

① 我在近年来的一些欧洲跨文化对话的会议上曾经使用萨义德式的批评来评论过西方的一些不公正的观念并反过来批评了西方的一些问题。艾柯教授向我指出：以其人之道反治其人之身，即使是一些正确的揭短，也不能说是有利于对话发展的事情，因此必须要考虑到事情的负面作用。我要感谢这个批评，因为它使我进行了反思，现在我相信我们应该发展某种更具建设性的对话结构。

对话还不如说是对峙，当然就不能形成一种共同合作的文化创新。这里又再次表现出前面已经讨论到的一个问题：思想的问题体系和重心已经发生了变化，现在的重要问题不是知识与事实之间是否"符合"，即真理问题，而是不同的知识体系之间是否"和谐"，这是一个建设性对话的问题，也就是如何形成良好的文化生态的问题。

对话无疑既包括发言又包括倾听，而且发言和倾听应该能够构成一个不断形成知识的帕累托改进的轮流和循环过程，否则就是没有效益的对话。其中的关键是倾听。一般来说，由于我们知识的有限，倾听就变得非常重要。我们"倾听"是因为我们不能"看见"所有的东西。我们不禁会产生哲学的疑心：那些看不见的东西也许正巧是根本性或最重要的。在这个忧虑中，知识论豪气顿消而可能会转向寻求一种宗教的解决办法——这正是当年希腊哲学转向基督教精神的模式。去倾听并且盲目地相信我们所听到的东西，看来是比对永不可知的事情采取怀疑论态度甚至更为明智的选择。怀疑论的气质和精神效果是不安，而信仰即使荒谬也能够带来精神的安宁，除了哲学家，没有人喜欢长久的精神不安。对不可知事物的本质采取怀疑论态度虽然是更为成功的理论态度，但却是失败的实践态度。实践需要不被怀疑的决心，这是宗教吸引人的地方。这也可以看作基督教信仰之所以会成功地接替希腊知识论的一个理由。[①]

---

① 吕祥在《希腊哲学中的知识问题及其困境》（湖南教育出版社，1992）中的论证是关于这个问题的最清楚论证之一。

被倾听的人总是受到尊敬。关于这一点的理解，在基督教传统与中国传统之间有一个可能有重要理论意义的差异。对于基督徒，受到绝对尊敬的是上帝以及上帝派来向人们揭示真理的先知（上帝不能直接听到，所以实际上就是听先知的）；而对于中国人，最受尊敬者是圣人，即那些有着伟大的思想、品德和能力给人们带来实际生活的幸福的人。这两种不同的倾听意味着：先知要告诉我们生来不知道但在伦理上却必须要做的事情，而圣人则要告诉我们什么是实现我们真正想做的事情的最佳途径。换句话说，西方宗教替所有人做主而界定了什么是普遍的价值；而中国的思想家只是在为他人着想的情况下向他人推荐了某种比较有效的观念或方法以实现他人自己界定了的幸福。由此看来，中国哲学有着爱好发展对话和互惠知识的本能倾向，因为中国式的倾听意味着听取别人的帮助性意见，而不是听取那种不由分说地被宣称为普遍的价值观。这种差别背后的哲学假定是非常有趣的，它似乎表明了，西方哲学暗中假定人们并不知道自己到底需要的是什么，或者说人们没有权利规定自己需要的是什么而需要别人来告诉他们，所以需要向人们输入价值观，所以才有"传播"宗教的必要；中国哲学则假定人们自己本来就知道需要的是什么，因此最需要的是方法的指导而不是信念的指导。这一点不仅可以解释中国为什么没有严格意义上的宗教（因为生活的欢乐被认为是不言而喻的），而且能够由此发现，中国传统哲学从根本上说是政治哲学——无论儒家、道家还是法家，都共同承认人民自己知道需要的是什么样的幸福（安居乐业、丰衣足食、天伦之乐、平安长寿之类的人间幸福），各家争论的只是如何实现幸福或什么是保证幸福的社会条件。与一般的看法不同，中国哲学的问题应该与西方现代哲学的问题是属于同一个层次的，但是中国哲学缺乏相当于希腊和中古的那些问题，因为那些问题都已经事先被假定掉了（在比较中国和西方哲学时，似乎总是按照时间段去比较，这恐怕是错误的，应该按照问题的相关性去比较）。

如果在哲学上更深入一层，还可以发现西方思想中的一个潜在但可推知的结论：当上帝被认为是我们应该倾听的唯一和最大的他者的时候，所有人就都被免去了倾听他人这样一个人际义务，也就是说，既然都听上帝的，也就不用听别人的了。这样的后果是，本来他人应该是个与我有着亲密的心灵关系的他者，可是既然现在我不需要倾听他人的心声，他人就不再是"他者"（the other）了，而是被削弱地重新定义为"别人"（the else）。这个理论后果相当严重，因为"他者与我"的关系是一个互相定义的关系，他者是我与之交心的人，他者与我互为知心，互为精神支持和思想资源，他者的心事（heart）就是我所关心和尊重的，是我的生活意义的最重要部分。而他人一旦变成"别人"，他的独特心事就不再重要，别人之所以有意义，仅仅当他是与我在精神上同质的、一样的"上帝的子民"，于是，他人的心事（heart）可以忽略，别人与我同一的心思（mind）才有意义，别人与我的心灵关系就被简化为是否同意某种普遍观念的事情，于是别人的心事就没有什么可听的也不值得听，我与别人的对话就是合伙论证或争论而已。

为什么西方总是需要发现异教徒？异教徒就是还没有统一为与

我一样的别人的他人。既然我和与我相同的别人的心都是上帝给的心，那么与我相异的他人的心就只能是魔鬼给的心。别人是同道中人，而他人是敌人。在这个意义上说，西方哲学里所讨论的"他人"其实只是"别人"而已（也有例外，如列维纳斯等就试图深入地发现他者的问题）。只有对他者才需要对话，可是他者又总是敌人，其逻辑结果是，对话总是不成。西方当代发生的一个重大的心理转变是强调对话和对异教徒的宽容。这种宽容的第一步是在存在论意义上宽容他者，即承认他者的存在权利。欧洲在这个方面已经取得比较大的进步（美国在这件事情上则仍然比较可疑）。第二步是在知识论和价值观意义上宽容他者，即承认他者的知识体系的价值以及他者的精神体系的价值。这个方面仅仅是个开头，而且还不乐观。在今天，对话问题之所以变得如此重要和突出，原因就在于此。总的来说，在肉体上拯救他人是比较容易的，在精神上接受他者则比较困难。

当然这不是在批判宗教，相反，基督教关于倾听的观点是非常深刻的。我只是指出，在今天，倾听的对象需要有所改变。发言与倾听行为构成的对话必须被看作人际间的一种相互活动，而不是倾听某个至高无上的绝对者的讲话：要听他人的，而不是听上帝的。倾听意味着：第一，给予说者发言的权利；第二，从他者的发言中发现可接受的思想的义务。于是，倾听就近乎接受，而且，倾听和发言是互相的和循环的。奥古斯丁的名言"信之而可知之"（credo ut intelligas）如果弱化为"接受以便理解"恐怕就仍然是正确的。

五、从他性的角度

哲学的根本问题不是通常所认为的是真理的问题，而是关于幸福的问题，因为自然、客观世界以及关于自然的知识与其说需要的是哲学，还不如说需要的是科学。如果有人坚持需要某种关于自然的哲学，那么，他所能找到的唯一正确的哲学就只不过是已经包含在科学本身里的思想，换句话说，它只不过是科学的一般思想的概括性表述。而这种预先有着正确答案的哲学根本算不上是哲学。只有在人们所想所为可以有着根本不同的地方，哲学才成为必需的和有意义的。所以好的哲学只是那些讨论我们生活的哲学。我之所以坚持认为哲学不是关于描述事实的知识而是关于创造命运的知识，其原因就在这里。人生所面临的最根本的问题显然是关于幸福的，所有的问题由于与此相关才变得具有思考和讨论的价值。[1]

每一个人的幸与不幸、爱与欢乐、成功与骄傲、和平与安全、好运与厄运、失败与痛苦必然永远和他人相关并决定于他人，简单地说，幸福与痛苦，都是他人所给的（也许我们可以自己想象某种"主观的"幸福，但只要仔细思量就知道，在这种主观幻想中仍然已经把他人的帮助、支持和承认都假设在内了）。因此我们不得不更多地考虑他性的视野。这个论点丝毫不涉及真与假、正确与错误

---

[1] 参见本人论文：《关于命运的知识》，载《论证》，1999（1）；《知识、命运和幸福》，载《哲学研究》，2001（8）。

等问题，而只与视野开阔所带来的思想优势有关。主体性的视野显然要比他性的视野相对狭隘一些，因为主体性只有一种可能的视野，结果就是用一种看不见的暴力否定了他人的思想和价值。而他性则享有所有可能的视野，而且这所有的各种视野都同样以他性为理由而享有同等的权利。主体性的视野，如果以自我为中心去解释就是"从某角度看"，如果在某种中立、普遍的唯理主义中去解释就成了"不以任何角度去看"①，但是永远不可能成为具有全方位优势的"从各种角度看"②。

他者观点的最大优点可能是它可以更合理地解释自由、平等和民主等重要观念。虽然主体性观点是导致自由、平等和民主观念的一个历史原因，但是却不是在逻辑上最合理的理由。主体性能够引引出任一个体作为行为主体的个人自由和权利，却不能保证互相的义务。权利和义务如果失去平衡是非常危险的。过于强调个人权利而相对忽视互相义务的现代社会已经暴露出许多问题。今天我们可以意识到，义务虽然可能在某种程度上干涉了自由权利，但它同时又是自由权利的保障。他者观点从对他人的义务方面入手，再导出个人权利。其基本道理是：先合作然后才有各自的权利。这是更加现实主义的思维，因为人的直接的生活事实就是"与他人相处"，所以首先必须处理好这个关系。不存在超越了这种相处关系的个人以及个人的天赋权利，因为谁都不可能超越"所予的事实"（the given）。

---

① T. Nagel，*The View from Nowhere*，Oxford，1978.
② 参见我在《一个或所有问题》一书中试图论证的"无立场"哲学视野。

　　这里可以举一个例子来对比主体观点和他者观点在理论上的不同境界。在《圣经》和中国传统文本中都有大概如此意思的金科玉律："若想别人如何对待你，你就如何对待别人。"这条准则除了其主体视角的局限以外看来天衣无缝。毫无疑问，它是充满善意的，但是其主体视角暗示着，是"我"拥有决定事物的好坏、正误乃至真假的权威，虽然"我"愿意对他人好，但是价值标准要由"我"来定。除非碰巧众人一心，否则这就是思想霸权，因为他者"先验地"从逻辑上被剥夺了参与制定文化价值、知识体系和精神系统的权利。由于这种老式的金科玉律只有在仅仅存在一种知识/信仰共同体的情况下才会有效，因此它在今天的世界文化形势中将遇到许多难以解决的问题。我们不妨将这个原则重新改写为："别人不希望你怎样对待他，就不要那样对待他。"我不知道这种改写是否完美无缺，但看起来它有着更宽阔的视野。

　　最后值得再次强调，以他者观点为核心的思维方式绝不是对多元论和相对主义的同情，而是希望在各方面的他者有权利参与的循环性对话中发展出某种被共同认可的普遍主义知识空间，从而生产出一种不断的互相接受过程。其实，真正坚持多元论和相对主义的反而是彻底的主体性观点的自由主义，在它宣称"我不同意你的观点但是坚决维护你发表你的观点的权利"时，它无非是鼓励了价值观和理想之间的永远不合作，总之是永不接受他者。就像前面所讲到的，这只不过是宽容了他者的存在，但不承认他者的思想价值，这仅仅是一个比较温和的"异教徒模式"。假如不能在"接受"这个问题上取得实质性的进展，那么人类的思想结构终究没有发展。

历史知识是否能够从地方的变成普遍的？

一、历史观都是地方性知识

关于社会变迁或者说社会动态结构，至少有两种典型的历史眼光：

（1）倾向于从单纯的治乱角度去看变化（中国传统眼光）；

（2）倾向于从进步的角度去看变化（西方现代眼光）。

这种区分不仅是片面的而且也并不绝对，尤其主要不是为了表达不同的文化风格比较，只是表明它们各自相信治乱和进步这样的理解角度更能够揭示历史的根本问题，或者说更有资格给历史提出普遍问题和普遍的分析模式。在这里我们希望能够化特别风格为普遍问题，由风格之间的比较变成不同问题的互动分析。"化风格为问题"是必要的，否则就会不知不觉地局限于当下所已经习惯了的知识体系。

西方的传统历史写法和中国的历史写法看起来都属于传统的兴衰史故事手法，主要的兴趣在于记载轰轰烈烈的大事。希罗多德（Herodotus）的《历史》无非是想记载古人的"值得赞叹的丰功伟绩"和"发生纷争的原因"[1]，这听上去和司马迁的志向差不太多。修昔底德（Thucydides）之所以写《伯罗奔尼撒战争史》也是因为这个伟大的战争"比过去曾经发生过的任何战争更有叙述的价值"[2]。从历史最初的兴趣来看，历史记载的是值得追忆的事情，而不是关于社会动态的解释。作为解释的历史是现代知识的产物。在现代知识里，政治、经济和社会/生活制度以及知识生产方式的变迁比那些被布罗代尔说成"喧嚣一时的新闻"的英雄故事显然要更能说明历史。但是现代知识的兴趣不是证明古代史学比不上现代史学的理由。现代人在进步观念的影响下，倾向于不管什么事情都用进步的眼光去理解，包括知识生产也被看作进步着的。实际情况可能并非如此，任何一种知识都是按照当时的心理需要和社会需要而生产的。例如在古代，社会结构的变迁非常缓慢，人们只需要按照传统，就足以找到解决问题、解释问题的理由和根据。同时，古代一般民众由于缺乏现代社会的那些个人权利、民主制度、传媒以及足够的资本（经济能力），因此在社会大事中就只是被使用的

---

[1] 希罗多德：《历史》，1 页，商务印书馆，1959。
[2] 修昔底德：《伯罗奔尼撒战争史》，2 页，商务印书馆，1960。

材料和数量，而不是决定者和支配者。在这样的条件下，关于社会结构变迁以及关于民众生活的知识对于古代历史学来说就不太重要，因为这种知识对于当时的社会不重要，而帝王将相和国家的"轰轰烈烈的事情"才真正反映了古代的大事。只有到了现代，社会变迁激烈，民众在社会中影响力剧增，诸如社会制度、社会结构以及大众影响等才成为必须重视的问题。尤其是只有当社会变迁有过许多实质性的变化模式，或者说当历史变得足够长和丰富，原来的一些不成问题的事情才变成了问题，历史学才变得特别重要起来。而按照古代知识的需要，就会有完全不同的理解。

例如在希腊的知识体系里，历史知识根本就不是重要的知识，就像亚里士多德说的："已经发生了的事情用不着考虑，需要考虑的是将要发生和可能发生的事情。"① 在当时，这显然是合理的知识要求，因为当时历史还很短，还没有太多的秘密值得研究。在希腊人的知识体系里，哲学所研究的自然秩序（logos）以及知识的逻辑（logic）才是重要的东西，因为它们是永恒的、普遍的和必然的，而历史那些偶然故事在永恒面前总是渺小的。这种知识兴趣可以解释为什么全才亚里士多德写作了当时所有门类的知识，唯独没有关于历史的知识。当然，亚里士多德瞧不起历史学并不意味着古代没有伟大的历史著作，历史作为关于社会的动态解释而进入知识体系应该是现代知识体系的事情。在古代，历史学的位置可能是在文学体系里而不是在知识体系里。不过这一解释并不完全适合中国

---

① 亚里士多德：《尼各马科伦理学》，116 页，中国社会科学出版社，1990。

古代历史学，问题在于，中国关于知识（学问）的理解从来就与西方那种基于分类学的知识体系非常不同，中国学问是所谓"不分家"的，因此中国古代历史学一直在中国学问中有着重要位置。中国的历史著作的知识功能大概是生产并维持一种正统的社会记忆，是传统自身复制的一种形式，它不是现代性质的知识，但也不是前现代知识。

按照西方现代知识的逻辑，从世界历史来看，在进入西方的现代化逻辑之前，中国文明以及中国的历史都是停滞的［如汤因比（Arnold Joseph Toynbee）们所说的］，因为古代中国没有深刻的制度变迁，最多有某些"政策"改变。虽然这种理解包含有知识霸权的成分和某些知识盲点，但这一知识逻辑并非完全没有道理。尽管汤因比们由于缺乏关于中国的知识而不能很好地理解中国的问题，但是他的历史观气质实际上最接近中国的历史观气质。由于中国的传统历史观几乎不考虑社会制度和生活制度的变革，因此，它考虑的就是整个文化的持续生存问题：给定已经认可了的社会/生活制度或者说给定了传统，那么，如何才能使这个传统保持最好的状态？这样的问题似乎应该与汤因比的问题是同一层次的，尽管所要论证的东西不同，甚至相反。

让所认可的传统永远活下去并且使之精益求精，这样一个问题本来应该是一个更加自然而然的历史态度。之所以是"更加自然的"，是因为"让……不死"这样一个欲望同时也是生命的欲望，中国总是把所有事情都以自然生命的模式去理解，因此中国的历史意识实质上是一种生命欲望，它试图通过构造一种稳定的社会记忆使得文化传统永远活下去，而不仅仅是对过去世界的反思。据说一种成为传统的社会/生活制度总是人们的社会行为选择的均衡结果，人们通常没有积极性去改变它，正如博弈论所证明的，之所以没有人想要打破均衡结果，是因为那样做对谁都没有利益。当然，传统的维持并非什么都不变，有个用来说明什么是传统的非洲故事说，非洲有种木船，某块木板坏了，就换上新的，不断换新的，最后就不再有原来的木板了，但是它仍然是"那条船"而不是另一条船，而这就是传统。中国也有着对传统的类似理解，比如说中国很愿意把旧房子拆掉盖新房子，但是要保持其"抽象的"一致性。① 追求均衡并且在动态变化中创造性地保持均衡是生活的自然态度，而追求彻底创新是现代才发展起来的一种非常人为的态度。在历史中，制度的革命反而是非常状态。如果说我们必须对制度革命的原因感兴趣，那么同样地也必须对传统维持的原因感兴趣，因为这二者在构成历史过程时是同等重要的，绝不能把传统的保持看作对革命的必然等待。历史并没有逻辑必然性，更没有任何道义上的义务，历史中没有任何一步是必然地为了预定了的下一步，可能有这样的下一步也可以有别的下一步，这一切都不可能预知。历史只为了它自身。把某种结果看作预定的，这反而不是历史观而是神学了。

历史是人类的集体生命，所以它的意义必定与个人的生命意义是同构的。人的生活必须有不确定的机会才是有意义的，否则生活就已经提前过完了，这多少可以说明人为什么一定要追求自由和创

----

① 梁思成：《中国建筑史》，百花文艺出版社，1998。

造。同样，人类的生命也必须有创造性的机会，否则也是无意义的。如果把历史看作有终点的，就是试图把历史性与时间性对立起来。可是既然历史在时间中，那么无限的时间就蕴含着任何机会，历史就无法违背时间的可能性，时间必定解构任何历史终点。在这个意义上，历史不可能具有戏剧结构——先是激动人心的冲突，然后是心满意足的结束——而只不过像生活本身那样永远都是"中间"。① 因此，历史感与其是一种结局感还不如是一种中间感。② 历史相当于一个不合格的游戏：虽然好像有些规则，但是规则却永远确定不下来，于是这个游戏中的一个重要活动就是在改造规则，这一自相关性质使得这个游戏是没有结局的。

中国传统的历史治乱观本来有着相当于"一切都是中间"的自然时间感，但是中国现代遇到的西方挑战破坏了这种自然时间感，这种感觉就好像是自然时间本身突然失去意义，而钟表才能够给予我们以时间。现代中国的历史学已经在很大程度上吸收了西方的观念而不再是纯粹的中国思维，这首先与梁启超的新史学理论有极大的关系③，然后又与毛泽东时代的马克思主义史学有极大的关系。

---

① 正如伯格（Arthur Asa Berger）的《通俗文化、媒介和日常生活中的叙事》（南京大学出版社，2000）所说的，真实的生活都是中间，而叙事的虚构性就在于有始有终，有情节和令人好奇的结局。

② 从神学历史观来看，历史不多不少就是原罪获得和最后拯救之间的"中间时间"。但是这个"中间"本身是无意义的，它的全部意义在于等待。因此，这种中间和中国历史观的感觉完全不同。

③ 虽然康有为在西学影响下的新公羊学比梁启超更早地表达了西化的历史观，但由于康有为关于西学的知识比较有限而不太准确，所以梁启超才开始真正讲清楚了西方历史观。

这两种史学都是西方的，只不过一种是"资产阶级的"，另一种是"无产阶级的"，但它们都以社会的进步观为共同基础，只是进化的理想有所不同。当然，引起中国历史学变化的最根本的原因还应该归结为来自现代世界的挑战。由于中国不得不对社会/生活制度进行改革以适应全球化的整体运动，所以不得不接受关于革命和进步这样的历史问题。这些新问题闯入中国的思想体系是合法的（因为这是既定事实），但是并不因此意味着西式的新史学能够同样合法地被用来叙述中国的整个历史。西方对中国的闯入使中国历史产生了一个断层，而这个断层并不是用西方的新概念和知识体系就能够统一抹平的，至少当试图使用西方的进步史观去统一地重新理解中国历史时就会生产出许多令人不敢置信的故事。有两类曾经特别有名的故事是农民起义和资本主义萌芽，它们都是按西方"图"索中国"骥"而生产出来的奇异故事。

不管阶级斗争的进步理论对于西方世界的历史是否非常合适，但是它对于中国历史来说却显然非常不对口。中国古代社会里的农民起义从来不是为了制度革命，而只是为了改朝换代，所有农民起义都只不过是想建立一个新的但是承袭着同样的"天命"的王朝。不过，比农民起义理论甚至更加错误的是后来那些后马克思主义的"反农民起义理论"。那些与农民起义模式故意反着说的批评往往指出农民起义对社会结构和经济发展的破坏性，好像农民起义不但不是进步而且还是退步。其实，农民起义既然不是进步就同样不是退步，因为不管有没有起义，反正都同样没有发生制度改变。农民起义问题实际上很可能比各种理论所想象的都要平凡得多，只不过是由于人口压力、天灾和总会出现的"鸿鹄之志"而发生，然后形成对社会困难的自然调节和财富/权力的重新分配，总之是一个制度内部问题的自然解决，就像宫廷动乱是一个稳定制度的内部动乱，贫民动乱也一样（宫廷动乱和贫民动乱是中国传统社会的两个典型的社会内部动乱模式）。

关于中国古代社会的资本主义萌芽问题可能是个比农民起义重要得多的问题。尽管中国古代已经发展出相当规模的商业，但是商业的发展不管在逻辑上还是在经济上都不能必然保证走向工业化和现代化（因此不知道"萌芽"是什么意思），尽管商业的发展是现代化的一个必要条件。对于历史解释而言，比较某个必要条件是没有意义的，因为我们并不能把结果必然地粘贴到某个必要条件上去，因此，套用资本主义萌芽这样的概念几乎没有什么解释力，甚至可以说，既然结果没有形成资本主义，那么所谓"萌芽"就是语言游戏而已，它根本就不是个解释。能够形成有意义的历史解释的东西是充分条件的结构。关于现代性的充分条件结构确实非常复杂，一直到现在也不能说得很清楚［尽管从马克思、韦伯（Max Weber）到布罗代尔、沃勒斯坦（Immanuel Wallerstein）等都给出了深刻的解释］。我倾向于相信，商业的发展和政治制度的革命虽然改变了社会制度和行为规则，但是一种新的社会制度和行为规则自身并不足以导致现代化，在作为现代社会的充分条件的那些必要条件中，科学和技术的革命，进一步说就是支持科学技术发展的"知识制度"的出现，才是现代化过程中最具动力学性质和巨大能量的因素，它比商业发展、新教伦理之类的东西力量大得太多。①
只有技术发展才可能形成越来越大的"馅饼"并且才可能做各种各
样的"馅饼"，才能刺激起所有疯狂发展的欲望和物质支持，才能
创造出各种各样从来不曾想象到的利益。如果没有那些实实在在的
新利益和新欲望，不管商业如何发展和新的伦理体系如何适合发展
商业，它终究在内容上（具体的利益和欲望）非常贫乏，至多是通
过简单地扩大经济规模而产生某种简单的繁荣，而且所能够扩大的
规模也终究是有限的（比如说可以这样想象：假如当年世界没有技
术革命，但是商业得到最大化的顺利发展，终于到 2000 年全世界
都只喝法国葡萄酒和中国茶叶等传统产品，市场的最大化也就无非
如此而已，绝对不可能产生今天这样复杂丰富的现代世界）。

当然这不是说中国的历史只能按照中国传统的概念体系去理解
（应该说中国传统历史学的叙事显然也有很大的局限），但是可能会
有这样的危险：中国在利用西方现代史学模式分析中国的历史时，
那种按图索骥的方式很可能使中国历史变得更加难以理解，很多时
候我们会在无意中按照西方社会的结构而"发现"中国传统社会
"缺少"这样那样的因素（例如说"发现"我们过去"缺少"宗教
精神和民族/国家之类），同时又"多出"这样那样的东西（例如所
谓"超稳定结构"和"腐败机制"等等），而却没有想到这样一个
简单又普遍的事实：任何一个事实自身不可能是残缺的（残缺就活
不了），只有某种与它不相配的解释和标准才能够把它说成残缺的

---

① 罗斯托（Walt Whitman Rostow）的《这一切是怎么开始的》（商务印书馆，
1997）也强调了科学技术是形成现代社会的首要原因。

（就像是根据鹰的标准，人几乎都是瞎子）。事实总是完整的，思想才会是残缺的。

也许应该这样理解：一种历史观或者历史知识的生产模式，不管是西方的历史知识还是中国的历史知识，从起源上说都不像逻辑、数学、科学和哲学那样是按照普遍知识的要求和设想方式而创造出来的，而是在具体的社会和生活土壤中生长出来的、与地方情况相配的地方性叙事。无论哪一种历史观，都只是一种地方性知识（the local）①，而不是普遍性知识（the universal）——某种知识如果它的恰当性是与它所描写的某事物的情景（context）不可分的，那么是地方性的；否则是普遍性的。不过，在全球化背景下，知识生产已经不仅是对某种知识传统的发展，而且是对形成普遍知识的努力，于是就面临着各种知识体系之间的互动问题，这种由对话和推广所形成的互动至少有两个基本问题：

（1）如何通过关于他者的知识（the knowledge of the other）而形成对自身的知识（the knowledge of the self）的重新创作；

（2）如何变地方性知识为普遍性知识。

这两个问题无论对于哪一种文化/知识体系来说都是无法回避的共同问题。尽管西方知识往往自诩"本来"就是普遍的，但是通过使用西方知识对中国经验的描述可以发现，这样的知识生产不是非常成功，这些知识在实践的可行性（constructiveness or

---

① 可以看出，这里所讨论的地方性知识概念受到了格尔兹的人类学理论的影响。参见格尔兹：《地方性知识》，中央编译出版社，2000；《文化的解释》，上海人民出版社，1999。

feasibility）①上有着局限或缺陷。在利用许多西方概念来叙述中国历史时存在着这样一个问题：替换了概念就在很大程度上等于替换了事实。因此，在表面上似乎理论融贯的论述，很可能是以牺牲了事实为代价的。看来，西方知识也只是一种地方性知识。到目前为止，历史学还没有能够把世界上各种情况都考虑在内的普遍有效的历史解释模式，所以都是地方性的知识。当然，这不是说，永远都不会有关于历史的普遍解释模式，只是说，普遍解释或普遍知识是以普遍生活为基础的，在没有普遍生活的时候，普遍历史就还没有开始。现在的世界在许多方面似乎正在开始有了普遍生活，例如现代商业经济、现代法律体系、大众文化和互联网等等。事实上即使古代生活也有某些方面是普遍共同的，只不过古代生活的地方性文化更具支配性，所以古代历史以地方性知识为主。

如果以多元论的角度去看，当然可以说，相对于某个地方而言，地方性知识作为有效的叙事已经足够好了。但是在今天，各个"地方"之间的相关性如此之强，以至于多元论和相对主义即使在解释本地问题时也已经远远不够用，因为本地问题的原因和某些必要条件很可能是在远方（例如，20年前的依附理论在今天看来可能不再是正确的，但是它至少正确地表明了，对于某个地方的状况，某些支配性的原因是在远方）。因此，我们不能指望多元论或相对主义的解释。普遍主义虽然名声不佳，但却仍然是建立与全球化事实相配的解释所必需的。只是普遍知识需要有很大的视野调

---

① 可行性是借用了直觉主义数学的概念。如果一个概念或知识不是可行的，那么它就不可能是实践有效的，有些类似于缺乏经验可行性的形而上学知识。

整，即使不从知识的公正性考虑，而仅仅从知识的有效性考虑，为了能够说明丰富的历史可能性、可能生活的多样性和知识的多种体系，原来那种单面的普遍主义也不得不改造为多面的"互惠普遍主义"（reciprocal universalism），从而使得由不同文化、不同传统和不同世界所提出的各种问题都能够被解释。这种被重新理解了的普遍主义显然违背了原来的普遍主义。原来的普遍主义是西方的知识帝国主义，它以西方的地方性知识充当普遍标准，从纯粹理论上说，这样的普遍主义是假冒的，因为理论上（而且事实上）存在着其他多种标准。多元论对于西方普遍主义来说虽然具有解构的意义，但是它在理论上是在回避普遍问题，在实践上则是消极地回避合作，相当于要求"各说各的，各玩各的"。而互惠普遍主义包含着对话结构，相当于要求"你的和我的都同样被当作普遍的"。这种具有平等话语权利和权力的知识体系才是可以接受的普遍主义。

由于其他知识体系的存在无法被忽视，知识便不得不进入对话性的结构。而当以一种新的普遍主义知识生产为目标，就可以进一步发现，在对话中的知识运动不再是文化的比较（"比较"是一种无法保证各自的文化利益的方法，因为比较总是以某一方的标准为标准。只有对话的方法才能够确保各种标准同时获得作为标准的资格），而是对来自不同知识体系和文化传统的提问所进行的问题体系的重新设置，就是说，把不同来源的问题都考虑在内，重新形成一个新的问题体系。普遍理论是什么样的，这是下一步的事情，首先必须形成一个普遍的问题体系。这正是"地方性"变"普遍性"的模式：我们把来自不同文化的地方性问题改写为具有理论意义的普遍性问题，于是它们便都是可以在理论中进行批评的问题。在这种模式中，由于不同的知识体系被假定为具有同等的知识能力和权利，于是它们就是可以互相质问的，我们至少可以期望，如果某一个地方性的问题能够被另一个知识体系解释，那么另一个知识体系就具有普遍知识的性质。从理论上说，对于同一个事实，总可以存在着两种以上的普遍知识。

进步或治乱这两种历史理解当然有着非常明显的地方文化气质。但我们感兴趣的却不是文化的比较，而是对两种不同的历史理解所提出的可共享的、有着普遍意义的理论问题的分析，就是说，我们并不非常在乎这两种历史理解的文化风格上的吸引力，而是在乎这两种历史理解的纯粹理论身份和理论意义。这样一种在知识和思想意图上不同于"文化比较"的讨论方式属于一种叫作"互惠知识"（reciprocal knowledge）的知识生产方式。① 如果比较简单化地说，文化比较就是把不同文化之间的同或异描述出来，从而形成关于文化多样性的知识或者说关于各种文化的地方知识；互惠知识则是把不同文化各自所提出的思想问题联系在一起以求发现思想的新的可能性，从而形成某种新的普遍性知识。

从西方哲学的发展逻辑上看，互惠知识论是一种后解释学理

---

① "互惠知识"这个概念指称近十年来在欧洲和中国以及其他一些国家的一些学者不谋而合地试图发展的一种知识论。互惠知识这个概括性名称是法国人类学家乐比雄命名的，乐比雄教授近年来组织了"国际跨文化研究院"，以艾柯为学术主席，发动各国学者研究讨论互惠知识的理论。由于参与这种知识论想象的学者来自许多学科（特别是人类学、生物学、语言学、哲学、政治学和历史学），因此，这种知识论想象自然就有着混合的知识背景和不尽相同的理解，因此，"互惠知识"目前仍然是一个有着交叉的、不同而密切相关的多重含义的概念。

论。受惠于现象学的解释学已经成功地强调了知识生产的历史性和主体间性，通过知识的历史性，我们可以理解传统；通过主体间性，我们可以理解普遍知识的基础。但是在今天的全球化过程中，获得了反思意识和自觉意识的多种文化传统已经对历史性提出了新的问题：不同的文化在生产着不同的历史概念，所有的传统都是地方性的。我们已经不满足于单纯地从知识本身的一般发展逻辑去考虑知识的一般历史性，于是，作为理解和解释的历史性这样一种普遍的概念就很不够了，我们希望能够看到不同的地方性传统中所试图表达出来的不同的普遍知识方案，或者说地方性知识中对普遍知识的不同想象。同样，主体间性这一基于普遍抽象的共同"我思"（cogito）之上的假设也变得单调，它不仅不能说明问题，反而好像成了一种故意掩盖问题的幕布。由于我思被假定是共同的，因此他者之心智（the other mind）在根本上与我的心智是雷同的（所谓心同此理），当然这正是普遍知识之所以可能的基础，可是"自己"（self）和"他者"（the other）的重要差异就好像只不过在于他们是异体的（bodily different）而已。人的问题就被单调化了，而事实上人是个"心智/心事/身体"（mind/heart/body）三位一体的问题。互惠知识论首先把不同文化传统的"地方变普遍"的知识想象都考虑在内。

互惠知识论是一种在策略上最优的交往/对话理论。200 年来西方的迅速发展使得世界上其他文化成为弱势文化，而且如此之弱以至于在世界普遍知识体系中处于可以忽略的地位，就是说，弱势文化只是一些"美学意义上的"地方文化风景，并不是能够在普遍知识体系中流通使用的"知识论上的"资源、工具和制度。于是，世界虽然是多文化的，但是对世界以及文化的表述却是单调的，因为只有西方知识被当作普遍有效的表述方式。这一单调的知识局面导致两个严重后果：首先，它使得除西方文化外的各种文化都没有被正确理解；其次，它通过剥夺其他文化的话语权使得世界文化失去促进创造力所必需的丰富性和互动（interactive）机制，从而破坏了世界的文化生态环境。二战后的民族独立运动和民族文化自觉意识或自身认同（identity）运动以及各种社会共同体的发展显然在效果上促进了文化的多样化生长。尽管各种文化仍然是"方言"而西方主流知识仍然是"官方语言"这一状况并没有真正改变，但由于其他各种文化已经获得了自我自觉意识从而在某种程度上获得了文化力量[1]，因此各种弱势文化的"在世存在"就不再是可以忽略的了，而是变成了难题：它们有可能不合作，有可能走自己的路。或者更准确地说，各种文化之间的关系生产着明显的必须处理的不能回避的问题。所以亨廷顿在冷战结束的"历史终结"欢呼声中敏感地发现了可能重开历史的"文明的冲突"。这多少说明了文化之间的互动关系必须有一种策略考虑。一般的思路是要求形成文化之间的对话，但是更深入的问题是，对话有可能是消极的纳什均衡也有可能是积极的帕累托改进。互惠知识论正是希望能够发现文化间的互惠方案。

显然，当承认当代知识生产的对话结构，就等于承认关于历

---

[1] 文化力量按照美国喜欢的说法也许可以说是与军事、经济这些"硬力量"相对的"软力量"（soft power），如约瑟夫·奈所说的。

史、生活和社会的知识，也就是通常所说的社会科学，都只不过是
地方性知识，都是知识的对话结构中的某一方"玩家"。既然任何
一种地方性知识都包含着它对世界和历史的普遍性想象，那么，在
各种关于世界和历史的普遍性想象之间就形成了哲学分析的空间。
我们希望在哲学分析中看到那些普遍性想象在何种程度上能够成为
普遍性知识。

二、进步观念

强调因果观念，是所有史学几乎自然而然的想法，但是西方史
学在一般的因果观念之外又加入了进步观念。同时使用"进步"和
"因果"的概念去描述历史，这在知识逻辑上就很不寻常了，因为
"因果"是无性格的，在文化上没有个性，也不包含价值观，只不
过是个纯粹的理论观念，而"进步"则具有明显的文化个性，它太
有性格，带有价值观。进步性（progressiveness）这一观念是西方
史学的地方性知识特征，所以，引入进步观念，一定有着其地方性
知识的特别理由。

进步总是个有限过程，是有目的地的。这个想象虽然在逻辑上
没有充分的道理，但在心理上却有极大的道理。显然，永远不可能
达到的目标会变成一种永远的心理失望，没有人有着为永远不可能
的目标投入行动的积极性，为了使实践成为可能，理想必须是可即
的，即使有时候人们想象的理想过于宏大以至于"不可望"，但仍

然必定是"可即的"。

这里涉及一个关于"无限"的观念问题。在希腊人的感觉里，完满的东西总是可以明确规定的，否则就不完满，因此完满的东西是有限的，而不能够确定的东西才是无限的，显然，假如一种事情是无限的，那么好的东西可以进入，坏的东西同样可以进入，于是就不完满了。所以，好的或者善的事情都是有限的，因为假如一种事情不能被确定，就说不上是好的，而且，不确定性蕴含着任何可能性，坏的事情当然就暗含在其中了，尽管不是必然要出现，至少是可能出现，存在着令人担心的事情总是不完美的。亚里士多德最早严格地分析出，世界的存在必须是无限的，而无限就是潜在的开放着的永远无限，所以世界不可能都是好的事情。无限的时间虽然是"坏的"，但我们却可以在坏的无限进程中去追求有限的"好的"事情。好的东西虽然有限，但"有限"不一定就比"无限"的能力小，真理是有限的，但由于它总是真的，所以它就不弱于无限。因此人们还是能够以柏拉图式的精神去幻想关于世界的一种最好的可能性，即世界在时间上的存在虽然是永远开放着的无限，但是一旦达到某个完美的世界之后就都永远是这个完美的世界了，或者说，我们总能够这样去指望，由坏逐步演变到好，以后就都是好的。这有些类似于黑格尔后来所说的，像没有终端的直线那样的无限是个"坏无限"，而好的无限应该是个像圆圈那样有限却无终点的"真无限"。

哲学的表达还不是关于无限的准确表达。按照数学的概念，无限总是至少表现为两种无限，潜无限（potential infinity）即一个永远完成不了的进程（例如自然数列 1，2，3，…，n，n＋1，…）和实无限（actual infinity）即一个可以完成的整体（例如康托式自然数集合 {1，2，3，…，n，…}）。自从康托成功地定义了实无限，关于无限的悖论就爆发出来，而以前人们只是隐约地意识到它而且不想承认（虽然数学所讨论的无限问题与哲学和历史关心的无限问题毕竟有些不同，但都表达了人们在无限问题上的悖论性理解）。对于直觉主义者来说，康托式的数学是"人为的"，是人的理想主义的创造，而一个真正的概念不应该只是在定义中成立的而还必须能够真的（实践地）被构造出来。如果折射到哲学中来，那么可以看到，相当于坏的无限的潜无限显然更符合人们对无限的自然直观，也就是对时间的直观，但却未必符合人们对历史的期望，人们很容易会希望能够达到某种"最后好并且永远好下去"的结果，当达到这一点，历史就终结了，只留下时间的永远持续。这种历史终结的黑格尔式想象与康托式的"以有限理解无限"颇为不同（真无限与实无限其实不同，尽管有时候被混淆），但在哲学的层次上看都同样是非常"人为的"想法。通常，人们出于谨慎会认为历史终结还比较遥远，并非所有人都会像福山那样过于心急地宣布了历史的终结——不过福山后来修改了他的终结理论，他论证说，原来他想象社会制度的统一是历史终结，这是不充分的，但是当技术发展到能够任意改造人类自身，那么真正的历史终结就到来了，因为人类的各种梦想都可以通过技术来解决，历史也就终于最后失去了动力。[1]

---

[1]　F. Fukuyama, *Our Posthuman Future：Consequences of the Biotechnology Revolution*, Farrar Straus & Giroux, 2002.

这个观点虽然还是有着太多的幻想成分，但比他原来的想法有趣得多。在"进步"这一巨大神话的几个因素里——科学技术的进步、物质和经济的进步、社会制度的进步、人文知识的进步——科学技术的能力是最大的，因此从科学技术方面去寻找历史终结的答案可能比较有道理一些。

西方思想主流的基底始终是柏拉图精神加上基督教信念。即使在数学这个最严格的科学里，更多的数学家也不满足于直觉主义数学这一最可靠的数学，而是像希尔伯特（David Hilbert）所说的宁愿要"康托（Cantor）的乐园"，即使它是编造出来的。更不用说在关于人类社会的历史问题上，人们当然更愿意要作为目的和归宿的编造出来的"乐园"。从理想国到天堂，从绝对精神的实现到人的最后解放，这些都已经暗含着历史需要某个美好的终点。不过，希腊哲学仍然没有认真地思考历史而更多地思考着世界，希腊哲学渴望有个充分表达了理念的完美世界，但并没有对历史寄予什么期望，或者说，对历史的态度几乎是悲观的——从希腊的历史著作中看到的几乎都是人类各种缺乏理性的冲动和激情，贪欲、嫉妒和愚蠢的决定总是把事情引向悲剧性的结局，悲壮但是坏。希腊人似乎没有意识到，仅仅研究世界而不把世界与历史联系在一起，这样的存在概念是不完全的。

后来的基督教则给世界引进了历史并且明确了历史美好终结这一模式。正如洛维特（Karl Löwith）所说的："历史概念是先知主义的一个创造，它完成了希腊理性主义所不能产生的东西。"① 神

---

① 洛维特：《世界历史与救赎历史》，23 页，三联书店，2002。

学家奥古斯丁在《上帝之城》中想象了人类的整个历史，从创世到最后审判，从而达到完美的千年王国，贯彻其中的基本观念就是历史的进步和终点。基督教关于天堂和最后审判的神话虽然简朴，但只有这种简单有力的观念才能痛快地满足人们心中彻底的想象。德尔图良（Tertullian）的"荒谬才可信"的理论确实指出了如何使一个观念为人喜闻乐见而深入人心的基本原理。历史学家当然不会直接使用神学的故事（那样做稍微有些不够学术），但是却偷运了神学的遗产，使用了神学的故事结构。于是，历史就被认为总是要走到最后的目的地，不管道路多么曲折。在其中可以发现一系列相关的暗喻：天堂/历史终点，神学使命/历史使命，世界真理/人间正义，尤其是，使命的实现即进步。如果宗教的使命是征服异教徒，那么——类比地而非逻辑地——知识的使命就是普遍推广，科学技术的使命就是征服自然，信念的使命就是征服其他信念，制度的使命就是消灭其他制度，于是，推广某种知识体系和信念体系、征服自然和征服异教徒，就都是心安理得的进步。

在还没有出现作为科学的进化论之前，宗教想象就已经创造出进步的观念，这一先于进化论的"前见"影响非常深远。科学意义上的"进化"并不等于进步，也不能保证会是进步，而且也不能保证有个最后结局，因此，与一般的想象有所不同，进化论其实并不是西方进步观念的理论基础和来源，而是后来被随手利用了的工具。只有经过了奥古斯丁主义剪裁过的进化论才是现代的进步观念。科学和神学的结合——更准确地说应该是科学被用来补充神学——是西方社会科学的基础，尽管这种结合在逻辑上有些自相矛盾因此根本不是一个坚实的理论基础，西方之所以不顾这种理论缺陷，可能是因为科学和神学代表着西方精神世界的基本的不可退让的价值。科学意义上的进化论按照经验标准把获得胜利的定义为好的，而神创论几乎是先验地把好定义为所信仰的因而必须获得最后胜利的事情，于是信仰就似乎有了必须胜利的义务和天赋权利。这种事实与价值的混乱结合本来难以协调，但是，现代西方在世界上的成功（经济、政治和军事的成功）这一碰巧的偶然事实奇妙地"实证"了这两种思路相反定义的可能结合，从而形成一个既科学又神学的信念：西方所相信的就是好的并且是为事实所证明的。由此也许多少可以说明为什么与神学完全相反的科学的兴起并没有打倒神学，反而互相配合而形成现代的"西方精神"。科学的成功看起来成为"西方"这个信仰的经验证明——相当于神必有"神迹"的那种经验证明。

科学本身是无神论的，是对人的解放，但是科学却把神学的使命结构继承下来了，只是人成了主角。康德成功地论证了人是目的之后，剩下来的问题就只是人的最后解放，而且再也没有别的问题了，至少从逻辑上看是这样的。显然，人作为目的，这被认为是已经给定的。假如利用达尔文进化论观点来解释，就似乎可以说，人类是自然进化的最高目的，自然的使命在人身上完成了，剩下的是人自己的使命，而人的使命就是所谓对人的最后解放。从自然的使命到人的使命形成了一种形式优美的过渡。

人的解放的条件通常被认为至少有两个方面：物质的发达和良好的社会制度（共产主义和自由主义这两种最为宏大的设想都同样

特别强调了物质和制度）。这二者都容易理解，物质发达是科学的使命，好制度是社会的使命，一切都在"使命"这个结构中。哲学尤其是政治哲学已经预先为历史研究预定了未来，在这个意义上说，西方知识中并没有真正的历史哲学，因为给历史定调的是政治哲学，而西方政治哲学的底牌又是政治神学。于是，历史写作似乎主要就是想知道人类到底走到了哪一步了——每一步虽然是经验的，而历史整盘棋的结果却好像是先验的，就是说，结果被认为是既定的，过程则可以是一系列的偶然或"碰巧"。幸亏还有些"碰巧"可以渲染，否则历史就太过乏味了。如果说人文社会科学从根本上看都是关于人类命运的知识，那么历史学就尤其是如此。只是人类命运是以西方式的使命去解释还是以中国式的道去解释，所产生的哲学是很不同的。

除了源远流长的哲学和宗教意识，西方近代以来产生的可称为"人类学谬误"（anthropological fallacy）的意识也强化了西方的历史进步观。现代早期人类学总能够发现西方以外的"田野"是落后的和边缘的，这似乎说明了西方那一块地方独特地得到了发展，而其他地方的历史却停滞着，于是，西方是"现在时"而其他地方是"过去时"[1]，历史进步的时间差在空间差中像活标本那样被真实地看到。尽管东方社会与西方曾经的落后阶段的社会其实很不相似，但这并不影响进步理论的自圆其说，因为东方毕竟在许多"硬指标"上是落后的，只不过它的落后有着文化和地理特殊风格而已，

---

[1] 王铭铭：《文化格局与人的表述》，8页，天津人民出版社，1997。

甚至落后得很美。后来人们所习惯了的"西方/现代/先进"和"东方/传统/落后"这样的对比性概念系列是在人类学的影响下被生产出来并且被定义的。随着西方知识成为支配性的话语，西方历史就排挤了东方历史，甚至把非西方世界变成了"无历史"的地方。①现代早期人类学对东方的粗浅知识所产生的谬误对西方/东方、现代化/进步等公共伪知识的形成起到了不同寻常的作用，无论马克思对资本主义生产的分析还是韦伯对资本主义精神的分析都与那些关于"东方"的伪知识有关。甚至可以说，关于资本主义或者现代社会的各种理论和人类学意识一起生产了关于历史的两个教条：只有西方的社会变化构成了历史，而且，只有西方知识才能表述历史。

这种人类学谬误只会在现代西方生产出来，显然，在现代之前的人类学作品如马可·波罗的作品就没有这种谬误，可见那种现代人类学谬误只属于特定时代。而同样值得注意的是，中国的《山海经》可能是世界上最早的人类学作品，它却完全没有人类学谬误的迹象，它几乎能够"中立地"描述各种怪异的或不太怪异的现象，它只告诉人们那些事情是如此这般的怪异，却没有说怪异是低劣的。一个可能非常重要的原因是，中国思想里从来没有那种以"上帝/魔鬼"或者"信徒/异教徒"为基本判断模式的神学原旨主义②，因此，"与我异者"可以是怪异的，但不等于是低劣的。晚

---

① E. Wolf, *Europe and the People without History*，California，1982.

② 在形成原旨主义之前的西方希腊时代，就没有那种蔑视他者的精神。在希腊神话中，希腊和异族同样有着英雄，都有智慧、勇敢等优秀品质，也都有着贪心、欺骗等坏品质，甚至连神都一样。

近的尤其是当代的人类学（具有反思性质的或后现代气质的人类学）正在以文化多元论或相对主义的态度修正人类学的谬误，但毕竟只是学术性的改变，原来那种人类学谬误已经深入人心（公众意识比学术有力得多），成为有广泛影响的话语体系和潜意识，所以如福山的历史终结论才能够仍然在西方得到相当程度的欢迎，所以萨义德对东方学的批评才会在东方引起广泛的反思。

不过，至少从经济水平和物质水平的角度看，西方发展成为世界中心或制高点，这是事实。布罗代尔和沃勒斯坦等已经相当全面地分析了西方现代的经济和物质发展如何使西方成为中心。由于物质是最具直接影响的实力，因此西方在物质上的成功当然会在同时形成它的文化霸权。尽管近数十年来从政治和伦理角度对西方文化霸权的批评是相当流行的思考模式，但是在科学理论上还没有找到什么理由能够去证明为什么一种支配性的话语不能排挤另一种被支配的话语，因此，对文化霸权的批评只不过是伦理性的而已，而伦理要求可能不是一个十分理直气壮的绝对理由（这一点有争议①）。不过这里确实有些需要更仔细思量的问题，尽管价值（ought to be）和事实（to be）之间不能互相推出（休谟定理），但这绝不是说，价值和事实之间没有某种必然的关联。一种价值不可能仅仅是

---

① 康德在论证伦理原则的绝对性方面最为有名，他知道在欲望和利益的层次上人们都是唯利是图的，能够不讲道德就不讲道德，于是他试图证明在纯粹心灵或纯粹意志层次上人们会承认普遍的伦理原则。可是这种纯粹的伦理原则不是由经验事实作为根据的，也得不到经验事实的证明，因此只要进入经验的情景就会产生许多自相矛盾的事例。比如可以有坏人坚持说他就愿意做坏事并且也同意别人做坏事。看来要论证人们自己愿意做好事不太容易，不过假如论证人们不同意别人做坏事这一点的绝对性则是可能的。

自诩的，它的特殊魅力必须能够表述为某些事实优势，因为任何生活毕竟是以事实的方式在进行，我们毕竟生活在事实中，而且我们自身的存在也是一个事实。因此，虽然由事实不能推论出价值，但是价值一定要有事实的支持，否则不实在、不够有力。如果要对某种话语进行批评，伦理的理由不是根本理由，我们必须给出知识上的解释，简单地说，假如只是指出西方话语对东方是坏的和不公的，这所能够反对的仅仅是西方的态度不好，而不能证明西方知识在知识论上有误。要证明知识上的错误就必须有另一种更为有效的知识。这正是批判理论的局限性，批判理论依赖着太多的也许隐藏着的伦理理由，即使有萨义德那样的雄辩能够把西方关于东方"所说的"给"说回去"（unsay the said），也不能因此产生新的知识体系。仅仅把说得不对的反着说回去，再加上道德谴责，这样自己还是感觉很虚。

对历史进行知识论上的重新解释显然要困难得多，我们可以从弗兰克（Andre Gunder Frank）的《白银资本》所做的令人赞叹的努力中看到这种困难。弗兰克试图从经济的角度而不是伦理的角度去"扭转"（re-orient）——而不仅仅是批判——人们关于世界历史的看法，他试图在知识上证明至少在 1800 年之前中国是世界经济体系的中心①，因此历史并不总是由西方书写的直线进步而很可能是全球循环式的。但是他的证明看来可能过于简单了，至少有理由这样怀疑：在 1500—1800 年这期间，东西方虽然有了比从前更密

---

① 弗兰克：《白银资本》，中央编译出版社，2000。

切的贸易关系，但是那时的国际贸易在各自的经济体系中比重仍然有限，还不是对各自整个经济具有决定性的根本力量（国际贸易对于中国来说，事实上一直到近几十年来才真正成为经济中决定性的方面），因此，即使中国那时候在国际贸易中占有相对意义上的"绝对优势"，也不能因此就说是世界的经济中心。显然，当时非常有限的国际贸易不能形成各个经济体系之间致命的互相依赖，就像今天的世界经济关系那样。当然，弗兰克的努力仍然是重要的，它或多或少说明了历史不能简单地按照西方知识去写作。

现代史主要还是西方史，这可能是个俗套，但仍然是比较正确的。当然这个模式必须更加正确地理解，即西方控制了现代历史进程，与其说是由于它的经济运动，还不如说是由于它的知识运动。从深层结构来看，历史是个知识史，而不是经济史或政治史。经济和政治只是部分地改变了人类生活，而知识改变了整个生活。从科学到技术的发展使西方有可能在现代发动多次的知识经济革命（现在所谓的"知识经济"只是历史上许多次知识经济运动中最晚近的一次——尽管"知识经济"似乎是个新名词——而工业革命是第一次知识经济），从而改变了历史。假如要在知识论上论证西方知识体系的发展不能保证历史的进步，大概只有这样两个途径：一是证明把西方知识体系这种地方性知识推广为普遍知识会破坏人类整体的知识生态；二是并且/或证明西方知识体系有着自身所不能克服的根本困难。

必须注意到，各种地方形成了各种经验和知识，这是人类知识/经验的多样性，这些地方经验和知识与各个地方有着天然的和谐，因此，把某种地方知识推广为普遍知识是不可能的。我们可能长期以来误解了不同知识体系间的关系，其实各种知识体系所真正需要的是让自己扩大视野从而能够接收其他好的知识，而不是被其他知识替代，或者说，使每一种知识体系的视野最大化，以至于能够兼有其他眼光，而不是使某种知识获得唯一的最大化并且同时使其他知识最小化。只有这样才能使任何一种知识体系具有充分的自我反思能力和获得不断创造性发展所需要的丰富环境。当然，正如前面提到过的，假如世界的生活有一天终于几乎一样了，即形成了普遍生活，那么知识体系可能就成为一致的了。不过这其中必须注意到，普遍生活的条件首先是物质生活水平的均平。如果没有同等的物质生活水平，就不可能有世界性的普遍生活和普遍知识。西方在向其他地方推销它的政治制度和价值观念时，往往遇到某种程度的冷遇，这是因为其他地方的人们最需要和最想要的是和西方一样的物质生活水平，而不是和西方一样的政治文化生活，这种各自需要和预期的反差与脱节导致了双方的互相失望：一方面，想给的人不要；另一方面，想要的人不给。最好的世界状态可能应该是，在物质生活水平方面达到均平而形成普遍生活，在精神生活方面则保持地方性而形成互动的创造性环境。

　　不过，如果更现实主义地理解世界，人类物质生活的发展也存在着巨大的难题。正如现在许多人意识到的，西方式的发展指标是非常片面的，它更多地考虑到经济和物质发展需要，而相对忽视许多过于不利的副作用，如现在经常提到的世界危险性的增加、生态破坏、环境污染、资源的枯竭、其他地区的贫困，还有精神病态、人之间的冷漠、神经病和心理变态的增加以及自由和民主的实质性退化（商业取消了商业之外的一切其他观点）等等，而这些困难不仅本身就是退化，而且可能在将来还会引起经济和物质的退化。总之，如果从整个生活体系的所有指标来评价，发展带来更多进步还是更多退化，目前还很难说。所以，如果不以西方的宗教和价值观为根据而仅仅从单纯的达尔文观点来看，并不能证明西方式的发展是最终成功的进化。我们不可能从某方面的发展推论其他方面的发展，不可能从历史进程中的某一步发展推论以后每一步的发展。如果从人类生活的全面和长期需要来看，我们有理由怀疑西方知识的成功程度。西方的历史观作为一种地方性知识，它的局限性就在于它是在神学谬误加人类学谬误的基础上生产出来的，而这两种基本意识并不属于其他知识体系，因此不能普遍地表达其他地方的经验。

三、治/乱的观念

由连续的变化所构成的历史在中国是一个"治/乱"概念。与进步不同，治/乱是一个无限过程，没有目的地，没有终点，没有最后的乐园，至少应该说不能保证有最后的乐园。不过这样的描述仍然过于西方，似乎是在故意地形成观点对比。因此，更准确地说，在中国知识里我们几乎没有想到进步、目的地和历史终点这样的问题，历史根本没有使命和义务。中国思维的核心问题是"生命"以及生命的各种隐喻，不管是个人的生命还是国家的生命甚至文化的生命，总之，一个历程的意义落实在这个生命自身中，并且必须在这个历程自身中实现，生命永远为了生命而存在，而不是服务于生命之外的什么东西。因此，生命本身就是目的和意义。这样从生命的角度去看，根本的问题就是永远或尽可能长地保持存在，而保持存在按照西方的概念就被说成是"停滞"和"没有历史"。我们可以明显地看到以生命为历史欲望的历史观与以进步为历史使命的历史观在描写事情上的根本差异。

治/乱意味着这样的问题系列：兴衰、成败、存亡、安危、荣辱、得失、祸福、天命、时势、顺逆、分合等等。按照通常的理解，这种格式属于"循环论"历史观。中国历史的确喜欢描写兴衰分合的循环现象，但我疑心这种描写方式并不等于理论观念。对中国历史观更准确的理解可能应该是：社会状态的循环是经常可观察到的事实，但是历史的意向却是追求长治久安的社会生命状态。就是说，循环只是现象，而不是必然模式。治/乱问题代表着关于社会问题的中国观点，它意味着，在定义一个好社会时，其根据不是一个社会的"形态"而是"状态"，即不是根据一个社会是"什么"制度，而是根据它是"怎样"的生活情况。于是，历史就与制度变迁这样的概念无关。

其实，在1911年前，中国历史上没有严格意义上的制度革命，即使由周制度到秦汉制度的变化也不是社会制度的革命，而是同一制度传统中的风格演变而已。这种变化主要是统治机构内部的人事管理制度的修改，由分封的专制变成集中的专制，而不是政治/社会制度的革命，因为从经济生产和分配方式到社会管理方式都没有实质性改变。所以不难理解为什么中国自己谈论的焦点总是"分合"问题，总是首先把"统一"而不是制度革命看作根本的大事。既然事实上"分"总是导致"乱"，所以"分"就被认为是对历史的破坏——对于中国，生命的连续性才是历史性，断裂或革命反而是对历史性的破坏。毫无疑问，这种中国观点也是非常地方性的，对统一和安定的迷恋或者对分和乱的忌讳，这样的意识是西方没有的。西方世界从来都是既"分"又"乱"的（从城邦间的混战到宗教以及教派间的斗争到民族国家间的冲突和战争到今天的"文明的冲突"），相反，革命和进步却是西方的突出问题。不过由于时势变化，今天欧洲对统一和安定的热情似乎不亚于中国（欧洲的统一可能会改变欧洲关于历史的概念，也未可知）。这或许说明"治/乱"模式比进步模式甚至更有成为普遍分析模式的前途，尤其是当以长时段的眼光去看世界的长期变化。

在分封/专制问题中看到的是家族制度的隐喻，是分家还是大家族统一管理，这就是中国式的核心问题。由于国家和家族之间始终存在着同构的关系，因此中国的社会问题始终基于"家族"这一概念上，这与西方的社会基础概念"群体/个人"非常不同。在 1911 年前，中国社会的各种变化都仍然是在家族概念内的变化，在这个意义上，传统中国对制度革命既没有经验也不感兴趣。康有为利用公羊三世说的托古改制在理论上不能当真，它只是一个高明的政治借口①，

---

① 三世说之类的观念本来就属于什么都没说的"永远正确"理论，就好比说事情总有"好、中、差"三种，或者做事情总有"上、中、下"三策一样，相当于一种逻辑分类，并无限定的意义，可以随便代入。类似的想法还有黑格尔的"正、反、合"等，这些都永远说得通，却无具体意义。

由于"托古"而在话语上削弱了人们对制度革命的陌生感，所以比较容易获得认同。这样的政治家手段不能理解为学术思想。

中国的历史观同时又是生命观和自然观，三位一体。历史/生命/自然的一体化理解在中国的文化语境里是理所当然的，几乎无须解释。无论在什么意义上理解天人合一，天都是人的榜样，既然天生生不息、变化无穷而又"天不变"，所以，人的生活、社会和历史就也要同样生生不息、变化无穷并且"道亦不变"。如果一种社会或者一种生活方式能够"同于道"，也就同于自然，就据说拥有生命的最好状态。假如说中国文化里有最基本的世界观或形而上学的话，那就是这个"历史/生命/自然"三位一体的意识了。自然是这个意识结构中的根本，从哲学角度来看，这是个非常高明的选择，因为自然是最基本的，不存在着比它更基本的东西，所以自然就只能取法自身，所以其他事情就必须取法自然，任何想超越自然的努力都是危险的，而且可以推论地认为终将会受到自然的报复。这个意识是中国文化的哲学基础。由于这个基本共同意识是不能拆开分析的，所以我们人人似乎本能地就都会以这三个维度同时去"立体地"感觉一切事物，可以说这种立体地看事物的方式已经是中国的一个"精神本能"①。这三个维度形成在思考任何一个问题时的复杂层次感。

当面对具体事情就事论事时，由于具体事情总是一时一地的，

---

① "精神本能"是我在《美学和未来美学：批评与展望》（中国社会科学出版社，1990）一书中提出的一个假设，我相信精神其实也有一种几乎是本能的东西，尽管与生理的本能没有关系。不过这个假设只是个假设，不能证明。

总是属于个人生命的，于是人们就倾向于以非常策略的态度去思考问题，在这个意义上，中国思维天然是斤斤计较的博弈论。当去体会存在的总体或整体时，由于它超出了个人生命，于是又有一种万物皆流、目空一切、开阔无边的眼光，这又好像是天生的哲学眼光。斤斤计较的博弈论思维和超脱透彻的哲学思维形成的双重性，意味着中国有着弹性的眼界：当以个人生命的限度为尺度时，中国人便使用博弈论思维，力求每一件事、每一步骤都对这个有限生命有利；而以超越了个人生命的万物之流为尺度时，所有的计较都变得渺小，价值判断都变得狭隘。换句话说，如果思考的是"在历史中的"一个事情，那么以博弈论思维去对待；如果思考的是"历史整体"，那么以哲学眼光去理解。这二者不但没有矛盾，反而是一种非常合理的思想配合。

这样的思想配合既是深刻的哲学，又是中国的基本历史观。也许可以说，它一面是历史，翻过去另一面是哲学。在这个意义上，中国哲学也可以说是历史哲学——这就像从另一个角度看，中国哲学都是伦理学一样。这些不同的理解对于中国哲学来说都是对的，因为中国哲学没有那么明显的分门别类，它是浑然一体的。比如说，儒家当然以伦理学思想最为突出，但是当它相信仁义忠孝是万世不移的社会生活原则而且没有理由证明有别的更好原则时，它同时就已经意味着一种不变的历史要求，如果出现不合乎这些原则的时代，那就是礼崩乐坏的乱世了，所以伦理观同时又是历史观。从这种由伦理观到历史观的转换中，可以看到类似于西方的神学到历史观的转换结构。

不过中国历史观更以《易经》和《老子》的思想为精神底牌，即从总体说来以道家而不是儒家为主要风格（这或许与最初的道家是史官有关），它决定了整体地看历史过程的眼光，一种通览一切可能变化的整体眼光。在这种通览性眼光的基础上才形成针对"某时某地某人"的特定策略性眼光，一种关于"形势或时势"的眼光。正如前面分析的，这是非常深刻的复合感觉：在面对具体时势时，所有的得失、荣辱、存亡、成败、福祸都与自身有关，于是永远争取占优策略；而在看到历史整体时，不管得失、成败、荣辱与谁有关，与历史的总流程相比都不太重要，而且都已经或总要流失，于是只有流变的意象、沧桑的心情。既然"青山依旧在"，那么无论什么轰轰烈烈的事情就可以"都付笑谈中"。

在这种无限史观或"无限长时段"眼光里（这与布罗代尔的概念有些不同，应该说更宏大），进步问题就显得微不足道了，而且不可能存在一个关于进步的先验论证（有时候中国的历史观被归结为"循环论"，这只是一种相当表面的现象，例如中国喜欢说"合久必分，分久必合"之类，但实际上是不是循环并不重要，因为如果能够永远不变似乎更好）。中国思想是单纯的经验主义，完全能够满足休谟的彻底经验主义原则，甚至有过之。按照一般的经验主义，如果不能像逻辑那样给定充分的已知条件，那么由并不充分的已知条件对未来进行推论是无比危险的。中国式的经验主义所关心的"形势"这一概念比"条件"这一概念更为复杂，它不仅包括已经明确了的条件，而且还包括潜在的并且随时变化的可能性，或者说，形势是动态的条件，于是，所谓最佳方案永远只能是关于"下一步"的方案，而不可能提前知道许多步甚至最后一步的最佳方案。因此，中国的思维方式并不否认历史存在着某些进步的事实，但是必定反对存在着关于进步的预先或先验知识，于是，在中国思维中，"进步"可以是个可能出现的事实，但不是一个有意义的问题。

这样，"治/乱"的问题就成为最重要的历史问题，因为它是唯一能够直接评估的，它有着非常明确的经验标准（比"进步"的经验标准更明确）。乱世意味着社会策略的失败，盛世意味着社会策略的成功。"治"就是达到某种社会均衡，使得人们愿意承认某种传统和社会体制而没有破坏它的积极性（例如失去造反和违规的积极性），而"失治"则是相反的情况。虽然不能保证"治"是进步（显然许多时候不是进步①），但是必定能够保证它不是最坏的情况。"治/乱"模式与"进步"模式形成了一种对比："治/乱"模式希望研究和证明的问题是"什么是坏的"而不是"什么是好的"。尽管在逻辑语境里这两个问题是对称的，但是在经验事实领域里它们却是不对称的，它们有着完全不同的根据（这个例子说明逻辑并不能准确表达事实）。最基本的差异是，对于生活来说，什么是坏的，这个问题是有边界的，是可以定义的，因为人类所能够忍受的痛苦、匮乏、灾难、烦恼和紧张等都是有阈限的，而且人类在关于什么是不堪忍受的事情上有着共识；至于什么是好的，却是个无边界的问题，因为我们总能够欲求和想象有更好的东西，而且在这些

---

① 根据吴思在《潜规则：中国历史中的真实游戏》（云南人民出版社，2001）里的分析，中国古代社会即使在人民安居乐业的时代也不能说是一个非常好的社会，至少与其他任何时候一样都存在着"淘汰清官"等社会规则。

事情上缺乏共识，人们有着各自的偏好。从这一点来看，治/乱是一个普遍性比较高的分析模式。

治/乱分析模式还实现了一个问题转换：它在更高的层次上把社会制度也看成了社会策略，即社会制度的合理性也终究要由"时势"的需要来解释。假如一个据说是好的制度，事实上导致了"乱"，那么这个制度就不是一个好的策略。这样就在理论上进一步拒绝了关于完美的社会制度的假设，因为社会制度也只不过是因地制宜因时成功的社会策略——中国经典哲学的论述往往过于简略，所以没有把这个观念直接表达出来，但按照中国哲学的逻辑，这个观念是个潜台词。正因为中国把制度看作只不过是策略，所以在感觉到需要革命时，就能够迅速地投入到革命性的变革中去。现代中国由帝制到共和再到共产主义而现在又到市场制度的一系列制度更替，以及观念体系和文化制度由中到西的转换速度非常惊人，西方人对此感到吃惊，而中国人自己却视为正常。毛泽东思想把本来专门设定为资本主义社会里的工人革命按照中国的时势改造为农民革命，还有邓小平理论在复杂的改革形势中要求不要纠缠于"姓社姓资"的态度，都表明了典型的中国式策略性思维。如果按照西方思维，社会制度的不明朗状态是不能接受的，因为这不符合概念。但是如果按照中国思维，这是理所当然的灵活态度，事实才重要，概念不要紧。

传统中国即使在幻想"好社会"时，最重要的依据也不是某种在逻辑可能性中能够想象的最好社会或完美社会，不是所有可能世界中最好的那一个，就是说，不是乌托邦。有时我们会说到中国式的乌托邦，其实只是一种并不恰当的类比，严格地说，在引进共产主义的乌托邦概念之前，中国没有乌托邦想象。经常被引用的古代传统中的所谓"大同"世界无非是"天下为公，选贤与能，讲信修睦。……老有所终，壮有所用，幼有所长。……谋闭而不兴，盗窃乱贼而不作……"①。这只是一般意义上的安宁和平社会的图景，要求确实不高。而至于"不知有汉"的世外桃源更只是成功地避开了乱的普通农村社会。这与充分实现人的自由、物质极大丰富甚至可以各取所需的那些发挥了极大想象力的高要求的乌托邦完全不能相比。中国的"好社会"概念只意味着有秩序的、稳定的、和平的、能够安居乐业的社会，虽然它在概念潜力上并不拒绝理想的社会，但肯定没有强求一定是个理想的社会。好社会作为有道的社会，它在概念上是开放的，可以容纳各种类型的好社会。总之，中国的"好社会"是个相当宽松的概念，但它倾向于是个现实可求的、近在眼前的、唾手可得的社会，而不是远在天边、有可能总也走不到的理想社会。这种现实主义态度表明了中国历史观中没有一个作为社会进步目标的社会制度的想象。不过有必要指出，没有证据表明传统中国反对技术和经济进步。②

---

① 《礼记·礼运》。

② 李约瑟（Joseph Needham）等人的研究表明中国的技术不仅是非常发达的而且不断发展。中国没有发展出理论科学，因此技术的发展终究缺乏根本的基础。至于经济的发展，关于宋明的经济和商业的发达早已是众所周知的事情，到底是西方式的"资本主义萌芽"还是东方式的资本主义，自然可以继续讨论。一个比较重要的相关问题是，真正成熟高效的市场经济是否必定要求一个西方式的资本主义社会。东南亚经验曾经一度似乎否定了这一点，但很快又似乎肯定了这一点。严格地说，东南亚经济是片面的，文化规模比较小，层次也不高，因此东南亚经验本来就是非常片面的经验，不能说明任何问题。只有中国这样的政治/经济/文化大国才能提供有说服力的经验，但是中国经验却又还非常明朗。

在理论上说，治和乱是交替的无限流程，不可能有一个真正千秋万代的盛世，因此按照中国的历史观，历史的终结是不可能的。这种中国观点不仅仅是经验总结，更多的是根据道家盛极必衰的理论。从现代的观点来看，这个道家理论是一个高水平的直观。任何一个社会或任何一种制度都不可能没有弊病和隐患，制度中令人满意的部分慢慢就变成了麻木不仁的习惯（routine），而令人不满的部分即各种遗留或疑难问题始终没有得到解决，就会越来越没有活力，所以终将导致变革。而消除了某些问题的变革又制造了另一些新问题，就是说，对于任何一个社会制度，既然必定有它不能很好处理的遗留问题，那么历史一定是变化无穷的。任何社会都不可能没有激发新活力的遗留和疑难问题，这也许可以称为一条中国的"遗留问题"原理。①

治与乱虽然在纯粹理论上说是必然要循环交替的，但在实践上说却并不必然会总能够观察到这种循环，就是说，假如幸运的话，有可能在某个时候开始就是个无比长的"治的时代"。这样的解释如果按照西方的理论习惯来看就几乎是混乱的，假如不说是矛盾的话。但是在中国的理论中，这样的设想却顺理成章，关键在于，中国思想在认定某种"必然的"事情时，从来都留有变通的余地，于

---

① 福山敢于宣称历史的终结当然不仅是根据冷战结束使得资本主义获得全面的胜利，而且还在于他以及许多有类似想法的人相信一个"自由民主的资本主义社会"是一个有能力不断克服自身所产生的各种弊病的社会。假如这一点是真的，那么自然就没有"遗留问题"了。只是这个信念是非常可疑的。亨廷顿关于历史的见识显然要高福山一筹，尽管他也相信自由民主的资本主义社会是个更好的社会，但是他在文化的国际关系这个更大的空间中发现了重开历史的理由，即所谓文明的冲突。这也许说明了，如果我们从更大的角度去理解"遗留问题"原理，那么历史不会终结。

是等于准备接受奇迹，尽管从来不认定有奇迹。这就意味着至少仍然存在着某种占优的实践策略使得人们能够尽量延长"治"的时代。这一策略按照道家的理论就是一方面要进入一个好社会，但另一方面又要尽量减慢达到它的最圆满境地，这样，好的方面的活力就不会明显衰竭。在理论上说，必然性大概相当于"天命"，而占优策略则相当于"人谋"。成事虽然在天，但人谋毕竟能够最充分地利用天命所给予的可能性，既然天命可以商量，命运可以由人参与，于是历史就是策略，这种策略是关于生命的策略。追求长治久安的策略并不意味着没有历史，因为归根结底在理论上说治乱总会循环交替。不过中国具有历史即策略的自觉意识，因此非常自觉地选择了长治久安的策略，结果在事实上导致了社会长期的同质性。儒家追求万世不移之制度，并且在实践上相当成功地做到了这一点。儒家的社会策略的成功使得中国历史缺乏社会革命，但儒家之所以成功其实恰恰不在于它的顽固，而在于它的制度成功地"儒家化了"法家①，又与道家思想合作地构成了生活方式②。融合和互补的策略既保证了必要的变化又回避了革命。如果说中国古代缓慢地使用了融合和互补的策略因此变化也是非常缓慢的，那么1980年以来的中国改革则是相当高速地使用了传统的融合和互补策略，因为这个时代已经不允许缓慢的速度了，结果人们可以观察到这几乎是一次革命，但是它只不过由于时间短而显得好像是革命，其实

---

① 瞿同祖：《中国法律与中国社会》，中华书局，1981。法家的儒家化使得儒家能够利用法律的社会功能，从而使社会更加稳定。

② 李泽厚：《中国古代思想史论》，人民出版社，1986。李泽厚强调"儒道互补"。

仍然是传统的步步为营转型策略。而目前的事实似乎说明，这种传统策略正在成功地实现着中国现代社会的革命性转型。

其实，治/乱观念和进步观念都是希望人类能够有好的社会。根本的差异是在方法论上：对于中国思维来说，"好社会"是个生长着的事实，而对于西方思维，"好社会"则是个理性可以事先给定的概念，这就是根本区别。也许可以这样比喻：中国人想种一棵好树，会去想办法让这棵特定的树逐步培育发展出各种优势，让它越来越好，但永远不知道什么是最好的；西方人想种一棵好树，会去思考什么样的树才是最好的树，依照树的完美概念去决定种什么样的树。

四、错误的知识才是知识

前面非常简略地分析了西方和中国的历史观，我们看到，对使命隐喻和对生命隐喻的迷恋如此不同，因此西方和中国不仅有着不同模式的历史理解而且还有着不同的历史事实。当然，这样过于简略的分析显然是坏的，不过我的目的并不在于充分地描述这样两种地方性知识，而是在于说明地方性知识对于它所属的地方来说几乎总是有效的，因为一种地方性知识长得太像那个地方的生活了，但是当它试图成为普遍知识就会遇到其他地方经验的挑战。地方性知识是否有成为普遍知识的合法性，这是我们这个时代最重要的知识论问题之一。

通过科学化而获得普遍知识的有效性，这对于所有人文社会科学都是一个鼓舞，历史学当然也不例外。历史知识是否能够通过科学化而成为普遍知识？或者说，去掉价值评论的历史因果描述是否可能？

这里首先也许更应该讨论因果描述是否可能。严格地说，产生某事物a的因素只能是除这个事物a外的整个存在，换句话说，如果挑出某个事物，那么其他所有事物就都是它的原因。因为某事物总是在世界中的，因此整个世界的存在对于这个某事物的存在来说就是不可或缺的支持，我们不可能说世界中有哪个东西与之无关，因此某个事物的全部存在条件都是原因。这样说虽然绝对正确，却不是知识。知识必须是有限的，完全的知识永远不可能，不管是历史知识还是科学知识，都只能是有限的描述。于是，我们实际上说到的"原因"，仅限于与某事物"邻近的"或"在我们的眼界中的"那些东西（至于眼界的大小又实际上取决于我们的知识能力尤其是取决于我们求知的耐心，超过了耐心的东西就不算是有意义的东西）。显然，我们只好从关于"整个世界"的知识野心退守到关于"整个眼界"（horizon）的知识成就。①

即使如此，我们眼界中的东西还是太多，如果不能从中故意突

---

① 人们本来认为形而上学是关于整个世界的知识。这是个有趣的问题，我们可以证明，一套自身协调的形而上学世界观确实至少是关于"某个可能世界"的知识，但是不能证明：其一，这个可能世界就是我们所生活的现实世界；其二，这种知识对于任何一个可能世界都有效。由于不能证明这两点中的任何一点，所以关于整个世界的知识是不可能的。不过另有一种知识非常可能对于任何可能世界都有效，它是逻辑，但是它又过于贫乏，在这种知识里，所有的对象或者说存在的个体都是抽象的任意变元，不能表达真实事物，因此这种普遍知识仍然不是关于任何一个世界的知识。

出某种或某些因素，那么仍然不可能形成可以被理解的知识——太多因素就无法组织，无法组织就说不清是什么东西，不仅使别人难以理解，而且会使自己把事情想乱。我们仍然不具备对那个虽然有限但还是足够复杂的"整个眼界"的描述能力。没有办法，只好一退再退，退到某种知识模式。于是，在决定某个事物存在的各种因素之中，需要被突出的某个或某些因素就被看作"原因"，其他的因素就都说成是"条件"。可以看出，原因和条件的区分只是语言层面上的现象，它们在逻辑意义上并无区别，这个本质在逻辑里可以清楚地看到：因果关系和条件关系在逻辑里都表达为蕴含关系，假定（p，q，r）→s，那么 p、q、r 都同样是条件。但是在特定的知识情景中，我们会仅仅把比如 p 挑出来说成是"原因"。显然，为了迎合知识生产的能力，只好从"整个眼界"又退到了适宜"特定情景"（contextualized situation）的知识模式。这是一个有些悖论性的事实：把知识做成不准确的描述恰恰是为了能够形成知识。

那么，我们又根据什么把某个或某些条件突出为原因？其中一个最重要的根据是我们所选择的特定观察/理解角度。比如说，某个运动员没有能够跳过 2.50 米高，对于这个事实，可以把地球引力看作"原因"，也可以把他的体能限度看作"原因"，或者把他的竞技状态看作"原因"，甚至还可以把缺乏正确的训练看作"原因"，如此等等，可以看出，如何从各种条件中"分析"出原因，如何找到理解角度，这在很大程度上依赖想象力、心理态度特别是在知识生产方面或利益方面的某种实际需要。那个运动员本人有可能会归因于"有个小石子硌了他一下"（人总喜欢开脱自己），媒体则可能归因于运动员"浪漫度假时间太长"（有的媒体认为读者只喜欢这样的原因），而经纪人则可能相信是训练方式的问题（经纪人可能会迷信科学的训练）。这些理解或严肃或浪漫，但都说明了我们的知识尽管不是完全胡编，却也是言不及实的或者言过其实的。当然，有科学态度的人则会力求尽可能全面客观地分析各种条件，但是关于一个事物的成因的知识仍然不能过于丰富，否则这种知识会变成永远完成不了的任务，因为正如前面论证的，知识在详尽性上是没有边界的（比如我们完全可以问格尔兹：浓描到底需要多浓？）。因此，科学知识也只能突出地描述事物的某个方面。一般地说，如果是"科学地"去选定原因，那么就是把相对稳定的、惰性的或相对于某个环境而言几乎是必然的那些常量条件看作"条件"，而把相对活跃的、偶然的和充分的变量条件看作"原因"，而其中直接导致临界性变化的原因尤其被看作决定性的原因。

尽管这种关于原因的科学性分析模式能够提供比较有效的知识，但是在针对人为事件或者说人的历史时，科学性的分析还不足以提供决定性的帮助。许多人的心灵——如果不说是人人的话——是非常不稳定的，不管是有主动性还是被动性，于是，导致一个历史变化哪怕是一个局部事件的活跃因素实在太多，这些大量的偶然因素混合在一起而形成"混沌"（chaos）。为了分析清楚历史变化到底是什么样的一种格局，比较容易有成效的做法是引进一个具有引导功能的因素，以此形成历史的线索，才能够选择出我们感兴趣的原因，才能够形成历史知识。这种化繁为简的做法显然不仅仅是对历史事实的技术性处理，而且重新生产了历史事实。当把某个历史事件和时代看作"里程碑"、"分界线"或"核心问题"之类时，就已经重新规划了历史。

按照塞尔（John R. Searle）的概念，我们不仅生活在物理事实中，而且生活在社会事实中①，而社会事实是集体意向所生产或构造出来的②，因此我们可以生活在不同的社会事实里，尽管那些不同的社会事实可能都联系到同一个物理事实。因此，只有在经典的普遍必然知识概念上说，社会科学的知识才是不真实的，而对于社会事实而言，却无所谓真假（除非根本不存在与之相关的物理事实）。例如"公元1年"和"汉平帝元始一年"所指（refer）的物理时间是一样的，但相关的（relevant）社会事实却大不相同，一个是"里程碑"，另一个是平淡无奇的日子。这些社会事实正是社会知识创造出来的，是各自从属于某种社会知识体系的一个表述。我们只能说，那个表述在那种社会知识体系里是顺理成章的，而不能说，那个表述对于事实而言是错误的。因为对于社会事实，表述

---

① J. R. Searle, *The Construction of Social Reality*, London，1995.

② 塞尔所说的意向性的功能基本上相当于胡塞尔的意向性功能，即我思（cogito）总有它所内在地意向着的，因此也就是内在地构造出来的"仅为所思之所思"（cogitatum qua cogitatum），也就是所谓内在于思想的关于对象的含义（noematic sinn），借助于这个纯粹的对象含义，外在的事实才得以定位。不过按照意向性的经典理论（从古代希腊到近代德国胡塞尔），我思是单称的，或者是抽象的人类性心灵活动，或者是个人的心灵活动，这种经典理论只能解释传统的科学知识问题，但对于社会科学知识就有些简单化了。塞尔显然意识到了这一点，因此相信存在着集体意向，这似乎是说，社会事实是群体集体创作的。

即重构（representation is reconstruction），或者说，表述创造了事实。

正如前面所讨论的，怀有偏好去写作历史知识在科学的意义上是不真实的，但是恰恰只有这种不真实的写作才能够形成可以把握和理解的历史知识。我们过去总说"在写作历史时难免有偏好"，这好像是说偏好是不得已的，好像这只是一种解释和理解的局限性——假如万一能够避免这种局限性就好了。这样的理解其实错了。有偏好的解释和误解远远不只是一个解释学现象，而是一个知识论要求。事实上，只有偏好才使知识成为可能——如果要客观地照顾到所有因素的话，历史知识就会变得无法控制局面和无法整理秩序，知识就会变得和事实一样混沌，也就不成其为知识了。这不仅是历史的知识悖论，而且是所有人文社会科学的知识悖论，即，只有坏的写作才能够生产知识，而既然知识总是不准确的，因此绝对正确的知识也就是不可能的。我曾经把这个知识悖论表述为"一个或所有问题"[①] 的思想悖论（或者说这二者是等价的）：至少对于人类生活领域而言，如果要彻底理解某个问题，就不得不去理解与之相关的各种问题，最后就不得不去理解所有问题，而这样复杂的关系是思想所不能控制的；为了能够正确理解所有问题，又不得不把所有问题看作一个问题，可是这样的整体性理解的正确性又是思想绝没有把握的，因为不可能知道应该把所有问题看作哪一个问题。

---

① 赵汀阳：《一个或所有问题》，江西教育出版社，1998。

五、未来刷新过去

康德的历史理性批判虽然只是"第四批判"，但是其重要性绝不亚于通常比较突出的三大批判。随着当代知识问题的深入，甚至可以说康德的历史理性批判与当代的知识问题的关系更加密切。康德"渴望有一部人类历史，但确并非一部有关以往的而是有关未来时代的历史，因而是一部预告性的历史"①。当然，康德强调我们必须预告合乎理性原则的最好的东西。

表面上看，康德的这种主张更像是一个道德呼吁，但其实可以说是关于"社会事实"的一种知识论。按照康德的表述（这种表述今天读来有些古怪）："一部历史是怎样先天成为可能的呢？答案是：如果预告者本人就制造了并布置了他所预先宣告的事件。"②这其实就是后来所说的"自动实现的预言"问题：如果一种关于未来的想象得到人们的拥护并且因此暗中诱导了人们的行为趋向这一想象，那么这种想象会变成现实。这个原理背后的哲学是，某心（mind）就只是心，众心（minds）则成就事实。

可以注意到，历史研究果然由过去的事情越来越逼近现实，似乎在马克思和韦伯之后，历史问题的重心已经转移到现代性问题上。这个历史向现实逼近的现象就好像历史在追赶时间，而现在几

---

① 康德：《历史理性批判文集》，145 页，商务印书馆，1990。
② 康德：《历史理性批判文集》，145 页，商务印书馆，1990。

乎追上了现实。这意味着历史已经真的变成了关于未来的历史。我们本来按照因果关系向着过去追溯，可是我们用来对历史因果进行解释的引导性观念却是关于未来的，因此，随着问题的深入，我们从发现过去的事实回到了对观念的分析。正如我们所看到的，历史学在向现实回归的路上赶上了政治学、社会学、经济学、人类学以及文化研究等等，从而与这些学科融为一体。历史学的这一失去往事的现象就像运动赶上光速一样，在赶上现实、与现实运动同步的时候却失去了历史的必然方向。往事之所以显得有明确的方向，是因为无论怎样解释它都已经在事实上通向如此这般实现了的现实，就是说结果是已知的了。而当历史思维与现实同步时，我们不得不预支未来才能够给已经赶上现实的历史塑造方向。但未来不是事实，只是理论，这意味着历史学问题总要和观念理论问题合为一体。在这里可以想到克罗齐（Benedetto Croce）关于历史学与哲学是统一的观点。[1]

当然，往事不可能真的失去。准确地说，失去的不是往事本身，而是往事本来的意义。这里所说的"历史追上现实"与克罗齐关于有意义的历史都是"当代史"的理论虽然有些不同，但仍然是克罗齐主义的一种发挥。一种往事总是对当时某个社会问题的解决，一旦我们获得关于往事的知识，那个被解决的当时的问题就失去了，往事就被纳入当代问题体系重新被赋予意义。例如，罗马皇帝从对基督教的拒绝到接受只是为了解决当时复杂的社会问题，却

---

[1] 克罗齐：《历史学的理论和实际》，商务印书馆，1982。

不是为了构成希腊—希伯来这样一种新文化。又如，"文化大革命"所创造的革命波普文化本来是为了解决革命宣传的问题，不是为了成为后来的后现代表述的资源。① 因此，当历史追上每一步新的现实，人们就有理由按照现实回到过去对往事的意义进行修改。回到过去，刷新过去，这一在物理世界里面不可能真的实现的时间隧道，在历史世界里却是可能的。

历史是一个自身干涉的游戏，一个自相关的游戏，这个游戏的一部分活动就是创造这个游戏的规则，并且因此不仅可以改变新的操作步骤而且可以对这个游戏的已完成了的步骤进行重新解释。这样的游戏当然有些不寻常。可以考虑一个经过改造发挥了的"维特根斯坦问题"②：一方面，人们似乎在共识认定的规则中进行游戏；另一方面，人们的行为又在改变着游戏规则，而且改变规则的行为正是游戏的一个合法部分，于是，由人类行为构成的整个生活游戏是一个悖论性的游戏，这个游戏的一项基本活动就是"如何构造这个游戏"。当然，在生活中的某个局部游戏（例如足球）中可以避免这种悖论性质，因为"某个游戏"只是生活的局部，生活有很大的余地使人们能够在那种游戏的外边去商定那种游戏的规则。但是整个生活作为一个游戏就不同了，它不再有余地，不再有"外边"，因此，所有合法的和"不法的"行为都是这个游戏的内在部分，这

---

① 典型作品有王广义的《大批判》（20 世纪 90 年代初）系列绘画和张元的新编革命样板戏《江姐》（2002 年）。

② 维特根斯坦的"规则问题"是说，我们一般能够正确地遵循规则，但是假如我们能够编造另一套在理性上合理的解释，那么就有理由改变规则。因此，除非规则的应用方式和应用域都是限定的，否则没有理由拒绝把遵循规则变成发明规则的活动。

样就形成了存在的"自相关状态"。

我们可以利用中国的"形势"概念来表达一个历史的怀疑论原理：任何一个事件 e，不管是过去的或现在的，都不可能给自身定位，不能确定自身的历史意义，e 只是具有某种历史意义的"势"，而这个"势"是否能够实现为意义，要取决于未来的后继事件 f 是否表现了 e 的"势"，而 f 的意义又取决于未来后继事件 g 的表现，如此等等。

下面的例子能够说明未来在重新构造历史时的力量：近年来人们注意到了一种大概可以称为新帝国的现象，例如出现像《帝国》这样的有名著作[①]，这种新帝国被认为与传统的以民族国家为基础的军事拓疆型的帝国主义不同，它以全球化的运动方式把政治、经济和文化进行全面推广从而以非占领的方式统一世界或者大片地区，于是，它在形成全球化的剥削和统治的同时，也必定产生出反抗着的"全球化了的劳动大众"（multitude），据说这些全球化意义上的大众必定要求并创造一个真正全球民主的世界。假如将来这个论点成为无可置疑的事实，那么，描写过去历史的思路又会被修改，可以想象，过去的各种帝国模式和经验就会被突出为历史的主要线索。

如果克罗齐可以说历史都是当代史，那么就似乎可以进一步地说历史都是未来史。只是关于未来的历史看来恐怕与康德想象的不太一样，我们不可能从理性中推知人们想追求什么，但是很可能从情感中推知人们想忘记什么。[②]

---

① M. Hardt，A. Negri，*Empire*，Harvard Univ. Pr.，2001.

② 尼采（F. W. Nietzsche）相信，过量的历史会成为时代的敌人，为了幸福的生活，人们需要遗忘某些事情。参见尼采：《历史的用途与滥用》，上海人民出版社，2000。

最后回到开始的问题，关于历史知识的地方性和普遍性。我倾向于相信，由于形势首先总是地方性的，因此历史知识是地方性的。现在的全球化运动似乎把所有地方和所有知识体系都卷入一个大的形势中来，于是，从政治、经济到文化都开始有了许多真正共同的普遍的问题，但却还不能因此就说有了普遍的知识。共同问题是共同历史的必要条件。之所以有了共同问题，是因为所有地方在事实上都被卷入并且都具有反应能力而成为世界历史的必要变量。但是共同问题并不保证有共同知识，这意味着各地方的思维和行动仍然有着不同的语法，因此还不存在一个共同的可预期或可一致分析的博弈。历史仍然是分别书写的。也许，通过文化和知识上的"互相普遍化"运动，人们能够互相理解他人的问题和历史写法，然后才会有一般的历史。

知识、命运和幸福 *

一、思想的欲望和相关性

　　如果某种哲学与生活问题失去相关性（relevance），就一定缺乏意义，它可以随便是什么，人们也就可以不经心地对待它甚至不理它。我曾经论证说，最大的问题未必是最重要的问题。① 经典哲学研究那些最大的问题。最大的问题往往引起思想的欲望，但毕竟太远，太远就缺乏与生活的实际相关性，因此不是最重要的问题（尽管可以思考，就像纯数学的谜题）。人的生活意义只能在生活

　　* 本文原载《哲学研究》2001 年第 8 期。收入本书时略有改动。
　　① 　赵汀阳：《一个或所有问题》，江西教育出版社，1998。

本身，而不可能在生活之外，假如在生活之外就恰恰意味着生活本身没有意义。因此只有切身性的问题才真正是非面对和思考不可的。

切身的世界虽然只不过是一个可能世界，但因为切身，所以它比其他所有可能世界更重要。一个事情是否重要表现为切谁的身，比如说，对某个政府而言，99％的牛都没有疯牛病，那么牛肉可以供应，可是那1％给谁呢？对个人而言，1％就可能是100％。个人事情虽小，但对于他自己来说就特别大。当然哲学问题不是这么琐碎的问题，但也不是逻辑意义上最大的问题。哲学问题大概应该是切身世界里的最大问题，因此它不会大到"普遍必然"的程度（除非一些特别的哲学问题如逻辑基础的哲学问题）。如果承认切身世界的情况是确定思想问题的根据，就会意识到我们原来顺着概念/语言的逻辑体系走得太远了，原来许多哲学问题只不过是"语言自己在说话"，是概念体系的过分增生而生产出来的，与其说是对世界的概括，还不如说是对语言技巧的表现。缺乏对生活的相关性，就不可能知道一个哲学提问有助于解决什么问题，显然我们不能设想哲学只是白白地提问。假如没有听说过"本体""绝对""超越"等等，难道思维就不能进行？假如没有审问过"对象""事物""本质"等等，难道就不能生产知识？概念/语言的生产会对思想产生诱导，一个表现是，它会把没有的说成有的，它会利用语言自身的表现力制造出一些不真实的问题，不真实是说它们仅仅表达了语言自身的构造能力，而没有表达实际生活的难题。可以做一个比较：数学虽然也并不表达真实事物（数字1不是一个苹果的表达），但它表达了可计算的事物关系；可是哲学概念在"计算"事物关系时并没有什么实际帮助，当哲学家谈论到先验自我、作为先验形式的时空、世界由各种事态组成，诸如此类，我们并没有因此增进了对心灵、感觉和世界的知识。哲学在很大程度上只不过表达了语言自己的问题，哲学在玩语言，不管是形而上学还是分析哲学，都只是玩语言的不同方式（修辞学的或逻辑的）。

二、两种哲学论证

叶秀山先生的提问"哲学还会有什么新问题？"确实是个迷人的问题。[①] 那么，我们在期望什么样的新问题？是顺着语言/概念体系去找问题，还是顺着生活/时代的要求去找问题？不同的期望背后有着不同的方法论。

西方哲学不满意思想的混沌（chaos）而追求秩序（kosmos），于是遇到语言/尺度（logos）问题：什么样的 logos 才算是对世界的合理解释？哲学家想象有某种真知识（episteme），它表达出事物之所以是如此事物的理念（eidos）。可是要从各种主观意见（doxa）中分辨出真知识却是个永远的难题。从知识论的逻辑上看，怀疑论是它的必然结果——我相信这是西方哲学最深刻的一条思路，也就是苏格拉底、希腊怀疑论、休谟和维特根斯坦的思路。其

---

① 叶秀山：《哲学还会有什么新问题？》，载《哲学研究》，2000（9）。

中的思想结构可以表达为：

（1）既然我们试图从主观意见中找出真知识，那么就永远不知道哪个是真知识，因为分辨是否真知识的理由仍然是一种意见（相当于美诺悖论）；

（2）于是可以确实知道的情况是，某种东西似乎为真，但没有理由能够证明它为真（相当于皮浪/恩披里柯命题）；

（3）即使有某些已知的事情，也不可能由此推论出关于未来的知识或者普遍必然的知识（相当于休谟论点）；

（4）理解事情的规则总能够被不同地理解，而且只要把未来的或潜在的可能解释考虑在内，那么我们总能够合理地而不同地遵循/改变任何一条规则（相当于维特根斯坦论证）。

如果要超越怀疑论就必须放弃知识论的经典追求，即对纯粹的、普遍必然的知识/真理的追求。或者说，知识的问题必须在知识论之外去理解，把知识问题同时理解为社会实践、政治、伦理、文化或经济问题。

另一种可能的知识论并非没有被设想过，它在中国哲学中早就已经表现出来了。中国哲学的特性并不表现为某些标志为"中国的"教义或主义，例如儒家"仁义忠恕"之类的观念，因为这些观念在纯粹思想内容上并不是只能中国才有，西方思想中也能找到类似的观念，就像在中国思想中也可以找到类似西方知识论和逻辑分析的观念。思想的特殊性并不在于关于某些事情的教义，而在于关于所有事情的方法论或思维方式。中国哲学的思维定位不是"知道"而是"闻道/得道"。西方式哲学的"知道"是要看事物本身，而中国要"听"圣人之言，也就是想出来的大智慧。这种智慧在知识论上未必表达了事物本身，但它在实践论上能够对付得了事物。可以说，中国哲学追求的是实践的大智慧而不是知识的大智慧。那种实践的大智慧能够使人得道，也就是在实践/生活上获得幸福和成功。至于如何得道，按照中国式的理解，当然要做到天人合一。所谓人谋天成、识时务、认形势、把握时运，这种"形势思维"是作为实践哲学的策略/博弈思维。① 在老子或孔子的政治哲学和生活哲学中，在兵法、中医、中国艺术、围棋等中都表现出这种哲学思维。

天人合一原则可以理解为（假如我的解释有道理的话）：任意某人在做任意某事时的效果最大化方法是，必须考虑到相关的各种事情的各种可能性和理解角度，即考虑到各种事情有各种道，并且尽量找到能够与各种道的趋势和运作巧合一致的做法，这样就能使人为的事情变得自然而然。

其中关键在于要求用开阔灵活的眼光理解各种事情有不同的道，并且力求发现各种道的一致点或协同方式以便发挥各种道的综合优势。因此，天人合一似乎更应该理解为诸道协调，化人为成自然，而不能简单地理解为与自然存在的一致。

---

① 纳什、泽尔腾（Selten）、海萨尼（Harsanyi）（1994年诺贝尔经济学奖）以来的非合作博弈论是目前最重要的经济学/数学理论之一，它比较清楚地表达了社会行为的心理准备和理性思考模式，已经被广泛应用于人文社会科学各个领域。不过在这种作为经济学和社会科学分析方法的博弈论背后显然应该有一种哲学思维，我认为中国哲学已经相当深刻地表达了一种能够作为博弈论基础的哲学思维。而这正是中国哲学的基本风格。

三、关于命运的知识

哲学和人文社会科学是关于命运的人文知识（knowledge of fortune）而不是关于事实的知识（knowledge of fact）。科学才是关于事实的知识。如果一种知识是科学，那么我们至少期望它在可控制的实验条件下总能够产生可重复的结果，而在不能充分控制的自然条件下则能够在概率上可以预测结果。科学预测虽然经常出错，但这只是因为自然情况太复杂而不能完全计算。当社会科学被类比为科学时，人们就会错误地以为社会科学之所以更不可靠，仅仅是因为社会生活比自然更加复杂。社会是否比自然更复杂，这不重要，关键的不同之处是，在生产科学知识时，认识者是把握着知识局面的主体而自然是被动的客体，自然的秘密虽然隐藏着，也许永远不能完全知道，但谜底就在那里等我们去猜。这样一种主体—客体关系只是科学的知识论基础，但却不是人文思想的知识论基础。

对于人文知识来说，知识就是关于人的知识，被认识者同时也是认识者，认识他人时他人也在认识你，这是一种互动的关系，单方面的主体不存在，甚至无所谓共同合作去理解对象的主体间性（inter-subjectivity），而只有或合作或不合作的生活/知识博弈"各方"（players）。这样就产生了由各方的创造性行为造成的不可测的命运。人文知识就是互相猜度、隐瞒、诱导、欺骗、劝说、暗示、策划、解释、论证、信任和威胁等试图把握命运的技艺，从更大的规模上说就是创造观念和价值体系、建立制度和规则、造成行为模式和生活意义的创造命运的艺术。这样一种生活博弈的知识就是人类的自我认识，它是创造性的，在这里知识和艺术已经一体化了。当假定人是理性行为者就形成经济学特别是博弈论知识，当考虑非理性原因时就形成心理学特别是精神分析知识，当以政府和社会集团利益为重就产生政治学，当考虑到阶级意识和个人立场就形成批评理论，如此等等。进一步说，各种人文知识或社会理论并没有一致的立场，但都是正确的，因为需要考虑的事情和事情的角度总有不同。这个"因事而异"的人文知识原则已经由老子给出了最好表述："以身观身，以家观家，以乡观乡，以邦观邦，以天下观天下。吾何以知天下之然哉？以此。"[①]

按照中国的哲学精神，哲学不是去追求关于各种或所有事物的概括性理解（universal and general understanding），而是要追求驾驭各种不同的道的一贯性理解（consistent and continuous understanding）。在这里可以清楚地感觉到一种与追求"本质思维"的西方哲学完全不同的追求"形势思维"的中国哲学志向。人文知识既是对命运的理解，又是对命运的参与行为。知与行是互动的过程，于是，知识论需要一种根本性的重新理解。

四、事后真理

一个直接的改变是，人文知识的对象不是事物和世界，而是命

----

① 《老子》第五十四章。

运。科学意义上的真假概念在这里变得不重要了。当一个人文命题谈论了某个事物，它是否非常"符合"事物本身，是不重要的，关键在于它如何"引用"了这个事物，这个知识行为改变着人类命运。

知识论问题的发展总是很容易转向信仰或意识形态问题，这是人文知识的逻辑。考虑早已由希腊哲学表达了的知识论基本难题：既然真知识是我们不知道而要寻找的，那么就不可能知道哪一个主观意见表达了真知识。由此可以推论，不可能靠讲道理来保证一种观念胜过另一种观念。基督教曾经成功地把知识问题变成信仰问题，它使人们相信，最终的解释既然超越了知识而总是不可思议的（absurdum），那么相信那种不可思议的东西能够使生活获得一种意义而不是失去意义。同样，现代社会制造了万物皆商品和个人主义意识形态，这两种意识控制了现代知识结构和知识生产方式。信仰或意识形态都是终结思想的办法，讲道理最后只能以不讲道理来结束，知识生产最终依靠某种权力支持。福柯关于知识/权力的互动关系的论述揭示了知识的这种令人失望的不纯品性。

知识和意识形态（政治的、伦理的、宗教的等等）的知识社会学关系至少意味着两个基本哲学结论：知识和价值终究是不可分的；知识和行动也是不可分的。如果承认这两点，西方知识论就会遇到巨大的困难。按照西方知识论，真理大概可以说成"把是的说成是的"（无论是符合事实还是逻辑必然）。这种真理概念当然不错，但不太对。人文知识的对象不是一个给定了的世界，

而是永远未定的可能命运，是许多可选择的可能生活，人文知识
对象不是预先摆在那里的，而是人文知识自身正在或准备要创造
出来的，因此，真理不是与一个预先存在的对象的比较结果，也
不是由一个假设逻辑地或先验地包含着的结论，而只能是一个事
后真理（the truth ex post）。真理就是"把做成了的说成是的"。
维科早就感觉到了这一点：真理即成事（verum/factum）。中国人
知道天命终究由成功来解释，所谓胜者为王，败者为寇，差不多
就是这个意思。事后真理意味着，一种人文知识在它成功地塑造
了某种历史事实之前，不可能被证明为真理，而一旦塑造了历史
事实，就历史地成为真理。

五、从"认识你自己"到"改变你自己"

苏格拉底的"认识你自己"原则表达了西方哲学试图认识心
灵的努力，但心灵并不是一个像其他事物那样的给定了的知识论
对象，正如前面所论证的，尽管认识者可以被作为一个认识对
象，但他永远既是认识对象又是认识者，这种自相关状况不仅决
定了永远不可能正确和充分认识自己，永远有着认识不到的死
角，而且，更重要的是，它意味着自己成为一个会被知识的暗示
诱导的存在，或者说，自己不仅会藏起来，而且会因为知识的状
况而改变。

虽然不至于说知即是行，但行是正确理解知的一个必要相关

项，在不考虑行的情况下，单独理解知是不可能的。一种关于人类的知识，无论正确还是误解，都诱导着某种行为，而自我在这种行为中被改变了。知识对行为的有效暗示说明知识是行为的变量，反过来，行为也是迫使知识改变的重要因素。简单地说，某种人文知识 k 被认为是关于生活事实 f 的表述，但是因为人们总会根据公开知识 k 去修正自己的对策以使自己的利益最大化，人们的行为调整改变了事实 f，于是 k 作为公开了的知识很快就会失效或者必须随之修正。既然生活事实是活的，是创造性的，知识与知识对象的关系就只能是协商的、对话的关系，而不是主观对客观的单向研究关系。任何一种人文知识都在为某种价值、观点或利益说话，也就总会有为另一种价值或观点说话的知识，这决定了人文知识只是某种生活策略，它意味着某种可能生活，但绝不是唯一可能的生活。

知识可以成为一种社会暴力，它生产关于各种事情和人的"权威的"理解、解释和意象，它是一种塑造事实的力量，例如东方学、神经病学、文化批评、社会学调查、政治学分析、未来预测等等。总之，歪曲可以成真。另外，同样重要的一点是，自然科学的对象只是一个世界，而人文知识的对象则是多种可能的生活，这意味着，生活是可以选择的，并且，每种生活都有各自的道理，因此，某条真理总是可选择的或可放弃的，一种真理如果不好就可以不要。人文知识在本质上只是某种建议、策略、对话、交往和诱导，因此，人文知识的基本问题不是真理问题，而是幸福问题。

当按照"知/行"互相解释这一中国式模式去理解人文知识，就可以发现，"认识你自己"原则并不是人文知识论的充分意图。马克思在批评形而上学时指出：哲学家们只是用不同的方式解释世界，而问题在于改变世界。那么似乎更应该说，认识你自己同时就是改变你自己。

六、从主体性原则到他者性原则

生产一种人文知识就是策划一种生活。人们希望幸福。某种真理如果不利于幸福，人们就宁愿创造另一种事实以及与之相配的另一种真理。认识本质虽然重要，但策划幸福更重要，于是关于本质的知识（knowledge of essence）问题就让位给关于幸福的知识（knowledge of happiness）问题。人们关心的是：什么样的知识能够给人类创造比较好的命运？

知识论的主体性原则是现代思想的基本原则，它可以有各种表述，经验论的或先验论的。如果假定了知识与对象的单纯知识论关系，主体性原则可能是理论上最有希望自圆其说的原则。但是正如前面所论证的，那种单纯的知识论关系只适合于表达科学与自然的关系，却不适合于人文知识与生活的关系，因为人文知识与生活的关系与政治、信仰、价值和利益密切相关，它不可能单独被理解为认识，它不是单方面对事物的"立法"，而是人们之间互动的"对话"——其实苏格拉底或多或少是知道这一点的，虽然他希望发现真正的答案，但通过对话却发现终究无知。当不得不把人文知识理解为与他人交往的实践，就不可能假定一个普遍抽象的人类的心在"我思"中生产知识，而只能假定许多代表着各种价值和信仰的具体的心在"我/你不能随便想我/你所想的"这样的模式中生产知识。①人文知识与它的知识对象的互动对话关系是人文知识的基本条件，就是说，对他人的承认和来自他人的承认是人文知识的基本条件，因此，人文知识的知识论原则就只能是"他者性原则"而不是"主体性原则"。甚至可以说，人文知识并不是严格意义上的 knowledge，而是 acknowledgement。

由于人文知识总是表达着价值和生活的想象，因此像西方传统知识论那样的知识论就明显过于单薄和片面。以主体性精神为基础的自由主义或个人主义理论尽管有利于形成权利明确的社会，却远远不足以形成有幸福感的社会。既然人被假定为理性的利益最大化者，那么利益就总是优先于情感。根据现代人文知识而设计的现代社会虽然不至于说是一个无情社会但可以说是薄情社会，幸福几乎由利益来诠释，这样就把生活中各种本来激动人心的事情削弱为理性计较，幸福作为一种糊涂激动的投入感觉也就几乎失去了。

也许现代的思想比较成功地发展了社会制度理念，但却一直没有成功地发展出生活理念。由于他人毕竟是不可能回避的事实，于是现代思想从主体性原则里又派生出"主体间性"（inter-subjectivity）

---

① Rorty，"Who Are We? Moral Universalism and Economic Triage，" In *Diogenes*，No. 173，1996. 罗蒂（R. Rorty）指出，"我们是谁"这个哲学问题比传统的抽象的"人是什么"这样的问题更真实。

原则来试图缓和主体间的冲突。但是问题并没有得到实质上的解决，也许主体间性能够产生互相理解，然而理解仍然是知识论水平上的事情，它完全不能蕴含实践论上的积极结果，很显然，知识论上的理解不能保证实践上的接受，比如说即使满足了哈贝马斯标准的所谓"可理解的、真实的、真诚的和正确的"商谈（discourse），所发展出来的理解至多产生了表面上的或不重要的共识以及无关痛痒的同情，但与实践上是否能够合作、接受或让步无关。所谓"口服心不服"说的就是这样的问题，道理上（商谈）理解了不等于心（情感、价值观和利益）愿意接受。理解绝不意味着在利益上的实际分享和出让或者价值观和信念的改变。知识论上合作仍然可以保持实践论上不合作，人们互相理解但还是要博弈，原来的所有生活实践的问题都没有改变。

他者性原则明显具有实践性力量。列维纳斯强调的他者性原则就表达为"面对面"的行为关系，孔子所表达的他者性原则（仁，可以解释为"至少二人的互惠关系"）也是实践性的关系。他们表达的都是伦理问题。现在有理由把他者性原则进一步发展为重构人文知识的基本原则，至少与主体性原则并列（如果不需要替代主体性原则的话）。

他者性与幸福有着一种命定的巧合，即幸福的钥匙在他人手里，幸福是他人给的，爱、友谊、承认、成功、回报、帮助、分享、支持等所有幸福都在他人手里，如果他人不给，你就没有。以他者性原则和幸福问题为基础来重构人文知识，将能够发现一个新的问题体系，它远远不仅是知识论问题体系，而且是实践论问题体系，新的人文知识关心的将不仅是"心智"（mind），而且更是"心事"（heart）。① 这种新的哲学对于今天和未来的在全球化背景下各种文化、各种共同体、各种人群的交往产生的问题可能更有积极意义。

① 赵汀阳：《心事哲学》，载《读书》，2001（3－4）。

哲学的中国表述

一、中国哲学是否能够成为世界哲学的一部分？

1952 年诺贝尔和平奖得主施韦泽（Albert Schweitzer）在鼓励西方人反思自身时说："我们过久从事着我们自己的哲学体系的发展，而没有注意到这样一个事实，即西方哲学只不过是世界哲学的一部分。"[①] 不过真正的"世界哲学"这样的东西实际上还没有出现，世界的主流哲学倒是有的——假如认可这个说法的话——它自现代以来就一直是西方哲学。说到这个事情人们难免会有一点愤愤

---

① Albert Schweitzer, *The Philosophy of Civilization*，Ⅱ，*Civilization and Ethics*，p. 13，London，1946.

不平地以萨义德对东方学的分析/批评模式想到了西方的文化霸权。
这样想虽然有点小气但没有错。事实至少是这样的：西方思想、中
国思想和印度思想分别创造了关于世界和生活的完整、深刻而复杂
的理解，从而各自都塑造了高度复杂微妙的理性观念体系和情感生
活世界，那些观念和情感世界都具有需要经过长时间的反思和体会
才能够进入和理解的思维层次和情感细节，但是西方在经济、政治
和军事上的当权使它拥有了文化解释权（福柯理论确实帮助我们更
加清楚地意识到了各种"知识/权力"的关系），于是，非西方的思
想就被看作人类学或文化研究的对象（当然事情似乎正在发生变
化)①，即非西方的精神世界被看作只是由"思想"（当然指的是西
方思想）来进行研究的对象和课题，或者说，非西方的事物可能都
值得被研究，但研究的方式只能是西方的，总之其他思想是不可以
与西方思想并列的、也不可以用来思考任何问题的别的方法和原
则。结果，各种文化之间便不存在思想与思想的对话和交换关系，
而只有西方思想在"告诉"其他文化什么是好的和坏的、什么是值
得思考的和不值得思考的事情。就像西方的传教模式一样，西方的
哲学和其他思想也进入其他文化中。

　　文化霸权的关键还不在于西方对东方的不正确解释，而在于东
方自己为了迎合西方而对自己也进行了西方式解释，因为西方知识

――――――

　　①　不过人类学从格尔兹等人以来也在发生变化，传统的殖民主义心态的人类学遭
到批评。在今天，从理论上说，人类学的眼光已经变得平等了，人类学和社会学的区别
似乎不过是方法的不同。近年来乐比雄甚至提出一种可以在知识上平等对视的互惠人类
学（reciprocal anthropology）（参见 *Alliage*，No. 41－42，France，2000），但目前来看，
平等的人类学在实践上并非没有阻力，而且也并非真的已经克服了西方话语霸权。

被假定为"普遍的"（往往还是"必然的"）并通过霸权成为普遍流通的知识。① 在现代中国人对中国的社会和文化进行反思时，不管如何评价中国的事情和怎样表述中国的问题，即使为了对中国进行自吹自擂，几乎都要采用西方标准来进行自我批评或给自己吹一个西方式的牛。正如杨念群指出的："自五四以来，中国思想界出现的各种流派，无论是持全盘西化观点的自由主义派别，还是弘扬国粹的文化保守主义，乃至鼓吹社会变革的激进社会主义思潮，几乎毫无例外地都是援引某些西方的社会理论以为自己的后援。比如形式上最为保守的新儒家梁漱溟也恰恰是利用欧洲观念史的思路来定位中国传统文化的价值。"② 以至于到今天，中国人已经"习惯从西方现代性的镜子中照出自己的一脸无奈，在这种观镜的对象化体验中，至少中国知识人已经被训练成各种西方现代理念的代言人"③。

在哲学上按照西方标准来重述中国哲学可能更深刻地表明了对西方的彻底认同，因为哲学是文化的最深层部分。近百年来中国人按照西方哲学的结构和概念来重新表达中国哲学，把中国哲学也分析为存在论、知识论、伦理学和美学等等，这本身就是对中国哲学的解构。因为我们明明知道，中国哲学的一个根本特点就是各种方

---

① 有趣的是，这一点现在甚至也使西方人类学家感到厌烦，正如乐比雄在批评西方编造普遍知识的谎言的结果时所指出的，最后西方发现要面对的竟然是自己，是自己的"投影和变形"。参见《跨文化对话》第1辑，6页，1998。

② 杨念群：《杨念群自选集》，41页，广西师范大学出版社，2000。

③ 杨念群：《杨念群自选集》，67页，广西师范大学出版社，2000。

面的问题都在同一个问题体系中①——不仅哲学问题不分类，甚至文史哲都不分家——各种问题只有当被一起考虑时才是有意义的问题，而不可能认为有着分别的存在论、知识论和伦理学之类的问题体系。比如说，中国哲学不大可能分别地讨论知识和行为（尤其不可能讨论纯粹的知识），也不大可能觉得 to be 和 ought to be 的区分是个大问题，更加不可能单纯地讨论心智（mind）而不同时讨论心事（heart），尤其不可能假设某种终极目的和超验（transcendent）关怀，如此等等。② 按照西方哲学结构去重新安排和解释中国哲学问题损害了中国哲学的思想意义和力度，就好像要按照书架的结构去重组椅子一样会破坏椅子本来的性能。

这里不仅是一个把中国哲学拆得七零八落的问题，更严重的是，有一些在西方观念体系里难以表达的问题就或被忽视，或被荒诞化，或按照西方习惯重新理解，例如"形势"这样重要的方法论观念会被忽视，"阴阳"则可能被认为是幼稚的神秘主义世界观，"道理""自由"会被解释为表面类似的西方概念，诸如此类。③ 不

---

① 思想问题不分类是中国思想的一个明显特点，不过希腊哲学其实也有这样的思维方式。学科分类制度（disciplines）是现代西方的学术制度，它的形成与自然科学的影响和大学制度有关。

② 近年来我用"一个或所有问题"模式去解释哲学，用 to be meant to be 格式去克服 to be 和 ought to be 之间的紧张，强调 philosophy of heart 而不是 philosophy of mind，都是试图利用中国哲学精神对哲学进行重新表述。参见赵汀阳：《一个或所有问题》，江西教育出版社，1998；《论可能生活》，三联书店，1994；《心事哲学》，载《读书》，2001（3-4）。

③ 例如，叶秀山指出：西方的"自由"往往蕴含"创造"的意思，而中国的"自由"却是"自然而然"而为之的意思，不能混为一谈。参见叶秀山：《创造与传统》，载《中国哲学史》，2001（1）。

得不承认，自从现代中国哲学形成了西方概念和中国概念的双重表述方式以来，无疑产生了许多混乱。特别是，既然西方哲学成为榜样，人们在解释中国观念时往往就会把中国的概念解释/翻译为西方体系里的"对应的"概念，或者，把西方概念解释/翻译为中国的"对应的"概念，而事实上那种对应性是非常勉强的①，即使似是而非地混过去，既破坏了中国原本和谐的概念意义，也破坏了中国概念本来的思想位置，而显得好像是个很傻气的概念。

例如"仁"这个最重要的概念，它在传统的中国概念体系中具有最核心的地位，属于中国概念体系中最有解释力和支配力的最核心层中的一个，类似地位的概念还有"道""天""人"等。如果"仁"被翻译成 benevolence 或 kindness 之类，则理论意义分量轻薄，好像是个不重要的俗词；如果被翻译成 humanity，又显然泛泛，完全是空洞废话；如果被翻译成 compassion，则含义狭隘，尤不准确；如果被翻译成 goodness，虽然在思想位置的重要性上比较接近，但在观念含义上的差别无疑是鹿马故事。我们必须考虑一个关键词的理论潜力和历史情景（context）。概念体系其实很像人际等级体系，有一些概念有特别重要的地位，就像重要人物具有更大更多的权力一样，如果一个重要概念被翻译为没有分量的概念，它本来所意味着的思想问题也就好像变得微不足道，而进一步就会觉得去思考那些"微不足道"的问题似乎是傻乎乎的。历史环境也同样重要，像"仁"这个概念在孔子时代显然其含义是开放性的，甚

---

① 刘禾在这方面进行了有趣的批评。参见刘禾：《跨文化研究的语言问题》，载《语言与翻译的政治》，中央编译出版社，2001。

至属于总也解释不清楚的概念，否则就不会有那么多学生神经兮兮
地老是问孔子关于"仁"的解释，而如果可以把"仁"翻译为
compassion 或 kindness 之类，那还有什么值得追问的？不是本来
就很清楚吗？"仁"似乎应该直译为 of-two-persons 或 between-
two-persons［休斯（E. R. Hughes）有个翻译是不错的：man-to-
man-ness］，它显然在理论上表达着人之间的好关系（它肯定不是
坏关系，坏事无非是杀人放火，根本不用考虑。坏事都清楚，好事
才难说），但具体的好关系则必须给历史环境留出来解释的余地。
对于孔子来说，仁这种关系是等级关系。我们不能随便就把它替换
成西方式的个人之间的关系，尤其是不能随便希望从中"开出"与
西方一样的观念，比如说"开出"自由和民主之类的观念。这完全
不顾儒家的基本原理（如绝对的忠君孝父、家族高于个人等）与个
人自由和民主的观念南辕北辙，甚至可能严重冲突。

　　另一个坏例子是对道家的解释，老子的"道可道"思想往往被
说成是关于不可言说的事情，结果道家思想看上去就好似变成了知
识论，甚至还有了超越的关怀，这未免过分了。其实道家思想是实
践论的，是关于各种行动/生活策略的哲学，是中国的从政治、经
济、军事到医学、武术、阴谋等的总的方法论，它讲究自然而然，
灵活顺应自然之各种变化情势。所谓"道可道非常道"说的是"凡
是有规可循的道便不是永恒之道"而不是"可说的道就不是永恒之
道"。中国人只关心是否能够灵活地把握形势，而不关心那些不可
认识的形而上的东西。即使道家在说到语言局限性时，也绝不是在
说西方意义上的因为在科学知识之外而不可说的那种超越的、神

的、不可思议的东西（the absurdum），在中国思想里，天人总是能够合一的，不可能有超越性的神的假设。中国关心的语言局限性是，特定的语义永远网不住无常的事物，因此永远不能拘泥，只有灵活的心和亲身的体会才能跟上自然的节奏。

不过这里也不应该过分强调西学入侵国学所造成的混乱和伤害。我们不能过分抱怨无法改变的既定事实（这样会显得我们像小人）。在批评西方的文化霸权时，必须考虑到事情的复杂性。如果说在接受西方文化这件事情中，东方没有得到好处，大概也是说不通的。何况事实上西方哲学给中国哲学带来了许多引人入胜的新问题和强化了逻辑力量的表述/论证方式，这就是一些明显的好处。甚至可以说，西式的论证方式是发展中国哲学非常需要的东西，无论我们自己怎样自吹有东方式的意会能力，但是如果缺乏逻辑论证，再深刻的问题也终究无法展开和推进；而且，如果意会到的东西终究不能说出来与人共享，那也没有意义。这正是中国哲学传统做法的缺陷：尽管早就有许多深刻的问题摆出来了，但却没有由一个问题引出一些论证、由某种论证生成另一些问题的这样一个明显推进过程，结果 2000 年来问题的演变发展不大——微小进展总是有的，如孟子和宋理学明心学等对孔子的发展，但这些微小的发展在学理上颇为可疑，与其说是问题的推进，还不如说是问题变成了教条或教义化观念，几乎失去了孔子原来非常开阔灵活的问题意识。① 不再面

———————————

① 西方人开始以为，一些中国学者后来也以为，儒学是一种宗教，所谓儒教。这虽然是一种东方学模式的曲解，但这种理解也并非完全没有原因，至少可以说，儒学后来的教条化使它看起来很像一些不容置疑的教义。

对问题，只在乎一些基本概念和教条的释义，这是中国传统哲学长期以来发展缓慢的一个重要原因。在这种背景下，西方哲学实际上刺激中国哲学恢复了对思想问题本身的兴趣。西方思想的问题成为中国思想的问题，这也应该说丰富了现代中国哲学，进一步说是丰富了中国的生活方式。其中马克思主义和黑格尔辩证法相当成功地融入了中国的思维方式，现在几乎人人都会这样思考事情，其他如自由主义观念、康德哲学、尼采思想、海德格尔（Martin Heidegger）哲学等也有很大影响。也许还应该提到胡适等人的现代白话文改革，它以中国古典白话文为基础，又在其中强化了西式的逻辑表达方式，从而比较成功地在保留中国思维方式的情况下实现了西方概念的中国化。今天我们正是以这种中西合璧的新汉语在思维和表达。事情的复杂性就在于此，西方哲学重新唤起了中国哲学的问题意识，可是同时也挤掉了中国原来的问题。有了问题意识，丢了自己的问题，这又是个当下的困境。

虽然西方的文化霸权到今天仍然非常明显，但过多的批判并无很大的实际意义，更重要的是我们自己要做什么、能做什么，我们要对谁说话、说什么话。如果中国哲学在今天试图成为世界哲学的重要部分，那么就必须能够对世界给出真正有价值的思想贡献。我愿意借用苏力的说法："在借鉴了外来知识之后，在经济发展的同时或之后，世界也许会发问，以理论、思想和学术表现出来的对于世界的解说，什么是你——中国——的贡献？"① 经过百年的向西

---

① 苏力：《法治及其本土资源》，序言，中国政法大学出版社，1996。

方学习，在近几十年来中国虽然出现了思想和文化的创造性倾向，但是目前困难仍然很多，而且问题特别复杂。

我们喜欢自称特别有消化外来文化的能力，也许确实如此，例如有过消化佛教的经验，但现在的情况要复杂得多。与当年佛教的情况不同，西方思想远远不仅带来了异质的问题和思考方式，而且还改变了现代中国的社会制度和社会生活（当年佛教也许带来了许多新思想，但基本上没有改变中国传统的制度和社会生活），因此在很大程度上造成了中国传统的断裂。尽管中国的传统思想仍然具有影响力，但不再具有唯一权威性，于是出现了一种从来没有过的现象，中国传统思想和西方思想在现代中国形成了双重权威，而这两种思想权威又是如此不同，这是独特的现代中国经验。由于我们坚决要保留我们伟大的传统同时又需要同样伟大的西方传统（想要兼有不同的好处也是正常想法），结果就有了中西协调这个非常特别的思想问题，于是有了诸如"中体西用"之类的结合方案。① 但一直到现在，尽管中国已经相当了解西方，融贯中西仍然是一个没有完全成功的事情。问题在于，中西文化是这个世界上两个思想血统最不相干的高度发达的文化体系，没有足够多的共点可以成为融合的基础，尽管现代中国的经验是承认这二者的并列权威，但基本上是在各说各的。

不同体系的思想观念要达成融合只能通过思想创新，而不可能

---

① 张之洞的"中体西用"可以说典型地表现了中国知识分子的想象和愿望，但是如果社会的制度化层面终究是要西化的，那么，仅仅由中国理念是很难构成"体"的。这大概也是李泽厚后来想象"西体中用"的理由。不过，如果西体了，基本上就是西化。

只是在二者之间发现共同点或一致的思路，就是说，只能以各种思想资源为背景而创造出某种自身一致的新思想。不过要特别警惕一种伪创新，往往称为"现代化转换"之类，大概是从中国传统观念里"开出"西方现代观念诸如民主和自由等。这其实是文化霸权的另一种现象，正如王铭铭指出的：文化霸权的形成不是被动的接受，而是被动者变成主动者才可能实现，在现代弱势的东方的所谓现代化运动不过是要变成西方，于是"西方作为一种异文化，变成了东方社会文化发展的自我之前景"①。这不是创新。创新没有这么容易。

有一个许多中国人都曾经想到过的问题：为什么一定要融合和创新呢？西化有什么不对头？假如不要因为没有面子而觉得不好意思的话，这个似乎有损民族感情的问题其实很值得思考。只要比较现在的中国人和 100 年前的中国人，就可以看出中国思想文化西化的程度有多大，事实上从社会制度、经济和管理方式、法律体系到艺术和物质生活方式，都几乎以西为体了。② 尽管就目前而言，制度化层面是西化了，但其中的实际操作习惯仍然是中国式的，不过如果考虑到制度对行为方式的长期和有力的影响，就不难想象迟早会完全西化。如果没有什么特别的原因，人们不会试图重新去发现那些实际上在行为和思维中已经失去了的或正在失去的中国理念。

---

① 王铭铭：《想象的异邦》，341 页，上海人民出版社，1998。
② 李泽厚曾主张"西体中用"，与传统的"中体西用"相反。李泽厚的这个主张实际上比较多地表达了中国在实践上的选择。显然，只要制度化层面西化了，就是西体了。

从一个心胸比较狭隘的角度去看，在西化的过程中，中国人会产生身份认同的危机，于是就会寻找一些真正属于自己的观念。如果从比较实际的角度去看，人们会发现，在寻求外来的普遍"真理"之后，真正需要解决的问题仍然是本地性的（local）问题，那些本地问题才是生活中的切身问题，而本地问题有着本地的历史造成的情景（context），从历史中来的观念因此变得重要起来。如果从一个更有雄心的角度去看，我相信使人们重新发现中国哲学的一个原因是：近几十年来人类社会和生活中非常突出的许多共同的新问题或翻新了的旧问题，例如全球化、对话、他人、变态、精神病、商业和传媒，在西方思想里并没有非常令人满意地被解释。因此，东方的智慧似乎包含着另一种可能解决问题的想象力。同时，我们还可以认为，中国哲学的独特视野还发现了一些在西方哲学里没有被重视然而非常重要的问题，如形势思维可能意味着一种哲学水平的而不仅仅是经济学的博弈论，"心"的哲学可能是心理学、伦理学和信仰问题的更好的基础，等等，这些都直接有关人类幸福。

在试图推出一种既可以成为世界哲学的一部分又保持中国精神的新哲学时，显然不能拘泥于古代的教条，否则将失去与现实的相关性（relevance）。哲学虽然抽象，似乎离现实很远，但实际上只不过是隐藏在现实中，哲学是思考所有事情的方法论，所以它隐藏着但又在身边。即使当年非常"好古"的孔子也是极其关注现实问题的。连雅斯贝斯（Karl Jaspers）在解释孔子的"好古"态度时也非常正确地看到，孔子虽然似乎是在回忆古代知识，但其实是根据现实问题在创新。① 这个道理虽显然，但做起来却不易，尤其是因为今天的现实变化如此之大，已经与中国传统社会之间有了明显的断裂，中国传统文化思想相当大部分是在图书馆里而不是在实际生活中，比如说与儒家思想相配套的人际关系、家族制度和社会制度已经非常薄弱或被现代化掉了（特别是父子、男女关系的现代化，利优于义、个人高于群体的社会生活现代化），因此儒家思想实际上被抛在当下问题之外。② 即使有些中国文化仍然存在，也往往在生活中被边缘化了，例如中国传统诗词、国画和京剧，它们更主要的是作为表现古代风情的古董存在而不是实际生活的一部分（在这里必须注意到，尽管我们知道，现在比较大程度保持着传统生活风格的中国人仍然众多，但是，相比之下人数很少的"现代化了的"人们却掌握着更多的经济和话语权力，时代的问题终究是由那些有经济和话语权力的少数人决定的）。③ 因此，我们必须看到并承认中国的现代经验，必须看到问题已经变化了，在我们试图回忆古代知识或进行知识考古时，只能是通过现实问题去追问古代。尤其是哲学，它必须与现实的前沿问题站在一起——哲学只有这样一种做法，而没

---

① Karl Jaspers，*Die Groben Philosophen*，p. 157，1957. 参见《中国印象》，广西师范大学出版社，2001。

② 大概在几十年前曾经盛行儒家文化如何导致东南亚某些小国的经济发展的说法，但这种说法是很不妥当的。那些国家向来有许多受到儒家影响的华人或非华人，而它们的经济发展却与资本主义全球化更有关系，而且事实证明（20世纪90年代末的东南亚经济危机），那种经济发展是非常可疑的。

③ 即使在"文化大革命"这样特殊的时候，京剧以有政治支持的样板戏出现，也在不久后的现代化运动中失去地位；古典诗词则由于毛泽东的魅力而在"文化大革命"期间风行，但后来则几乎失传；至于国画，虽然有过许多改革，但却越来越失去市场。

有另一种做法比如说专门"好古"的做法。看来必须承认，就目前而言，现代中国哲学还没有很好地建立传统与现实问题的相关性。

进一步的困难是，中国哲学要进入目前由西方哲学控制局面的世界哲学，就必须能够为西方哲学所理解并且接受。在这个全球化时代，对话或交往（communication）是流行理论，假定能够有"可理解的、真实的、真诚的和正确的"对话（如哈贝马斯所想象的那样），也许确实能够产生互相理解甚至在价值上的某种互相承认，但问题是，理解也许蕴含着（implies）却并不衍生出（entails）接受或接纳。也就是说，你可能会觉得别的思想这方面不坏、那方面不错，但这只是非常有距离的承认，重要的是你终究并不准备用别的思想来改造自己的思想。比如西方对中国哲学确实有着某种兴趣，但主要是需要借助中国哲学这样的"另一只眼睛"来看清楚自己的哲学的身份和性质，却未必打算用它去改造西方哲学。我相信，理解不能保证接受，是所有对话理论的局限性。显然，我们不能想象西方会仅仅因为理解了东方的传统观念就接受东方观念进入世界哲学。这里绝不是在反对对话，相反，对话永远是极其重要的，是所有有意义交往的基础。问题是，我们不能总是仅仅向西方讲解"有地方特色的"中国传统哲学，而是要推出关于人类共同永恒问题或人类当下共同问题的中国方案，使中国哲学成为参加讨论哲学各种重要问题的一种必须被考虑的思路。

至少有两个可以指望但也许要相当长时间才能达到的目标：

（1）使中国的某些概念进入世界通用的思想概念体系。

按照王铭铭推荐的一个说法则是，"中国概念的普遍化"。很显然，目前世界通用的思想概念体系几乎百分之百由西方概念构成，虽然有时在学术著作中也会读到个别中国的、印度的或阿拉伯的概念，但却总是属于被解释的概念而不是用来解释的概念，总是被思考的材料而不是思想的工具和根据，就是说，不管想什么，都只能使用西方概念去"想"，于是，不管面对的是什么事情，所想出来的问题以及解决方案都是西方的。假如一旦能够使某些（数量不用很多）中国概念成为世界通用的概念体系的一部分，即成为人类在思考任何事情时所使用的普遍（universal and general）概念，或者说，使中国语言中的某些关键词成为普遍通用的关键词，那么这将意味着中国思想能够成为通用的思想工具和根据的一部分。当然，这就会改变目前通用的概念体系的构成方式，世界将会被不同地表述。目前通用的概念体系是亚里士多德式的由逻辑关系构成的由一般到具体的金字塔型的概念系统，这种概念系统的优势在于能够清楚地表达事物间知识论的从属关系。中国思想显然不反对这种概念关系，但它似乎更重视发展一种表达人与事物之间的价值论的亲疏远近、轻重缓急关系的概念体系，它可能更有利于思考实践上的重要问题。① 因此，从客观的角度看，中国概念进入人类通用概念体系将扩大人类思维的能力。

（2）使中国思想所发现的一些独特问题进入世界公认的思想问题体系。

中国的眼光与西方的眼光同样是精神性非常强但又非常不同的

---

① 参见我在《一个或所有问题》（江西教育出版社，1998）第 10 章中的论述。

眼光，所以如果中国思想中的问题能够进入世界的问题体系，那么一定能够丰富人类共享的问题体系，会使人们发现，原来还有这样多必须思考的问题。而且中国问题能够与西方问题形成最大效果的互惠提问（reciprocal questioning）——如果按照经济学观点，这可以最大化人类思维的反思（rethink）能力。

二、情景化理解和普遍化理解

现代中国哲学家们一直都希望能够从中国哲学的角度贡献给世界一些中国的思想问题或者关于人类共同问题的一些中国论证。最典型的努力可能是试图把儒家观念推荐给西方。但这种努力似乎并不成功。我以为关于儒家其中有个悖论性的事情：假如回避不论那些通常被认为是压抑残忍的儒家的社会体制方面的规章制度和具体化了的社会实践（其中以迫害妇女、儿童和年轻人以及压制人性和自由最为有名），而仅仅抽象地推荐儒家的思想观念（如各种美德和理想），则儒家会显得十分平常，不足为奇（在西方也总能找到大同小异的观念）且空洞无力（比如"孝"假如不与唯命是从和家族暴政的具体实践联系在一起则失去特点，我们总不能说西方人没有一般意义上的对父母的爱；"忠"假如不是愚忠，就失去特别的力量感，我们也不能说西方人对政府和国家没有忠诚；等等）。假如要使儒家观念生动有力起来，则不得不在具体的社会制度和实践中去说明，而这又同时暴露出儒家的各种罪恶使儒家不值得被推荐。问题就在于，儒家的思想观念不是一种可以抽象成立的理论观念，它只有在与之配套的特定社会制度和实践中才能发挥出高度的精神性和道德意志力量，必须在存理去欲、克己守礼、对父对夫唯命是从、崇古贬今和反对革新等具体行为中才能体现忍辱负重的道德境界。如果没有这些实践表现，儒家理论就表达不出来，就几乎失去所指。我们不能超出儒家的实践去理解儒家思想，因为理论与实践的统一本来就是儒家的根本要求。要把自由和民主的现代化社会体制与儒家观念进行很好配对恐怕不大容易。通过这个例子，我绝不是想贬低儒家——每种可能生活都有它的道理，所以儒家观念绝非没有它的道理——而只是想强调在利用古代资源来创造新的生活时必须重视这种创造在技术方面的可能性和合理性。

如果一种思想或观念能够成为通用的而不仅仅是地方性的（local），那么它就必须超越特定情景（context）而发展成为在各种情景下有效的观念，或者按照传播理论的说法，它必须由一种受特定限制着的"高语境"（the restricted high context）走向说清道明了的"低语境"（the elaborated low context）。① 现在世界上各种文化都在试图以对自身最有利的方式表达自身，尽管西方文化仍然具有霸权，但各种文化对自身的自觉表达以及对西方文化的不合作毫无疑问是在试图削弱西方霸权。文化对抗或者像亨廷顿所说的"文明的冲突"也许会是个持续的事实，但无论如何不是好事。如何理解和接受他者，就成为这个时代的核心问题。然而，且不讨论这个

---

① E. T. Hall, *Beyond Culture*, p. 79, New York, 1976. 霍尔（E. T. Hall）认为中国文化就属于典型的高语境，而美国则属于低语境。

问题的政治含义，单就其知识论含义来说，也存在着很大困难。

当需要充分地和准确地理解某种文化中的某个观念时，就确实需要建立一种情景化的（contextualized）理解，如格尔兹所提倡的"浓描"（thick description）和"地方知识"（local knowledge）。[①] 情景化理解有利于纠正对他者文化的曲解，但同时也多少意味着对他者文化的理解几乎变成了一项完成不了的任务，因为如果要真正彻底准确理解他者文化，就必须理解它的所有文化语法和重要细节，就像维特根斯坦所认为的那样，要理解一个做法，就不得不理解整个游戏或整个生活形式。这项工作不仅过于繁重，而且事实上也做不来，我们不知道多"浓"才算"浓描"。比如说，如果不是彻底的描述，那么就总有理由批评它不够"浓"。但是我们又知道彻底的描述是不可能的，因此从可操作性上说，我们只能适可而止，只能按照我们自己的理解来选择什么是需要浓描的。当然我们不应该过分钻知识论的牛角尖，去证明"浓描"其实既烦琐又总也不够充分。然而，确实应该指出，无论什么样的描述，淡描或浓描，以自己眼光为准或以他者眼光为准的描述，主观的或客观的描述，都不是知识的真实的和充分的条件，都只是单方面的知识生产方式。人文知识事实上只能而且必须在对话中形成，它是对话各方在互相诱导中形成的被共同认可的话语和观念，单方面的描述或者说独白终究是无效的。因此，问题不在于如何发展一种更加逼真的描述，而在于发展一种更可接受的、更亲和的、更友好的解释。人

---

① Clifford Geertz, *The Interpretation of Cultures*, New York, 1973; *Local Knowledge*, New York, 1983.

文知识寻找的首先不是真理，而是互相有好处的观念，即互惠
知识。

也许这里需要解释。我不打算说人文知识与真理无关，那样未
免哗众取宠，但我试图论证，对于人文知识来说，真理是第二位
的，更准确地说，真理是以可接受的观念为前提的。情况是这样
的：由于人类生活一定需要合作，因此，要做成事情就一定需要共
同可接受的观念，反过来说，假如别人不接受你的真理，你的真理
就做不成事情，也就不再是真理。因此，我愿意说，人文知识总是
事后真理，它从根本上缺乏经验或逻辑的必然性，这一点决定了人
文知识以互相认可为第一条件。从休谟以来我们已经知道 to be 推
不出 ought to be，考虑到人文知识的情况，似乎不得不说，ought
to be 甚至是 to be 的一个条件，至少 ought to be 是先行被考虑的。
也正是在这样的问题意识下，伦理和政治问题在当下哲学中发展成
为核心问题①，而且同时与法学、人类学、社会批判和文化批评等
方面的多种问题发生着密切联系而构成跨学科（trans-disciplinary）
的问题组。不过，必须注意到其中问题的复杂层次，比如说，伦
理问题很可能并没有一个伦理学的解决，当然也不一定，我们终
究还是需要建立一种新的知识论来重新发现问题的症结，然后再
判断。

如果文化间的互相理解和思想合作要成为可能并且能够构成互
惠知识（reciprocal knowledge），显然还是需要一种通用的"共同

---

① 可以注意到，近几十年间的重要哲学讨论和重要哲学家大多数是伦理学和政治
学方面的，如罗尔斯、福柯、哈贝马斯、列维纳斯等等。

理解"（common understanding）。在这里，我把"共同理解"看作一种弱的"共同知识"（common knowledge）①，或者说是在形成共同知识时所需要的一种共同的理解方式。这种共同理解或共同知识可以源于各种文化，但一定被普遍化为共享的理解和知识，从而不再特殊地属于某种文化。这种共同理解方式当然没有逻辑和数学的那种必然性，而只是各种文化群体都可以接受的。即使这样，事情仍然非常危险，因为各种文化群体最乐意接受的当然是与自己价值观相符合的东西，而各种文化的价值观恰恰是文化间差异最大的东西，即使能够找出某些共同之处，也难免貌合神离而且为数不多。② 现代版的人权体系可能是目前相对而言最成功的一套共同观念，但在它的被普遍认可的表面背后却实际上缺乏充分的共同理解，因此人权体系只不过是字面上的共同认可而远远没有达到概念上的共同认可。③ 可见共识是多么的难。

　　建立共同理解或者互惠知识的困难在于目前的通用理解方式是西方的，因此难以理解丰富的世界。既然世界是各种文化组成的，那么理解世界的通用方式也必须由各种文化的视界（horizons）在

---

① 共同知识的博弈论的重要概念，比较朴素的描述是形成"大家都知道的事情"的一个知识生产无穷连续结构，即"每个人都知道的事实，每个人都知道每个人都知道的事实，每个人都知道每个人都知道每个人都知道的事实……"。参见 Lewis，*Convention: A Philosophical Study*，Harvard Univ. Pr.，1969。更详细的讨论可参见谢识予：《纳什均衡论》，上海财经大学出版社，1999；张维迎：《博弈论与信息经济学》，上海三联书店、上海人民出版社，1996。

② 例如所谓的"全球伦理"计划，所找到的共同伦理不仅寥寥，而且空洞肤浅。

③ 人权被解释为"天赋人权"就已经造成理论上的困难。我曾经论证，为了理论上的自圆其说和尽量避免实践困难，人权只能解释为"预付人权"。参见赵汀阳：《二十二个方案》，193－205页，辽宁大学出版社，1998。

对话和合作中创造出来，借用伽达默尔（Hans-Georg Gadamer）的话说则是视界融合（fusion of horizons），不过不仅要历史地视界融合，而且更要地理上的视界融合。这里必须强调的是，要在各种文化的对话/合作中创造出来的共同理解绝不是各种文化的某种组合形式①，而恰恰是能够有效保证"各种文化的对话/合作"的一个对话体制，它使得各种文化容易互相理解和互相接受。显然，为了使文化间的对话充分有效率，或者说使对话能力最大化（maximizing of dialogue），就需要使这个对话体制包含有最大差距的、不能互相还原的（irreducible）多种世界/生活观，也就是不同的哲学观点。在这个意义上，中国哲学进入世界通用思想体系从而参与重新建立一种更丰富的共同理解，就显得特别重要，因为——正如于连（Francios Jullien）所指出的——中国哲学正是与西方哲学的视界完全不同的、完全独立的、有着最大差距的哲学。②

事实上，西方要接受中国哲学作为一种平等的视界和思想资源是不容易的，同样，其他文化也会对西方文化进行抵制。在今天，一些地方文化有着文化保护主义的倾向，甚至有着原旨主义的倾向，尽管其中有着政治原因和其他利益问题，但这种倾向从长期来看其实对人对己都是不利的。很明显：假如你宣称你有你的先知，那么我也可以有我的先知，而即使各种来路不同的先知居然有一些异口同声所见略同的东西，一种先知总会不同意另一种先知，终究

---

① 一个坏的例子是"世界语"，尽管它反映了多种语言的某些特点，但它既生硬又不实用。

② 于连：《为什么西方人研究哲学不能绕过中国?》，载《跨文化对话》第 5 辑，146 页，2001 年。

是很难合作的。① 而且无论是什么样的先知，都难免发展为欺骗，因为它们都是要求人们无条件地平白无故地相信某种东西。在这里请允许稍稍离题地讨论关于先知的问题：先知主要是个西方知识论问题，更准确地说是属于希伯来传统的问题。可以说，如果承认知识存在着知识论的局限，即世界终究不能真的"看"清楚，那么就需要去"听"先知的话。这是宗教的思想基础。有趣的是，中国有着另一种"听"的传统，即要求"闻道"，它不是宗教的基础而是哲学的基础，它要"听"的是先师或圣人。如果说先知能够通神而后向人们传达一些必须相信的道理，那么圣人则要谦虚得多，圣人只是在人间世界中体会出道理然后去帮助人们获得幸福，于是听圣人与听先知有个根本区别，大概可以表达为：听先知意味着"我们本来不知道我们需要什么，先知告诉我们必须追求某种东西 s"；而听圣人意味着"我们知道要的是某种东西 s 但不知道获得 s 的方法 m，圣人告诉我们 m"。

关于先知这个问题的讨论并非与这里的主题完全无关，我想说明的是，一种方法论比一种价值观更适合于普遍化。当然，作为特定的思想技艺的方法并不像逻辑那样具有普遍必然的力量，但它意味着某种并非必取、然而可取的思想和实践策略，因此虽不必然但却能够普遍。理由很简单：多拥有一些有效的思想和实践策略并没有坏处。而这正是交往的一个重要意义。中国现代哲学从西方哲学那里的确学到许多方法，例如苏格拉底式的观念辩证法、怀疑论方

① 现在有一些在不同文化间寻找相同基础的努力，例如作为"公分母"的"全球伦理"。

法（希腊的、笛卡儿的，休谟的）、康德的先验论证方法、维特根斯坦的语言分析方法、现象学方法等等。这些方法进入中国哲学并没有坏处。同样可以想象，如果能够整理出一些中国哲学的可普遍化的方法使之进入世界哲学也肯定没有坏处。不过特别值得注意的是，值得推荐的方法一定要是可以普遍化理解的方法，而不能够是那些只能私人领会的东西。在这个方面，中国哲学往往推荐错了一些据说是要通过私人觉悟的特别高境界的东西——假如那种高境界不能够被分享，那你说给谁听呢？这样就变成对交往的破坏。

交往或对话是当下知识和文化的核心问题，但也是一个具有悖论性的或辩证的难题，它不仅涉及政治甚至经济利益，它本身也是一个利益问题。显然，文化和人文知识体系意味着一种力量，尽管它并不是直接的对身体的管理制度或物质权力，但却是对心灵的诱惑性或控制性魅力，因此它成为可争夺的利益和资源。一个典型的问题是语言问题。为了有效交往就需要一种通用语言，目前充当这种语言的是英语，它在交往过程中给非英语文化造成的损害是众所周知的。语言问题典型地表现了交往问题的悖论性质：总有某些东西是交往所必需的，但它同时又是对交往的损害。

三、以对话为条件的共同的哲学问题

在今天，我们的两种做哲学的方式可能不再正确。一种是传统的中国哲学做法。正如前面我试图论证的，尽管中国传统哲学有着自己的问题体系以及形成这种问题体系的必然性，但是由于现代中国的制度化层面和社会生活形式已经西化，并且与中国传统思想之间已经形成断裂，因此中国传统问题体系在今天的语境中是格格不入的，它属于古代的地方知识而不是现在的地方知识，更不是能够普遍化的知识。另一种同样不正确的做法是按照西方哲学问题体系的哲学做法。西方哲学在解释当下世界的新问题时似乎已经失去原来的开拓精神和力量。一方面，经典的主流思想变得非常意识形态化，人权理论、科学主义、自由主义等都是如此，而且许多非经典的另类思想也已经通过多元化的借口和假借对传统和现实的批判而获得主流化的资格，它们事实上也已经主流化并且同样意识形态化，如女权主义、环境保护和社会/文化批判等。另一方面，仍然属于另类的非主流的思想则表现为消极的、反讽的、边缘的后现代态度。也许西方思想仍然将是最强大的一种知识体系，但无论如何，它并不像原来被想象的那样是科学般的唯一的普遍真理体系，因此我们没有理由不考虑自己的问题和知识，而去替别人生产关于别人的知识。如果说我们的知识生产包括对别人的知识，那么仍然是相当重要的，但如果表现为按照别人的利益、价值和需要去进行知识生产，则是需要做出解释的行为，比如说按照西方的利益来讨论人权理论和全球伦理，或者鼓吹西方的先知和宗教之类。

现在我们似乎应该能够看清楚，由现代哲学所强化了的"抽象人与整个世界"这个知识论关系可能不够表达知识问题（它假定的 mind、ego 和 cogito 是个抽象的主体，在实践意义上相当于单一个人；同时，世界也表现为具有同样规律的对象。于是，根据这种一个抽象人对世界的描述关系，哲学自然就主要关心诸如普遍必然知识、先天范畴、先验论证、普遍语义等问题）。这种"人和世界"的知识论关于抽象人的形而上学假定是非常可疑的，事实上只要反思一下就会发现几乎不可能想象一个抽象的心灵是什么样的，如果一定要去想象，也只能发现一个逻辑的心，而这和实际上的人相去甚远。类似地，对象、事物、语言和行为等也都在抽象的、非个性化的方式中被想象。可以说，现代哲学/知识论对真实的生活不感兴趣，它只是对构造一个有最多逻辑优点的论点感兴趣，而不管那个有着突出的理论优点的观念是否有意义。即使那个有着最多逻辑优点的论点如此普遍有效以至于几乎在所有可能世界中为真，例如关于"单身汉就是光棍"之类命题的意义和所指的逻辑和语义分析（分析哲学曾经对此类东西非常感兴趣），也不一定就特别重要。事实上并非所有普遍必然的命题在所有世界中都同样重要——尽管可以同样为真——而在现实世界中很有可能是个鸡毛蒜皮的事情。更古怪的是，有时有的论点，在现实世界里不真，甚至在大多数可能世界都假，却因为构造了某种理想的状况，而有可能被认为在理论上很成功。如罗尔斯的"无知之幕"的有名假设，这种假设根本没有用，因为不管是过去、现在和将来，都不可能有这样的情况，即使万一有这样的情况，人们也不一定会非常理性地考虑明哲保身的问题，因为人性是复杂的，无知者无畏甚至应该是个更合理的假设，而且如果人们会非常理性地思考与他人的关系，这恰恰是因为有充分或很多知识，所谓知己知彼，才会更有理性。无知却理性，这样的假设是不合理的。这种理想状态的假设加上逻辑分析的知识生产方式甚至影响到社会科学各种学科，例如经济学关于理性人的基本假设虽然不能算错（在进行经济思考时，人们至少是"愿意理性的"），但实践意义却不大。很显然，只有在具备关于一件事情的充分知识/信息的条件下，理性思考才是最有利的，相反，如果非常缺乏知识/信息，这种有明显局限的理性思考恰恰可能被局限在全都是错误选择的思考范围内，因此失去了任何正确选择的机会，反而不如非理性的碰运气或冒险。实际情况中的人的信息和理性都是非常有限的，因此，理想状态，比如说完全信息的静态博弈及其明显可见的纳什均衡，实际上并不多见。整个人文社会科学的知识生产都太依赖理想化假设，因此与真实出入甚大。当然我并不是完全反对理想化假设，知识生产很难避免理想化假设，因为如果没有理想化假设，信息就很难从混乱中脱身成为知识。

就现在所显示的知识状况和需要来看，知识论除了"人与世界"这样的基本维度，至少还必须"人与人"这个同样基本的维度，而这个维度的问题在过去往往被以为仅仅是属于伦理学和政治学的问题。这个错误既与长期以来深得人心的休谟的事实/价值二分法有关，也与人同此心的抽象人还原论有关。尽管西方哲学从苏格拉底以来就已经确定了人文知识是在对话中被生产的，但这种对话仅仅被以为是在进行论证比赛，真理和逻辑被假定为外在的客观标准，因此，知识生产只不过是通过了"人与人"的关系，而没有取决于"人与人"的关系，这就是缺陷。现在已经可以看到，人文社会知识并没有一个在"人与人"关系之外的客观标准，它的真与它的实践地被认可是一回事，所以，知识就是对话，他人就是真理标准。真理如果没有同时获得价值认同就不是真理。在这里，也许我们可以重新发现中国哲学的一种根本意义：人总是要符合天的（天人合一），同时人又总是要表现为人的关系（仁）的。

当下中国哲学的正确做法无论如何要从当下思想症结出发，在回答当下问题时再决定对于具体的问题需要利用什么资源（中国的或西方的）。这里所谓当下的哲学问题，是指关于共同事实的共同的思想性问题。在今天这个全球化时代，只有共同的问题才是最重要的问题，正因为那些共同问题涉及各种文化和国家的发展，因此它们必定要求在对话和交往的关系中被解释，关于这些问题的来自不同文化的思想选择都必须成为解释这些问题的资源。但是这里也必须特别注意一个事情：我们在强调关于一个共同问题的不同文化解释的重要性时，只能在思想层面上把不同的文化解释看作开拓和丰富共同问题的思想资源，即不同的文化解释仅仅意味着关于一个问题在思想上的更多可能性，而要区别于在价值上的不同文化选择，否则对话将变成两点间最远的线而不是最短的线，同时，基于对话结构的人文知识也将变成破裂的对峙或者如亨廷顿所言的"文明的冲突"，那样将导致共同问题和共同知识体系的崩溃。很显然，不同文化有着不同的价值选择，这是事实，这些事实同时也就是需要对话和反思的事情，而不能被假定为预先免于审问的绝对价值，否则就不会有真正的对话。正如我们看到的，到目前为止，在西方文化（基督教和自由主义）、伊斯兰文化和中国文化之间的对话仍然是相当失败的，不但没有满足哈贝马斯所要求的交往标准和共同可理解的共识，而且甚至还没有建立起共同问题体系，当然更没有建立起共同可接受的实践方式。

一种有效的对话至少需要：

（1）建立一个共同问题体系。共同问题可以被定义为：任何一种文化在寻求任何一种自身发展时都必须考虑的普遍有效问题。这些问题应该是相当明显的，因为它们是在发展策略和技术上无法回避的问题。同时，任何属于特定价值观的问题都必须被认为是次要问题。

（2）在建立了共同问题体系的基础上，按照哈贝马斯的真实、真诚和正确的交往标准去谋求互相理解和共识，即达到知识论水平上的互相理解。

（3）最后创造一个共同可接受的实践方式。正如前面我们曾经讨论到的，如果只有知识论水平的互相理解或哈贝马斯所谓的"理想化的言谈状况"（the ideal speech situation），仍然缺乏实际意义，因为它仍然可能是一个言行不一的结果，就像在今天这个所谓的多元化时代，人们比任何时候都有着更多的知识论水平上的或者言论上的互相理解，但同时有着不少于任何时候的实际冲突，以至于多元化变成了冲突的合理借口。因此，一个共同可接受的实践方式是必须的，它意味着知识和利益的互惠成为可能。

在这个对话的时代，各种文化走到了一起互相反思，这一境况改变了哲学。人们发现，原来的各种事情都有可能完全不同地被理解。这个情况和原来那种在同样理解方式内部的不同意见之间的争论完全不同。既然世界总能够被不同地解释，那么任何一种解释本身都不是问题；进一步说，既然事情总可以有不同的做法，那么任何一种做法本身也不是问题。一种解释或一种做法如何可能被他人接受才是问题。于是哲学的重心只能由主体性（subjectivity）转向他者性（the otherness），由心智（mind）转向心事（heart），由分析（analysis）转向对话（dialogue）。这样，哲学的问题体系也必定会发生比较大的变化，原来的一些根本性问题如真理、善、存在、心智、命题意义、经验和先验等失去了原来的分量，哲学的核心问题将表现为——假如我的看法没错的话——这样几个问题组：

（1）交往和合作问题。

这是重新解释知识的重要基础，就是说，知识论的各种问题都必须在"说和听"的关系中被解释，其中涉及谁在说、说给谁听、谁在听、听谁的、能不能不说、能不能不听等层次的问题。而这些问题又涉及个体之间、群体之间、阶级之间、国家之间和文化之间所表达的政治、经济和文化的复杂关系。

（2）心事（heart）问题。

这是重新理解生活问题的基础。过去哲学更多关注的是心智（mind），更多考虑的是认识能力、思维形式和理性决定。但是，关于心智的研究主要表达了我们对事物的思考能力，却很少表达我们对人的思考能力。因此，需要、欲望、愿望、理想、梦想、压抑、失望、放弃、情感、激情、依赖、信任、猜疑、嫉妒、羡慕、叛逆、迎合、同情、牺牲、忍受、虚荣等问题都不应该被认为是一些生理和心理的症状，相反，它们可能解释着行为和生活的本质，它们可能更能够解释价值观、道德选择和宗教。如果说心智为"物"立法，心事则显示"人"的互动。

（3）权利/义务体系和制度问题。

人类生活的秩序由各种制度来保证，而制度主要表达为对各种权利/义务的界定。为了最大化合作的效率，保证社会的正义、公正和所有人的利益，人类为越来越复杂的生活制定了越来越复杂的各种制度，但是，现在人们发现，不管什么样的制度要充分和正确地表达出正义和公正这样的制度理念都是非常困难的，于是，在制度体系和作为制度解释的观念体系之间几乎永远存在着一种实践和理论之间的紧张与不和。其中还存在着从法律、政治、经济到伦理问题的互相干涉。尽管制度试图表达普遍的理性选择，但实际上又不得不暗中考虑对谁更有利、准备牺牲谁、对什么事情更有利、准备牺牲什么事情等并非普遍理性的、不太公正的问题。我们有理由相信，在制度背后的观念体系肯定存在着许多没有被充分解释或者被错误解释了的哲学问题。这些问题无论对于西方哲学还是中国哲学都应该是最重要的问题。而西方哲学和中国哲学这两种完全不同的思维方式之间正展开着巨大的思想空间。

在什么条件下暴力成为最佳策略？[*]

　　暴力对人的强烈诱惑一直是难以很好解释的一个谜，但是它的强烈诱惑却显而易见，暴力和色情电影或其他相关娱乐形式无疑是最卖座的，好像人们尤其喜欢观看这两种事件。到目前为止，关于这个问题最有影响力的解释仍然是弗洛伊德充满大胆想象的解释：性和侵犯被认为是出于本能，生与死的本能。既然快乐被看作对本能的能量的释放，因此在追求快乐时就总要伤害侵犯他人。快乐和侵犯他人就这样被必然地联系在一起了。^① 弗洛伊德思想以及精神分析心理学是人类最有想象力的知识之一，但一直到今天仍然不能

---

　　* 这是一篇对暴力问题的讨论，并非严格论文。《论证》第 3 期有专题"暴力"，我与几个青年学人就此题目交换了意见。这是我对其中一个方面的讨论。

　　① 主要见于《超越快乐原则》《文明及其不满》等书。弗洛伊德关于死的本能的假设远不如生的本能的假设有道理，不过并不影响其解释力，因为暴力侵犯至少在表面上确实很像是本能冲动，尽管还不能正确解释。

被证明是严格科学的。所以，暴力行为背后到底是变态心理还是人类本性，仍然实难断定。但是至少我们知道，对于动物来说，暴力是存在的必要条件。人类生活虽然与动物生活非常不同，但是暴力对于人类仍然极其重要，如果说在许多情况下人类尽量避免暴力行为，这只不过是因为人类发明了非暴力的而在成效上相当于暴力的行为方式。可以说，人类发明的各种竞争方式都是暴力的替代形式，它们在实质上仍然是暴力的，仍然是以取消他人的影响力、权力和利益为目标的。假如没有实质上的暴力，那些竞争就没有意义。当然，那些隐性的暴力既然不是直接的血腥，就暂时不讨论了。问题是，为什么人类仍然对直接的暴力如此迷恋？在这里我不准备讨论暴力的心理驱力，因为想象某种蛮性残留是过于容易的解释。假定许多人的确在心理上对暴力有着（不明原因的）不良偏好，但是同样可以肯定，这种不良偏好在更多的时候是"旁观性的"（幸灾乐祸或享受刺激），而主要还不是"实践性的"，因为付诸行动的暴力风险甚大，一般需要经过策略性考虑。有个有趣而难堪的事实是，动物之间的暴力行为几乎永远是非常策略的，而自认为有理性的人类之间的暴力才会出现冲动、意气用事、不讲策略的时候。① 因此，更有意义的问题可能应该是：理性才是人类选择了暴力的主要根据，而所谓非理性的冲动只不过使得暴力的理性选择显得更有激情。在这里，我准备讨论的将主要限于人类理性选择的

---

① 洛伦茨（Konrad Lorenz）在《论攻击行为》中曾经论述了动物之间的"文明搏斗"方式。道金斯（Richard Dawkins）则在《自私的基因》中论述了动物之间非常高明的"理论的"搏斗策略以及善有善报的原则。

而不是冲动的暴力行动。

苏格拉底的命题"没有人会故意犯错"试图说明，假如人们知道了在道德上什么是好的和什么是坏的，那么当然就会选择好的而不是坏的。[①] 这个命题有些不寻常，因为与"明知故犯"这样的常识互相矛盾。现代心理学力图说明无意识的欲望和激情有时如此强大以至于无法控制自己不去明知故犯，杀人狂非要杀人不可，强奸犯非要强奸不可，诸如此类。这种类型的明知故犯虽然是文学影视作品喜欢的情节，但是却不是在理论上容易讨论的问题（控制不了激情虽然好看却不好说）。在这里，更需要分析的是这样的情况，在理性占上风时，人们明明知道暴力是坏的，却仍然决心使用暴力。

这种充分理性的明知故犯情况可能有：

（1）唯利是图而不择手段。

苏格拉底理论对此不能讨论，显然如果利益被认为是高于一切的价值，那么知识和道德都无话可说了。在苏格拉底的时代，希腊人更重视德性，利益还没有完全支配人们的心灵。到了现代社会，利益才成为最重要的目标（假如不是唯一目标的话）。在唯利是图的情况下，如果不是不择手段，那反而是不合逻辑的和愚蠢的，或者说，有择手段对于唯利是图来说反而是个（策略上的）错误，因为那样的话你一定是失败者。这其实是马基雅弗利（Niccolò Machiavelli）的原则。马基雅弗利在《君主论》里多次鼓吹暴力和

---

① 参见柏拉图的《普罗塔戈拉》和《高尔吉亚》。

战争，认为当除了战争和暴力就无法解决问题和没有生活的希望时，那么战争就理所当然是正义的了。①

（2）为了某种更大的好事情（至少据说是好事情，尽管很难得到充分论证）而不得不犯小错。

诸如为了自由、民主、正义、文明、解放、人权、国际安全等宏大理想而战。战争和司法暴力一般都被认为是为了好事情而不得不付出的坏代价。只要"师出有名"就是"正义之师"。克利夫·贝尔（Clive Bell）曾经描述了第一次世界大战时政治家们费了老大力气才想出"为文明而战"这样几乎"为所有人都喜欢"的口号，尽管几乎没有人真的知道是什么意思。② 现在人们在寻找口号方面显然熟练多了，布什在"9·11"后马上就找到了虽然并不新鲜但也"大家几乎都喜欢的"战争口号。不过贝尔当年的疑问似乎仍然有效："文明又是个什么东西呢？"当然这种提问未免太哲学家气质，哲学家喜欢的概念分析在很多时候没有实际意义，人们可能不需要也不想知道"什么是什么"。口号或借口只要响亮就可以了，响亮就是意义。

当然，哲学家喜欢的另一种分析——问题分析，仍然是必要的。按照苏格拉底的逻辑可以推知他会认为，像第二种情况那样的

---

① 马基雅弗利甚至指出可以用暴力先解决问题，然后再施惠于民。他这样证明这是个好策略：因为关于残暴的记忆总是短暂的，而恩惠却是长久的（这与中国所谓"好了伤疤忘了疼"是一个道理）。这种理论当然会受到现代思想家的批评。尼克松（R. M. Nixon）有个有趣的反批评："批评马基雅弗利的人显然都他妈的没有做过官，没有治理过国家……"。参见克罗利：《冬天里的尼克松》，486页，江苏人民出版社，2000。

② 克利夫·贝尔：《文明》，商务印书馆，1990。

错误仍然属于无知，假如人们全面彻底地认识了什么是好的理念，就不再会犯错。显然，在道德或价值理念上说，很可能找不到理由来证明战争和暴力这样的事情与文明和人权相比是比较次要的（当然苏格拉底不知道像文明和人权这样漂亮的词汇），因此没有理由轻视战争和暴力这样的错误。一些现代国家（主要是欧洲国家）取消死刑，其基本理由就是人们没有必要以错对错而导致双重错误，而应该采取别的措施去减少犯罪。这个理由看来是说得通的，至少我们可以想象到一些同样有效力的技术性惩罚来替代暴力性惩罚。[①] 但是对于战争，"知道好的就不会做错"这个理论似乎就有些薄弱，人们当然知道战争是坏的，但人们总会有充分理由来论证具体的某一次战争是绝对必要的。可以说，在利益被定义为第一价值的时代，苏格拉底命题"没有人故意犯错"就无法再从道德的角度去解读了，或者说，仅仅从道德角度去解读时总会觉得不太充分。

不过，今天即使继续坚持从道德的角度去理解苏格拉底命题也仍然存在巨大的困难，至少有两个问题：

（1）在今天的世界上，人们心中的道德价值观比古代更加不一致，因此更加没有条件去肯定什么是关于道德的知识。

（2）在现代世界里，道德价值观已经与任何一种文化认同、共

---

① 比如，我可以这样想象：原来的死刑不妨一概替换成一种永远不减刑、不赦免、剥夺除维持生命所必需的物质供给以外所有享受的无期徒刑。而且，在罪行中的所有从犯也一律和主犯一样判处上述的无期徒刑。可以猜想，这两种威胁可能比死刑更有效，尤其是"从犯同罪论处"将打击协助犯罪的积极性，从而使得犯罪难度增加，不难想象，单独去犯大罪，如杀人、绑架、打劫银行等都会变得非常困难。

同体认同、国家/社会认同无比紧密地结合在一起，而这种作为"心理利益"（也许可以这样称呼）的认同又与生活的各种实际利益（政治的和经济的）联系在一起，这样一种"道德/利益"的现代结合体有时使得道德主义具有至上地位。相比之下，战争或暴力就不会被认为是最坏的事情，而某种道德主义被破坏或被阻挠才会被看作最坏的。李普塞特（S. M. Lipset）在解释美国为什么特别喜欢暴力行为时说："道德主义也是暴力的来源之一。美国人一直是一些乌托邦式的道德主义者，他们竭尽全力扬善惩恶，他们倾向于把社会和政治戏剧看作道德游戏。"[①] 当然这远远不仅仅是美国的情况。当亨廷顿讨论文明的冲突时，道德价值确实已经与利益分不清楚了，或者应该说，道德价值成为利益的一种。今天的美国人很想"解放"世界上那些仍然没有享有美国价值的人民，在人权高于主权的口号下以武力干涉南斯拉夫应该说不仅是为了美国的战略利益，同时也包含着推广美国价值的梦想或道德主义的梦想。

显然在今天我们不得不承认有许多理由使人们使用暴力，尤其当道德理由也成为使用暴力的一个可能理由，我们就很难说什么理由不能是暴力的理由了。暴力既是道德批评的对象，又可能是使用暴力的理由，于是只好承认从道德角度去讨论暴力问题是非常困难的。我们不妨暂时不去考虑那些理由，而仅仅从比较单纯的策略角度去重新误读苏格拉底命题，于是它的意思就变成：如果人们知道什么是最佳策略，那么就不会选择坏的策略。当然这样就完全是另

---

① 李普塞特：《一致与冲突》，336 页，上海人民出版社，1995。

一个命题了，而且这个通过误读而产生的命题看上去很像是个中国命题，类似于"识时务者为俊杰"。但暴力是好的还是坏的策略，这却是个问题。

现代人有两个哲学假设：人都是自私自利的，一心只想最大化自己的利益；并且在为自己利益着想时，总是理性地分析问题，绝不会感情冲动。合起来就构成"理性的利益最大化者"即"经济人"假设。这样的假设屡遭批评，主要是说这样的假设忽视了人的价值观和情感方面的力量。这种批评从来都是对的，正如前面所论述的，尤其当价值和利益分不清的时候，问题就更加复杂了。不过，这种批评虽然对，但是不公正，因为这两个假设虽然不全面，但却有利于形成有效的分析模型，就是说，我们本来就不指望完全正确地理解全部事情，而只希望能够正确地理解某些情况下的某些事情。因此，当我们发现价值或道德的问题是永远说不清楚的，那么就只能希望考虑那些不卷入道德和价值问题的情况。

一般情况下人们不至于把暴力看作谋取利益的最佳策略。很显然，人们至少有这样的共同知识（common knowledge）[①]：

第一，暴力是可能谋取利益的各种手段中的最后手段。即无论对于哪一方而言，如果存在着任何其他能够谋取到同样大的利益的手段，那么暴力肯定不被选择。

第二，暴力是最冒险的手段。当你使用暴力时，别人的最佳策

---

① 共同知识是逻辑学家大卫·刘易斯（David Lewis）首先提出的（*Convention: A Philosophical Study*, 1969），现为博弈论的重要概念，指这样一种知识的无限链条："每个人都知道事实 x，每个人都知道每个人都知道 x 这个事实，每个人又都知道每个人都知道每个人都知道 x 这个事实……"

略就一定也是使用暴力，否则他就会吃大亏。以暴抗暴使双方的风险都很大。

第三，即使在有把握取得胜利的情况下，暴力行动也是"杀敌一千自损八百"的亏损性行为。

这虽然是人们一般的直观理解，但是这并不是充分必然的知识，在某些特定的情况下，人们可能认为冒险是值得的。至少有这样一些情况非常可能诱发暴力：

（1）赌博式的局面。

铤而走险是一种貌似理性而实际上非理性的决定，或者说在主观意图上是理性的。糊里糊涂去冒险，这不是铤而走险，而是从里到外的非理性鲁莽行为。只有那种看起来经过了理性精心策划的冒险才是铤而走险。某种其大无比的利益预期和某种似乎周密其实是错误的计算这样两个因素是这种暴力活动的条件。抢劫银行、绑票和没有绝对优势情况下发动战争等都是例子。其心理运算方式与赌博心理是同理的，但它比一般意义上的赌博更"理性"，因为它是能够"计算的"。除非我们能够真正地解释赌博心理，否则不能很好解释这种认真思考然后做出错误决定的情况。可是赌博心理是人人都知道但从来没有被很好解释的事情，因此我们还不能真正解释这种冒险。尽管不能完全解释这种冒险，但仍然可以注意到，"示范"可能是其中一个关键因素，可以称作"示范问题"：在赌博性的事情上，只要存在着很少的成功例子作为示范，就一定会激起其他人巨大的模仿热情，而且对成功的热望使得人们只（愿意）看到那些很少的成功示范，而看不到大量的失败例子。Casino（赌场）

里的标准赌博、彩票以及商业或军事投机之所以总能够进行，都是基于这种示范。

不过在别的问题上，示范可能有另一种效果。不妨作为比较来略加讨论。例如在伦理行为方面的示范效果就比较可疑。一方面，能够获得普遍赞扬的示范行为如果是少数人的行为，那么实际效果（行为影响力）总是比较差的。茅于轼先生有关于"学雷锋"的经济学分析证明示范所激励的不是见贤思齐的行为，反而是借别人学雷锋而自己偷懒的搭便车行为。① 另一方面，如果伦理示范行为成为大多数人的行为，就不再是示范而是集体压力甚至发展为多数人暴政，非常可能会产生一个吹毛求疵的苛刻社会。什么事情应该是有压力的和不应该有压力的，这是个问题。② 通过示范让人们学好，不一定在所有情况下都是成功的伦理学原则。③ 在这种对比下，我们似乎应该说，示范好的事情并不成功，而示范坏的事情则比较成功。事实如此，相对少的成功坏事激起了人们做坏事的不成比例的热情。

减少铤而走险行为的一般条件是对方形成了某种十分"可信的

---

① 茅于轼：《中国人的道德前景》，暨南大学出版社，1997。

② 迪尔凯姆（E. Durkheim）曾经讨论到：假如有一个由圣人们组成的社会，例如模范修道院，里面根本没有我们正常社会所谓的犯罪，于是非常轻微的错误就会被那些模仿的人们定义为犯罪。犯罪的存在是必然的，因为人们需要把某些事情定义为犯罪。参见迪尔凯姆：《社会学方法的准则》，86－87 页，商务印书馆，1995。

③ 儒家的伦理学原则显然是强调示范的（例如关羽是忠义的模范，包公是清官的模范等等），这一有中国特色的伦理学为王庆节所推崇，并认为是有别于规范伦理学和德性伦理学的"示范伦理学"。不过儒家伦理在中国的成功最终并不是完全通过示范，而是同时通过制度化而成为规范的。

威胁"。从博弈论角度看，可信的威胁在原则上足以使人改变选择（实际生活中当然并非一概如此，因为总有些人是非常不理性的，以至于根本不考虑威胁是可信的还是不可信的）。冷战时期之所以出现了难得的长时间和平就是因为美苏双方的军事威胁（特别是核威胁）都是无比可信的，因此没有人愿意铤而走险。但是有的时候有的国家也会不顾可信的威胁，则难免让人有些疑惑（个人可以糊涂，但是国家也糊涂就比较难以理解），如二战期间德国攻击苏联尤其是日本攻击美国这种以小欺大的行为。当然人们可以认为这种冒险是基于错误的信息和判断，但错误地分析情况其实也往往是由非理性思维导致的①，比如关于对方的偏见、自己的盲目自信和太过坚强勇敢等等。理性计算的愿望远远不足以说明问题，重要的是能够正确地理性计算，而非理性的信念往往会影响理性计算的正确性。在这种情况中，暴力行动即使其实不是最佳策略，但也会在错误的计算中被算成最佳策略。

（2）别无选择的局面。

一种貌似非理性而实际上很理性的决定。这是特定的情势所迫的"狗急跳墙"情况。由于客观情况已经替人做出了选择，因此它是最简单的博弈状态，因为几乎"别无选择"，除非故意选择"放

---

① 例如，当时德国陆军总参谋长哈德尔（Franz Halder）后来说："我们不仅低估了俄国的经济力量和运输力量，而且还低估了他们的军事力量。我们最初计算敌人有200个师，现在已经查明番号的有 360 个师……"德国陆军元帅克莱施特（Paul L. E. von Kleist）说："我们把过高的希望放在这样的信念上：斯大林一旦遭到重大失败，必然要被国内人民推翻。"参见夏伊勒：《第三帝国的兴亡》，1176 - 1177 页，世界知识出版社，1979。

弃暴力老实等死"这样的错误结果（不管是出于性格的懦弱、优柔寡断，还是出于良心发现或者完全绝望，这些都相当于故意在选择错误），否则在别无选择的情况下最好的策略就是使用暴力。尽管这个所谓"最佳策略"所能够达到的结果也往往同样不好，但毕竟存在一丝希望。这种暴力使用的典型情况就是杀人灭口、以死相拼、同归于尽等等。

避免狗急跳墙的局面显然是减少暴力的一个方法。我在《人之常情》里讨论过一个法律的宽严问题：假如法律定得很严，比如说抢劫1万元就要判15年，那么理性思维的罪犯多半会干脆杀人灭口（如果有条件的话）以减低破案的概率（当然也不是说宽松的法律就一定能够减少暴力，比如说被认为有精神病就可以减轻或躲避刑罚①，这很可能大大地鼓励了暴力）。同样，在所有事情上都需要以避免欺人太甚、避免不留余地来减少暴力发生。不过这里有个说不清楚的难题是：什么才算"余地"？什么是忍无可忍的？这显然有一定的主观理解。

（3）以强凌弱的局面。

这是发生暴力的一种最平常情况。同样，从纯策略角度看，在存在着严重的利益分歧的双方之间，假如力量差别非常悬殊，而且弱势方又居然不愿意完全或几乎完全按照强势方的意愿进行利益分配，那么，对于强势方而言，采取暴力显然是最佳策略，因为实力

---

① 其实精神病可以免于刑罚基于一个错误的假定：精神病人没有足够的行为责任能力。事实上许多精神病人只不过思维不太理性，但并不等于他不知道他的行为是错误的，他只不过更容易夸张自己的意志和冲动而已。

悬殊而使得强势方损失很小而获益极大，有时可能是胜者通吃的最简便方式，例如近几十年来美国主持并"主刀"的海湾战争、科索沃战争、阿富汗战争都是这种类型的成功例子（不过以强凌弱一定要有绝对优势，否则是不值得的，如苏联的阿富汗战争和美国的越战）。

即使不考虑到利益而从单纯的心理上说，强势方也会倾向于（不自觉地）要欺压弱势方，这似乎是人类天生的恶性（儿童就会这样）。人类之所以要建立一些不依附于人的制度法律，正是为了试图避免社会内部的以强凌弱，之所以热衷于制造各种国际均势，也正是为了避免国际上的以强凌弱。这多少是一种"心理成熟"的表现。

不过，与直观感觉有些不同，以强凌弱并不是必然出现暴力的条件。它会出现两种完全不同的情况（把弱势方的应答考虑在内是非常重要的）：假如弱势方逆来顺受，满足强势方的各种要求，那么暴力最不可能出现，因为强势方只需要威胁就可以完成任务（动物界也一样，比较强的动物许多时候也只是摆出"怒发冲冠"的样子就达到了目的）；但是假如弱势方意志坚强，一定要按照"哪里有压迫，哪里就有反抗"的原则，坚决不吃亏、不忍受，那么暴力最容易出现，双方都会进入不断升级的循环的暴力行为。近年来美国与中东某些国家或组织之间越来越危险的暴力关系差不多属于后一种情况。

（4）有进无退的临界局面。

这是一种比较特殊的纳什均衡，在这种状态中，双方（或有强有弱，或均势）由于各自不慎重的处理而陷入某种双方都不能退让否则就吃大亏的境地。这种特殊的纳什均衡不是一个通常的"双活"僵局，而是一个"双死"的坏均衡。可以设想一个简单的例子：假如对立的两个敌手在激烈的争执中同时以枪顶住对方的脑袋，并且以同样的思维速度进行了理性分析，那么这种"枪眼对枪眼"的思考结果是双方必死无疑，因为他们想的都是"先下手为强，否则危险无比，而且对方也会去这样想"，于是同时开枪（在电影里这个常见的枪眼相对的场面总是为了故事能够继续下去而处理成各自放弃，这恐怕不合理，除非是本来并无根本冲突而仅仅互相吓唬）。巴以冲突或多或少属于这个类型，尽管他们的冲突还没有到彻底双死的地步，而且强弱也不很对等，但风格比较接近。人们都知道解决巴以冲突是天下最困难的事情之一，如果不说是几乎无望，那也是想起来就觉得绝望。事实上人们都知道必须避免这种危险无比的"双死"情景。古巴导弹危机则是避免双死局面的一个成功例子，尽管苏联最后做出了关键性让步与它的力量相对于美国来说比较弱一点有关，但这并不是避免危险的真正原因，根本原因还是双方的理性最后起了作用。

其实在真正进入"双死"均衡之前，就总是已经事先存在着一个俾斯麦式的"神经质模式"：在车厢里陌生人互相警惕随时准备着，一个人把手放进口袋，别人也就准备掏枪。[1] 冷战当然是最"神经质"的时代，现在的世界仍然有些"神经质"，但确实有所缓

---

① 李少军：《国际体系中安全观的基本框架》，载《国际经济评论》，2002（3—4）。

解，因为美国的单边绝对优势使得别的国家的"神经质"失去意义。不过"9·11"似乎开创了另一种"神经质"状态：弱势方的恐怖主义在能力上虽然远远不能与强势方的战争机器相比，不可能对强势方造成根本性的征服，但是它使骚扰永远可能、随时出现、不可预料，这种"永远的不安全"是难以忍受的（2002 年以色列对巴勒斯坦的重新进攻的主要理由也是因为太多的恐怖袭击已经导致其"国无宁日"）。

我们可以注意到，近几十年来最引人注目的"9·11"事件几乎不同程度地涉及了上述各种导致暴力发生的条件，因此几乎是必然要发生的（这里并不是在贬低拉登的想象力——"9·11"的袭击方式无疑超出了绝大多数人的想象力——而是说总会有类似恐怖的事情要发生）。令人惊讶的不应该是"9·11"事件的发生，而是人们（特别是政治家们）没有心理准备和比较合理的预测。大多数人会觉得"9·11"事件过于疯狂、非理性、完全是心智脱轨，甚至连后现代艺术家都会惊叹这一比他们还要疯狂不知多少倍的肆无忌惮行为。不过准确地说，"9·11"最震动人心的地方应该是其袭击方式的想象力，而不应该是袭击的恐怖程度。假如人们并非特别健忘的话，最恐怖的灭绝性袭击应该是二战时英美联手的德累斯顿轰炸、日本的南京大屠杀和美国对日本的核轰炸（这些都比纳粹德国轰炸伦敦要过分得多得多）。

非理性屠杀在理论上说应该是个古代的传统。古代由于技术手段落后因此是低威胁的时代，所以人们会比较肆无忌惮，比较非理性，反正即使率性而行也不至于导致彻底的毁灭，因此，非理性的疯狂行为不会让人过于惊讶（似乎可以进一步意识到，"由于低威胁，所以非理性"这一点却包含着理性思考。这多少说明，人类的理性和非理性有着层次关系，因此并不容易分得太清楚）。在当代这个高威胁的时代，基于现代技术的暴力手段完全可能毁灭一切，于是人们的思考和行为理所当然应该是非常理性的，万一出现疯狂行为，就会被认为是不可思议的，疯掉了。二战之后人们一般都会这样想（二战之所以特别重要，其中一个理由就是它是疯狂导致毁灭的绝对证明，它给人们留下永远的教训），所以，像"9·11"这样似乎完全不顾后果的行为确实难以解释，难以理解之处并不在于它的恐怖程度（事实上不算极其恐怖），而在于它的不顾后果的非理性思考，因为无比强大的美国会怎样进行彻底的报复，这是显而易见的。意大利政治和经济研究院院长史乔葩（Schoippa）给出一个有趣的但是更加令人迷惑的解释：那些恐怖分子丝毫不爱别人，因为他们也丝毫不爱自己，所以任何极端行为都是可能的了。①"不爱别人"这一点不管是不是事实，总是容易理解的，但是"不爱自己"就比较费解了。是什么样的信念或原因才能使人在并非绝境的情况下宁愿玉石俱焚呢？

应该说当代社会的人在绝大多数时候基本上都是非常理性的，算得上是经济人。像"荆轲刺秦"那样意气用事的故事在现代显然被认为是不合理的行为。但是以"9·11"为最极端代表的"不合理"行为却频繁出现，这似乎是对现代理性人的假设的一个挑战。

---

① 这是史乔葩教授在 2001 年 11 月欧盟"跨文化交往与后 9·11 世界"会议上说的。

尽管"理性人"或"经济人"这个从经济学观点出发的假设经常受到批评，但无论如何这个假设仍然是目前理解人的最有效假设，即几乎所有人都是理性的（极个别疯狂的人可以忽略）。显然，如果假定某些人肯定是有非理性行为的，就好像肯定了某个人群从来都有着疯狂恐怖的既定传统一样，例如假设"穆斯林有着好战和暴力倾向"①。这种不负责任的假设其实无助于分析问题，而只是把问题变得好像比较简单而容易在理论上进行处理（可惜反例看来很多，二战的那些暴力就不说了，1995年的俄克拉荷马恐怖大爆炸却是美国白人自己制造的）。确实，当西方人在讲到西方的自由民主文化传统使得西方人能够理性地思考问题时，往往暗示着东方的或专制的社会容易做出非理性的决定。不过这里有一点不大对头：理性人的假定是说人人都理性，而不是说很多人在一起做决定时才能够理性。显然，假如个体并不理性，那么一大堆非理性的人凑在一起还只能是非理性的，只有当个体是理性的，大家才有可能是理性的。因此，即使专制社会只是由少数人甚至个人来做决定，我们也没有理由认为他们或他就会非理性。所以，理性问题和民主问题并没有什么必然关系。群众心理学家勒庞（Gustave Le Bon）指出，领导总是理性的而群众才是非理性的。② 这是说，即使每个人都是理性的，理性人聚合起来的群众运动却非常可能是非理性的。

① 亨廷顿：《文明的冲突与世界秩序的重建》，291页，新华出版社，1999。但是米勒（H. Miller）指出：亨廷顿用来证明穆斯林特别好战的统计材料是有问题的，在另一种统计方式里，情况完全不同。参见米勒：《文明的共存》，8-9页，新华出版社，2002。

② 勒庞：《乌合之众》，中央编译出版社，2000。

勒庞不相信民主。

看来关键问题不在于思维方式是否理性（我们已经假定大家都是理性的，尽管有时会出现思维不理性的时候，比如说一时冲动，但这不是问题，因为人们至少是尽量理性的），问题应该在于我们思考的内容或对象是什么样的。我们是否准确地了解我们所理性地思考的对象？当理性地思考着非理性的事情会怎么样？当理性地思考着忍无可忍的事情会怎么样？虽然我思（cogito）是可放心的，但是所思（cogitatum）却是绝对不可放心的。我们的思考方式是理性的，但理性所考虑的对象往往是非理性的东西，比如欲望、价值、趣味、传统等等。所思永远超出我思的控制能力，问题就在这里。

我们知道我们决心要使利益最大化，可是很显然，最大化就意味着永远不断最大化下去，因为，如果最大化有个头，就不再是最大化了。最大化必须被理解为把时间量考虑在内的"贪得无厌""得陇望蜀"的无穷过程，而不是一次性的行为，否则所谓长期利益等问题就难以理解。不断的最大化几乎就是要获得一切和全部（最大化只不过是比较学术和比较冠冕堂皇的说法）。这个欲望本身就很疯狂，尽管最大化过程中的每一次行动或每一个步骤都是非常理性的，但这个总过程却是疯狂的。由一个一个理性的行动形成非理性的总体，这正是最大化的内在悖论。更深入地说，无限的最大化远远不止是"欲望"——"欲望"这个说法太过心理学——而是一个"事业"的目的本身，就是说，最大化这样一种思维/行动方式不仅是愿望和冲动，而且是做这件事情本身的目的，最大化这件事情的目的就是最大化，最大化这种方式意味着必须要做到最大化，否则就是失败，在这个意义上，它是个事业。它不是想不想做的事情，而是做了就必须这样做，做不到就是错误。在哲学上，它既不属于"自然如此"（to be）也不属于"应该如此"（ought to be）的范畴，而属于"要求如此"（to be meant to be）。① 尽管人们总是现实主义地考虑最大化的具体目标，但这无非是以一步一步的现实主义步伐走出一条理想主义的非理性道路。理想主义都是非理性的，而且都是理性想出来的，理性如果不产生理想就有负于人类理性的伟大能量，而理想总是疯狂之路。悖论性就在于此（康德在讨论理性导致的二律背反时就已经暗示了这种结构）。

不仅是我们的利益最大化思维/行动方式导致非理性的结果，我们所追求的利益往往也是非理性的。而且许多利益被认为是绝不可放弃的东西，这又使问题变得更加复杂。我们不得不考虑什么是可以让步的，什么是可以忍受的这样的问题。尤其当把文化、价值观等计算为利益的一部分，就会发现许多不可让步的东西。因此，理性的思考方式并不能保证理性的结果。这里的问题有些类似于一个关于逻辑推理的问题，我们知道，如果前提不正确，即使推理正确，结论也会是错误的。正确的推理相当于理性思考，而前提相当于利益、价值观和文化要求等等，因此，即使我们的思考程序非常理性，所想出来的事情和目标也会是非理性的。当我们平心静气进行反思时，自己可能会感到吃惊。

---

① 参见赵汀阳在《论可能生活》（三联书店，1994）中关于"meant to be"结构的论证。

在这个高威胁的时代，盲目乐观和一时冲动而采取暴力的情况在理论上一定会越来越少，但是作为理性计算而决定的暴力行动却似乎在增加，至少没有减少的迹象。以极小代价取得极大胜利的海湾战争开创了理性化暴力的时代。虽然"9·11"以它的不择手段的暴力而轰动，但并没有什么所谓的"后9·11世界"，它只不过是这个理性化暴力时代的一个特别显眼的例子而不是分界线。海湾战争更有资格作为一个分界线，海湾战争克服了越南战争的阴影，而越南战争曾经使人们感到即使像美国那样强大的国家也不值得卷入一场局部战争。海湾战争使人们重新意识到，假如力量足够强大，那么暴力行动的结果是可以理性地计算的，即使结果不可能绝对精确地预见，那也是可以相当精确地估计，"征服什么什么地方的阵亡人数估计不可能超过200人"，大概如此。于是，暴力不再是冒险，不再是理性的一个禁忌，而是一个很酷的纯策略，就是说有这样一个理性思维模式：如果暴力被计算为占优策略，那么就没有理由不使用暴力。这个理性化暴力时代意味着暴力行动经常性地成为某一方或双方纯策略上的最佳策略，暴力行动成为理性计算的必然结果。在必然的纯策略面前，道义的影响力是相当弱小的，"9·11"作为反美组织的一个"有效的"应对性策略，它已经根本不考虑祸害平民的道德问题了。可以注意到，在实际上，关于暴力的问题从根本上说是一个与策略有关的问题，其次才是一个有关道德批评的问题，尽管从哲学的理论习惯上去看，次序是相反的，即首先是道德问题而后才是别的问题。这种差别在于，理论总是理想化的，而实践总是策略性的。在理论上说，暴力终究是坏的，诸如

"9·11"这样的行动终究是不可理喻和不可原谅的，但是在实践策略上则容易理解——对于恐怖分子来说，还有什么更有效达到吓唬美国人的办法吗？

今天世界这个无比危险的局面来自两个非常简单的原因。一个是"利益最大化"这一思维模式的滥用。利益最大化思维必须是在一个有着良好制度和规则的市场或游戏里才会有积极作用，假如这样一个健全的市场或游戏并不存在，利益最大化的思维和行动就变成最危险的不择手段的"霍布斯文化"而不会是"洛克文化"的局面。① 在规则尚未存在的地方，其逻辑要求是对话而不是比赛。因此，在有规则的情况下，最好的思维是经济学的，在规则还没有成立的情况下，最好的思维是政治学的。另一个是原旨主义相对普遍主义的局面。这二者的本质非常相似，假如不是完全一样的话。在力量比较弱的时候，普遍主义就收缩地表现为原旨主义；在力量强大时，原旨主义就表现为普遍主义。它们的共同之处在于都坚信自己的那个主义是最好的并且是唯一最好的、普遍有效的、必须被推广的。可以想象，让步在这里是何等困难，因此亨廷顿才会担心文明的冲突（不过亨廷顿把中国也考虑为一个危险因素是不正确的，中国文化虽然也认为自己是最好的和普遍有效的，但从来没有认为自己是唯一最好的——这一点非常重要，因此中国文化只是和平的"兼容的普遍主义"）。普遍主义或原旨主义的一个根本问题就是它在价值观上绝不让步，拒绝了"讨价还价"这一必要的交往机制，

---

① 温特：《国际政治的社会理论》，第6章，上海人民出版社，2000。

这样必定使得有太多的东西都被定义为忍无可忍的，冲突当然难免。普遍主义并不一定就是霸道的，例如中国文化其实也有普遍主义的倾向，但又很愿意接收"他山之石"，因此应该是一个有利于文化丰富发展的"兼容的普遍主义"模式。西方的普遍主义之所以暗含霸道，是因为它是宗教化了的普遍主义（这是希腊精神后来加上基督教精神）。基督教虽然是最成功的宗教，但它有一个危险的基本思想结构"上帝和信徒对魔鬼和异教徒"，因此，去发现精神上的敌人正是基督教文明的一个基本的精神义务[①]，至少在逻辑上说是这样的，即使有时没有明显的敌人，那也一定要创造出敌人，因为这是精神义务。这个精神义务是普遍主义成为霸道主义的一个条件。这里我们并不想太多地进入文化批评。

　　当代的一个重要问题就是如何使得暴力不成为任何一方的最佳策略。作为对策出现的相应问题就是"对话"问题。在这里我不打算讨论对话理论，但愿意指出一个避免暴力转向对话的基本条件，即必须有一条"反最大化原则"：自己的一个最大化策略不能使得别人在其可能选择的所有策略中除了暴力对抗以外全都是下策，或者说，至多只能让自己获得"最大最小利益"，同时让别人获得"最小最大利益"。大概相当于给人留余地的原则。尽管这仍然存在着不公平的情况，但这种不公平是可以对话的，它将使人们为不公

---

　　① 西方人有时会辩解说基督教同时也主张宽容。例如有一次我参加对法国农村的人类学田野工作（我被要求做一些哲学的评论）时发现，一些神职人员会坚决辩护说基督教至少是"越来越宽容了"。一个职位比较高的神父还举例说他自己收养了一个越南青年，没有试图让他信仰基督教，而且甚至同意他按照东方的习惯去搞"拜祖"。所以，事情总是复杂的。但寻找精神敌人是西方精神的一个义务，这一点恐怕很难否认。

平而愿意永远对话下去——所以将会永远对话下去是因为不公平将是永远的。尽管没有人知道这样的对话是否能够达到公平的结果，但至少能够维持一个可以忍受的局面。就是说能够使人们相信在博弈中暴力对抗对于双方终究都是坏的，而公平合作共同发达这一帕累托改进又一时做不到，那么，在对话中继续正常生活便是唯一可指望的均衡解了。这个均衡解应该是个比较好的纳什均衡。

假定人人的ID都是理性的利益最大化者，那么，纳什均衡几乎是个必然结果。纳什均衡相当于说：在一个博弈中，每个人的策略选择分别对于每个人来说都是最优的，因此没有人愿意也没有人敢打破这种均衡。或者说，我的最优策略是既定的，同时你的最优策略也是既定的，这二者互为条件，结果，假如单方面改变策略就或者吃亏或者无利可图，因此人们就失去改变策略的积极性。[1] 按照张维迎的说法，这就是个"僵局"。总之，人们的选择总要导致纳什均衡，因为指望形成帕累托改进是非常不可靠的。通常的情况是大家都占不到大便宜，不可能"皆大欢喜"，可是也都不吃亏。"不吃亏"是现实主义的"皆小欢喜"。

实践中的纳什均衡是自然形成的，它要根据具体条件和情况而定。但是在暴力这件事情上，想要说服人们相信放弃暴力在任何情况下都是比较好的选择，确实有些困难。这里我们几乎只能滥用先验原则预定对话作为一个必需的目标，我们不得不选择这样一个信

---

① 参见 D. Kreps，*Game Theory and Economic Modeling*，Oxford Univ. Pr.，1990；张维迎：《博弈论与信息经济学》，上海三联书店、上海人民出版社，1996；谢识予：《纳什均衡论》，上海财经大学出版社，1999。

念：只有善才最终有善报。显然，我们没有充分理由证明对话是个
自然均衡，而是一种期望而已。我们只不过期望对话的策略会在时
间中最后碰巧被证明为正确的。

许多博弈论家都试图找到关于善有善报的科学证明。道金斯在
他的名著《自私的基因》里简明地综述了这种努力。他利用了一种
在解释动物界时比较有效的 ESS（evolutionary stable strategy）理
论①并且力图证明，即使在人类社会里，一种称作"针锋相对"
（tit-for-tat）的策略②也可能同样比较有效地避免冲突和暴力。这
种"针锋相对"策略被定义为，在时间足够长的多次反复博弈中，
总是在第一回合主动采取合作性策略，然后每一回合都重复对方上
一回合的策略。就是说，它以合作为基本精神，但会根据需要进行
报复。这意味着它是有限度的善良和宽恕性策略（毛泽东所表达的
典型中国式策略"人不犯我，我不犯人；人若犯我，我必犯人"与
此很接近，只要进一步表达出宽恕方面的原则就更加相似了）。据
理论上的证明，这种有善意的策略尽管"从来没有真正赢过一场游
戏"，但最后的总成绩是最好的。这是想证明善良能够笑在最后。③
我们可以假定双方都认识到这种策略的优势，那么对话就似乎能够
形成。然后按照哈贝马斯的交往理论，如果对话是在"理想的言说
状态"中长期持续的话，那么终有一天人们会达成良好的一致。

---

① John Maynard Smith，George R. Price，"The Logic of Animal Conflicts，" in
Nature，1973，246：15 – 18.

② R. Axelrod，W. D. Hamilton，"The Evolution of Cooperation，" in *Science*，
1981，211：1390 – 1396.

③ 道金斯：《自私的基因》，第 12 章，吉林人民出版社，1998。

　　不过，在坚持乐观主义信念的同时，我们仍然有必要考虑一个剩余的难题：是否能够证明国际间或文明间的游戏肯定不是零和游戏，而必定是非零和游戏？关于这个问题，我们是否总是同样有信心？看来真不敢说有很大的信心，因为有的特殊时刻可能会出现零和游戏条件，这时对于强势方来说就是所谓千载难逢、时不再来的机会，暴力就会成为无法拒绝的诱惑。假如强势方有绝对优势，那么用暴力彻底吃掉对方就是占优策略。而这时所谓长期反复博弈就被这种特殊的机会终结了，那种有善意的好策略就不再有机会去"笑在最后"。而这似乎就是历史事实，我们的历史就是由这种"长使英雄泪满襟"的故事构成的。这多少说明，那种以生物学为基础的 ESS 所假设的博弈参与者智力水平和实力被设定得太低，因此博弈才会在比较慈厚的态度中长期进行下去。而人类实际上却要狡诈得多，很少错过一举拿下的机遇。人们可能确实比较接近经济学所假定的那种充分理性能力的水平，人们将随时把握所有最有利的机会。这样看事情就没有那么乐观了。尤其是这里还涉及一个博弈论的理论本身的问题：我们只有在假定博弈各方都有着某种有规律的对策模型时，才真正有可能考虑长期策略问题，否则会因为情况太复杂多变而无法有可靠的预期。例如中国喜欢的"随机应变"策略虽然非常可能是最合理的，但似乎只是个哲学水平上的高见而还不太可能是科学可以描述的模式。

　　对于这个危机四伏的世界，似乎不应该说乌托邦都是好的，而更应该说好的事情全都成了乌托邦。

博弈问题的哲学评论

　　2002 年 8 月 21 日纳什在北京作了"在非合作博弈中通过代理人而达成合作的研究"的报告，这是纳什尚未完成的一项研究。虽然没有听到本来所期待的结论，但我其实不太相信博弈论这样深刻复杂的研究能够获得"最后的"结论。这种哲学的怀疑论态度或许不太礼貌，尤其今天博弈论已经取得辉煌成就而成为在数学、经济学、生物进化和社会分析等领域里极具影响力的理论。从哲学的角度对博弈问题进行分析可能另有一番意义。哲学属于理想主义式的研究，如与数学进行类比，似可说哲学有些类似纯数学。我喜欢克莱因（Morris Kline）说的："为了激怒纯数学家，应用数学家宣称，纯数学家能发现任何求解中的困难，而应用数学家却能够对任何困难求解。"这话也可以用来"激怒"哲学家。哲学总是试图"全面地"看问题，试图把各种可能性考虑在内，于是就总是发现

"任何求解中的困难"。这种思维虽然苛求，但任何一个事情确与各种可能性复杂地相关——这个事实正是哲学之所以必要的理由。我们不得不在深入思考某个问题时去思考所有问题，这就是"一个问题/所有问题"的思维模式。因此我又喜欢塔列朗（Talleyrand）所说的一句看来或多或少有利于哲学的话："理想主义者无法持久，除非他是个现实主义者，而现实主义者也无法持久，除非他是个理想主义者。"

博弈论的辉煌首先来自纳什 1950 年以来的创造性成就。这里无须论及博弈论的细节①，但仍然可以从涉及更多可能性的哲学开放语境中去分析。博弈问题（即游戏问题，game）本来也是哲学中最重要的问题之一，维特根斯坦就是哲学博弈论的代表人物。当代哲学中关于政治、社会、伦理、历史等问题的讨论实际就是关于人类博弈的基本条件和问题的研究，甚至哲学中在过去一向仅仅研究人与对象之间的单纯知识关系的知识论在今天也不得不把博弈问题看作它的一个方面。福柯等在促进知识论这个不纯的方面的发展上有着重要贡献，他发现知识与权力之间有着密切的互动关系，哈贝马斯等则进一步强调了知识论中的对话/交往问题，萨义德和亨廷顿等更发现了知识生产的文化背景问题，而更新近的一些研究明确地指向了不同知识体系和文化体系的合作可能性问题。这些都几乎是纯正的博弈论眼光的研究。不过，哲学式的博弈研究毕竟不是经济学/数学意义上的标准化研究，而是"广义的"。后期维特根斯

---

① 关于博弈论已有无数文献，在中文文献中也有张维迎和谢识予等的著作。

坦就已经明确地以"游戏"（博弈）为研究单位去分析所有哲学问题，无论语言、数学还是生活/日常实践。哲学化的博弈研究的意义在于它更广阔地意识到任何博弈所牵动的所有条件和所有问题这样一个彻底开放的语境，它与经济学/数学意义上的博弈论可以形成研究性的互补。比较简单地说，经济学/数学意义上的博弈论的思想语法是：给定如此这般的条件，某个博弈或者存在着形成某种均衡的规律或者不存在确定的博弈方法。而哲学化的博弈论的思想语法则是：任意一个博弈，它的博弈条件是否是清楚的、可以相信的和充分的。可以看出，哲学化的博弈研究是一种对博弈的反思性研究，它试图发现令人讨厌的但在事实上不得不考虑的"任何求解中的困难"。毫无疑问，经济学、应用数学或其他特定的研究确实总能够"对任何困难求解"，但我们也不妨考虑任意一个困难是否合理地被给出。

非合作博弈论有着一些基本假设（其中大多数假设同时也是经济学的一般假设），比如资源稀缺、经济人（理性行为并且仅仅考虑自己的利益最大化）、共同知识和互相不信任等等。其中有的假设是显然成立的，如资源稀缺。有的则是有限成立的，如经济人和互相不信任。但无论如何，互相不信任的确是人类的主要事实①，而如何克服不信任则是关键问题。关于非合作博弈的研究表面上是描述非合作的规律，更深的目标其实是寻找合作之路。让人有些疑问的是关于理性行为的理解。理性行为一般意味着总是选择能够达

---

① 福山在《信任》一书中声称："新古典主义经济学有80％是正确的"，而剩下的20％就被"拙劣地解释"。

到利益最大化的最佳策略，而博弈论似乎特别突出了理性选择的风险规避或者说无投机原则，也就是反对赌博性选择。为什么理性的选择就要排除冒险性呢？这一点却没有被很好地说明。不管在日常直观中还是在哲学意识中，理性并不一定排斥冒险，有时冒险甚至是必要的理性选择。任何人在实际生活中想把任何一件事情做大，就不得不冒险；既然没有一件大事可以不冒险，那么如果想做大事，冒险就反而是一个理性选择。假如为了逻辑一致地坚持风险规避原则而反对做大事，于人类思维又恐怕太失真。事实上政治家和投机家们甚至科学家们都在冒险，任何制度设计和任何经济政策更是冒险。人类不具备无限理性①或充分信息——由已有知识不可能推论未来，因此某种程度的冒险是必然的，而必然的就是理性的。

　　一般来说，博弈论的反冒险原则在一次性博弈中或者在有限步的反复长期博弈的最后一步上明显有效，这两种特定情况同样都是短期收益极大而未来收益极小，因此没人愿意冒信任对方而吃亏的险。但总体性的或大规模的人类行为虽然也是博弈性的，却很难完全以非合作博弈论这种模式去分析，而恐怕不得不引入更复杂的分析原则以及重新理解了的基本概念。可是太复杂的行为超出了经济学的表述能力——似乎应该说超出了数学的表述能力，但数学的表述能力往往是经济学的表述偏好——因此经济学有时宁愿削足适履地迎合优美的数学表述而不愿意正确地表述事实。

　　博弈论的贡献不仅在于它产生了一系列据说在给定的博弈中能

---

① 参考休谟和哈耶克关于有限理性的理论。

够相当准确地预测人类行为的可计算的分析模式，而且还在于它意味着一些有哲学深度的思想发现。其中最重要的一点可能是它突破了亚当·斯密的"看不见的手"理论，即博弈论似乎证明了个人自私的行为并不一定能够而且在许多情况下显然不能够在"看不见的手"的指引下产生最佳的社会共同结果，或者说，个人理性并不能保证集体理性。不过博弈论的见解不能被理解为与"看不见的手"是对立的，它只是指出了"看不见的手"是不够的，不是形成集体理性的充分条件。但这一有限的挑战仍然非常严峻，因为从个人理性到集体理性是在理论上所能够设想的危险最小的社会模式，通常认为这一模式既能够保证个人的自由和权利又能够产生合理的利益分配，尤其能够避免极其危险的"奴役之路"。博弈论的挑战似乎说明了古典自由主义可以是一种优美的政治理想，但却是一种坏的哲学。坏的哲学往往具有这样一个模式：当把现实还原为理想之后，却发现由理想无法回归到现实。

事实表明，只有合作才有最佳的共同结果，而合作又建立在信任之上，于是信任是个关键问题。从博弈论最著名的模型"囚徒困境"可以看出，两个罪犯正是因为互相不信任并且互相不敢信任而都不愿意去冒险选择抵赖罪行（如果一方抵赖而另一方坦白，则抵赖方被判十年而坦白方被释放），结果几乎必然地都选择坦白而都被判八年，这个纳什均衡是个相当糟糕的结果，因为假如互相信任就可以都抵赖而仅仅各被判一年。这个结果显然好得太多，但是由于互相不信任，这个帕累托改进绝不可能。罪犯的心理几乎清晰可见：罪犯首先想的是绝不吃任何亏的非投机原则，这已经足以决定选择坦白；进一步还会想到，假如自己坦白而对方犯傻去抵赖，则自己甚至可以获得理想的最大福利，这可以看作希望以别人的痛苦换取自己的幸福的损人利己原则。合起来就是"确保不受别人损害并且力求损人利己"。当然，博弈论一般只考虑"不吃亏"的非投机原则也就足够了，但"损人利己"原则实际上是逻辑蕴含着的连带原则，因为如能做到损人利己，那就更成功了。

这两个原则的逻辑关联性会在某些情况下变得明显起来，可以考虑这样一个模式：两个心怀叵测的歹徒从银行抢了一大笔钱，按照利益最大化的理性思考，他们都想到了干掉对方，再按照共同知识假定，他们都知道对方知道各自心里的想法，于是同时拔枪又同时开枪。这个最坏的结局是一系列纳什均衡的结果。我举这个例子是想说明，人们如果非常自私又缺乏信任，那么什么坏事都是可能发生的，纳什均衡可以是"都不吃亏"的结局也可以是"同归于尽"的结局，这取决于具体情况。在缺乏信任的条件下，不吃亏就逻辑地蕴含损人利己，因为在某些具体情况下，损人利己正是保证不吃亏的必要条件。人们并非不想做坏事，而是在许多时候不敢做坏事（风险太大、成本太高）。个人理性、个人自由和"看不见的手"也许是避免奴役之路的方法，但却不是避免所有危险之路的条件。虽然不能肯定会出现什么样的危险，但是，人与人之间的不合作和自私自利逻辑地蕴含着所有危险，包括毁灭性的暴力行为——我在上面杜撰的"同归于尽"纳什均衡例子实际上是对今天世界危险的暴力倾向的一个隐喻。

我们接着按照"囚徒困境"的思路来想象社会——用罪犯来隐

喻现代人并不算太过分，因为任何一个自私自利的理性的利益最大化者（现代人的抽象面目）都意味着他是个潜在的罪犯。不犯罪是因为没有条件，如果有条件就成为现实的罪犯，所以现代标准人即罪犯。为了获得帕累托改进，罪犯之间的信任是必要的，但这里最好先别引入道德自觉来保证信任，这要求太高，而且现在不是古代熟人社会而是现代陌生人社会，人们在人流中擦肩而过，更多的情况都具有一次性博弈的性质，因此骗子行为有利于利益最大化。为了克服不信任，最简单的方法是利用古老的智慧去形成某个熟人共同体，从而形成共同体内部的长期反复博弈环境，长期利益作为诱惑可以保证人们愿意表现出道德水平。根据博弈论"声誉模型"，人们会为了长期利益而假装好人，一直到最后一搏时才原形毕露，把道德声誉一下子挥霍完以谋取最大利益。这个共同体就是"黑帮"（同样是隐喻的意义）。黑帮是强大的组织，组织成员只有互相合作才能得到组织提供的保护，不合作则会受到严厉惩罚，个人想对抗组织是没有希望的，因此，组织良好的黑帮能够形成帕累托改进。不过黑帮的支持/威胁虽然可能促使囚徒去选择"抵赖"，但更多的时候囚徒还是会选择"坦白"，这不是黑帮无效，而是因为国家和政府是更强大的组织。

　　黑帮模式不足以提供现代社会的合作条件，因为现代社会从整体上说是流动性极大的陌生人社会，这多少可以说明为什么现代社会不可能"仿古地"建立各种共同体来形成合作。现代社会尤其需要严格的制度。一个拥有内部合作的成功组织需要一个制度来保证合作的可重复性和稳定性。制度是任何一个组织之所以具有强大力量的原因，而成功的制度必须是个公正的制度，只有公正的制度才能形成巨大的力量。据说制度是长期博弈所选择的均衡结果。纳什目前关于选举代理人的研究实际上就属于一种制度建构的研究。

制度建构的问题可能是人类所有问题中最复杂、最冒险的问题，它意味着人类实现自身管理。每个人都有着各自的利益、意愿和优势资源，要满足每个人的利益在逻辑上永远不可能，因此公正问题是无解的。绝对意义上的公正是个伪问题，任何可能的制度都是不公正的。可以这样分析：给定任意某个共同体或社会，按照自然事实，它的成员各自天赋不同（自然优势不同），或体力过人，或智力过人，或善于言辞，或善于交际，或善于学术，或善于商业，诸如此类。而任何一种制度安排即使在分配程序上是公正的，它仍然不可能让所有人承认它是公正的。任何一种制度都相当于规定了一种游戏，有可能所有人都承认它的规则是程序合理的，但并非所有人都会承认这个游戏是实质合理的，总有些人愿意玩另一种游戏，这不是无理要求，既然我们有理由选择这种而不是那种规则，那么同样他们有理由选择那种而不是这种游戏。任何一种游戏/制度都先验地规定了具有某种天赋和品格的人才能够获利，而具有另一些天赋和品格的人则只能在另一种游戏中才能获利。比如说力大无比的人在古代可以做将军而现在只好去举重，在今天的社会里像克林顿和布什这些会计人喜欢的人比拿破仑那样的天才更有机会当上总统，如此等等。每种游戏/制度都必定先验地赞助某些优势能力（virtue）而排斥另一些优势能力，而先验地剥夺某些能力的获利资格显然不公正。游戏的公正性不仅在于游戏内部规则的合理性，而且在于游戏种类的选择合理性。可是没有一个游戏/制度能够满足全面公正的要求。

人们所能够期望的只是一个"比较好"的制度。一般来说，制度总是一个共同体成员自由选择的一个均衡结果，它使得每个成员在理性地思考自己的利益时，总是没有积极性意愿打破这一均衡，它大致满足纳什均衡的条件。但是一个好的制度却需要比这种纳什均衡有着更多一些的限定（正如我们看到的，纳什均衡在更多的情况下虽然能够保证人们不比别人更吃亏，可是也不能达到最大利益，因此终究不是众望所归的）。不过一个制度到底怎样才是好的，却是个永远的问题。根据人们不同的理想，好和坏，公正与否，显然有着非普遍必然的语境性。而一个满足所有理想的普遍语境是不存在的。

人们在谈论好坏、公正不公正之类的问题时往往预设了理想，相当于已经在某种给定了的游戏内部讨论公正问题，这时候已经不再是全方位意义上的公正问题了，而仅仅是涉及作弊或耍赖的问题。比如说，给定只能玩"足球"，别的都不许玩，那么，所谓公正当然就只是如何遵守足球的规则，舞弊和耍赖固然不公正，可是想玩别的游戏也会被定义为不公正——这个问题正是现代世界各种冲突的根源（人们总想把某种制度推广为唯一制度）。人们往往不把所有可能世界都看作可考虑的（available）选择对象，而仅仅认定其中一个可能世界，其他的可能世界被剥夺了可考虑性（availability）。只有当任何一个可能制度和可能生活都获得话语权利，并且不同话语之间能够形成对话关系，我们才能拥有充分的知识背景。这也是对话问题在今天成为知识论的核心问题的理由。于是，制度建构的博弈不仅是个实践问题同时也是个话语问题。但也不能对话语博弈寄予太高期望，即使存在着哈贝马斯式的"理想言说条件"，也仍然很难把实践博弈转化为话语博弈来解决问题。成功的对话需要太长时间，尽管人们有着"时间能够消解一切问题"的信念，但这个时间信念是不可靠的哲学，因为时间既能消磨掉问题，可也同样能积累问题甚至产生新的问题，最终还是个行动上的选择问题。

如何判断在所有的"可能制度"中哪一个是更好的，比较可靠的方法就是能够明确人们的一致性首选的方法。从理论上说，"全体一致"是定义公正的最好理由。布坎南（James M. Buchanan）采取的就是这种定义，即一致同意意味着公正。不过这个具有理论优势的定义并不具有实践优势，因为只有很少的事情能够真的获得一致同意。于是，问题就变成了如何来解决不一致。民主选举正是这样一种解决方法：民主选举根本不能产生一致性，却可以通过多数否决少数来解决意见的不一致。然而新的麻烦是，在许多情况下（可能是大多数时候），多数甚至并不能表达相对的公正，因为所谓的"多数"并不是真心实意的多数，而是在特定的利益语境或者价值取舍语境中"策略地"产生出来的临时性的乌合之众，比如说 a 明明与 b 在价值观上是一致的，但是 a 更渴望打倒 b，于是就会宁愿牺牲自己的价值观而策略地选择与 c 的临时性同盟。

阿罗"不可能定理"可以理解为说明了真正公平的选举的不存在。其中根本的原因就是：第一，人们并非总是进行"真诚选举"，更多的时候进行的是"策略选举"（即不真诚的选举）；第二，没有任何理由能够证明"策略选举"是不好的。这里涉及相当复杂的选举理论，在此不论。总之简单地说就是，"民主"这个哲学概念本身是非常抽象的，它并不能先验地指定什么样的选举方式是唯一好或最好的。能够满足程序公正的民主选举方式有许多种类（例如多数原则、对决表决、逐轮胜出、逐轮末位淘汰、波达记分等），而这些选举方式在公正性上都同样好，可是这些同样好的选举方式所选出的结果却可以完全不同（比如说选总统）。因此，假如把各种同样好的选举方式都看作"民主"这个概念的合法所指的话，那么"民主"必定是一个悖论性的概念。阿罗"不可能定理"之所以能够证明公正选举的"不可能"，其哲学根据就在于，我们没有理由把某些同样好的选举方式排除出去以避免民主的悖论。

维特根斯坦有一个关于游戏规则的怀疑论问题：只要逻辑上没有矛盾或者说算法上是合理的，那么就总能够任意构造一条规则；并且在符合上述条件的情况下，任何一个行为都可以被解释为符合某条规则，于是，既然任何一个行为都可以被解释成符合某条可能的规则，那么就没有一个行为是符合规则的。维特根斯坦怀疑论不是为了证明不存在着游戏的确定性，相反，他试图说明的是，一个游戏是一种给定的、具体情景的生活形式，它的具体性不讲道理地拒绝了与之不合的但同样有理的其他规则，而且任何一种游戏的辩护链条的最后理由也是不讲道理的，所谓"不再有理由"，因为最后理由无非是无法再解释的习惯、价值观和具体利益。从维特根斯坦的哲学博弈论似乎引出了这样的命题：第一，一个游戏的具体性就是它的充分理由，不存在着高于这种具体性的普遍理由；第二，人们之间如果能够达成一致，那么本来就是一致的，如果本来就不一致的就不能达成一致；第三，如果存在着某种从不一致到一致的变迁，那么必定是游戏的条件发生了变化，其实就是变成了一个新的游戏。

游戏（博弈）的具体性是正确分析游戏问题不能省略的条件，这一点非常重要。不管是罗尔斯还是布坎南在分析社会游戏规则时都假定了人们事先对自己和别人的优势或劣势地位的无知，所谓"无知之幕"，但是这种乌托邦首先永远不可能，与事实完全不符，以此为模型对现实几乎无用（许多批评者早就深明此节）。同时，即使把这种假设看作相当于抽掉了实际内容的逻辑实验，它也是糟糕的题目。显然，按照社会博弈的逻辑，在对环境完全无知的情况下，就不得不从最坏处去着想（这样才保险），即把所有人都假定为坏人，假定处处都可能坏事；而如果人人都这样去想（按照博弈论，人人必定都这样想，就像各怀鬼胎的囚徒），这个无比险恶的心理环境和共同知识就必定在实际上倾向于把人人都造就成坏人，或者说，互相不信任和互相视为坏人的共同知识结果就把人真的变成坏人，把本来不确定的丰富世界变成确定的坏世界——我们不能忽视知识的这种生产力。罗尔斯和布坎南们似乎没有意识到无知之幕加上经济人所构成的逻辑是多么危险，如上推论，那种乌托邦虽然表面上没有限定什么，其实却逻辑必然地把丰富的可能世界削减为唯一的可能世界，一个充满坏人坏事的可能世界。即使人们出于理性而产生了某种公正谨慎的、能够避免发生最坏事情的规则，这种公正的规则也是以生产出坏的世界为代价的。在生产公正的规则的同时生产出坏的世界，这无论如何是个严重的问题。在今天这个虽然坏但是远远还不是最坏的现实世界里，人们已经建立了相当好的制度，但还是很容易发现，所有人都想从制度中获得好处（这是制度之所以获得支持的一个重要原因），同时所有人都更想钻制度的空子（这是制度之所以获得支持的一个更重要原因）。所以落后国家的腐败和发达国家如美国的大公司丑闻都不足为奇。制度总是被设想为来限制别人的利益的，而自己时刻准备着成为例外的受益者。

世界是我们关于世界的知识或知识论预期所生产出来的。这一点总是被有意无意地忽视。公正不仅是个关于规则的概念，而且应该是个关于世界的存在论状况的概念。博弈最终不仅是为了产生均衡，不仅是为了产生公正的制度——这些都是阶段性成果——还应该是为了产生一个好的世界。可以考虑一个在生物进化和社会进化中都很有意义的 ESS 问题①，ESS 被假定为在长期反复博弈中最后胜出的最佳策略，根据罗伯特·阿克塞尔罗德（R. Axelrod）和汉密尔顿（W. D. Hamilton）的研究（1981 年），一种有着合作愿望和宽恕品质的"针锋相对"（TFT）策略总能够在众多策略的竞争中最后胜出，这说明了高道德水平的策略同时也是最有力的策略。不过 TFT 所以能够胜出的一个关键条件是 TFT 策略能够成为博弈的初始条件之一。假如以"无知之幕"和经济人为竞争的初始条件，那么人们是否能够在实践经验中摸索出 TFT 策略就很难说了，

---

① 即 evolutionarily stable strategy（演化稳定策略），由生物学家史密斯（John Maynard Smith）和普赖斯（George R. Price）于 1973 年提出。

偶然出现的少数 TFT 策略人恐怕在头几轮博弈中就被吃掉了。

从生物学角度的进化博弈虽能说明生物学的问题，但我疑心它对于人类社会的说明力。可以考虑一个"时间问题"：在思考生物进化时可以只考虑种群的长期博弈，而对于人则不得不考虑个人对仅仅属于自己的有限生命的自觉意识和利益衡量，集体的博弈时间虽长，个人生命却短，这大概会更多地鼓励自私。另外还可考虑"人数问题"①：人们在想到一个共同体时很容易想到的最简单模式是二人博弈，因为二元是最简单的关于"多"的表达模式，就好像人际问题可以简化为二人问题。其实许多至关重要的人际关系例如"结盟""选举""搭便车"等都不可能在二元关系中被表达，因此，逻辑上足够正确表达人际关系的最简单模式是三人关系。我相信这一修改可以从根本上改变许多哲学问题。三人模式增加了行为的许多可能性，而这些"增加了的"可能性所开拓的几乎都是产生损人利己现象的条件，因此，即使假定人性是善的，那么世界却不得不被假定为坏的。在一个坏的世界里如何使善良的共同体最后胜出，问题恐怕不像进化博弈论在电脑游戏中的实验那么简单。

二元模式和三元模式的区别就是理想和现实的区别。二元模式虽然不足以正确表达人际关系，但如果讨论道德问题则极具优势，著名者如孔子的"仁"和列维纳斯的"面对面"理论。这暗示着一个深刻的道理：二人关系有着人与人之间的对话、交往、合作和分享的单纯理想本质。仁就是二人关系，孔子之所以提倡仁，无非是

---

① 在交换关于这个问题的看法时张宇燕给了我不少帮助。

希望复杂的 n 人关系能够变得如同二人关系那样单纯。列维纳斯的面对面关系同样表达的是任意一个人与任意另一个人的单纯人性依存关系。单纯的二人关系正是道德形而上学的根据。二元人际模式虽是现实的错误表述，却是理想的希望。我们知道，想从三元人际模式的博弈导出二元人际模式的合作是一条艰难之路，但一个好的世界预期要比一个坏的世界预期更有可能生产出好的结果。

关于后现代的一个非标准表述

一、如何向我们自己讲述后现代

　　非常感谢乐黛云先生邀请我对已经被广为讨论多年的"后现代"进行一种整体角度的表述。这个活儿甚难，看来我只能给一种非标准表述。不过这个问题本身是个十分有意思的问题。后现代的思想表述本来就是对现代学术的专业（discipline）表述的一种批评或反叛，至少是一种反叛的愿望。按照现代学术专业规矩的表述对于后现代这样一个问题来说确实多少有些不太顺手，因为后现代是不确定的、多义的、混杂的意向组合，特别像是弥漫在生活空气中的一种气氛、一种像病毒那样可传染的情绪或者一种对待各种事情的感觉，甚至是一种表现事物的"技艺"。这种东西很大程度上是需要"默会的"（tacit knowledge①），很难按照某种专业（比如说文学批评、哲学、社会学之类）的批评惯例或"范式"去定义和叙述。其实不仅是很难专业地谈论后现代，而且专业地谈论现代性也一样不容易。专业叙事在覆盖一切问题的现代化或后现代的物质/心理事实面前失去了表述的力量。不管是反思现代性还是表述后现代都不再是某个学科的话题，而是一个面向着整个思想的问题，显然就需要某种新的叙事方法（methodology of narrative）。

毫无疑问，大家都注意到了这一点。刘小枫甚至相信，为了能够从各种方面思考现代性，应该建立一种"现代学"。② 不过这一正确的意识被发展为有些夸大其词的要求，因为一种领域无限大的学科（discipline）多少是自相矛盾的，而且容易由于规模太大而失去控制能力。因此，更多的人只是希望建立某种有更多自由的叙事方式使得各种学科都能够进入的开放合作。如沃勒斯坦对开放社会科学的要求③，沃勒斯坦的"世界体系"意味着一个大规模的观察对象和问题体系（但不是一种"学"）。艾柯提出的"迷宫式的百科全书"（encyclopedia as labyrinth）的思维方式则要求在意义和文化理解上的全面开放和链接。④ 我关于综合文本（syntext）的设想则是一种侦查问题的方法论，强调摆脱学科（discipline）的限制而追

---

① Polanyi, *Personal Knowledge*, Univ. of Chicago Press, 1958; "The Study of Man," in *Quest*, No. 29, 1961.

② 刘小枫:《现代性社会理论》，上海三联书店，1998。

③ 沃勒斯坦等:《开放社会科学》，三联书店，1997。

④ U. Eco, *Semiotics and the Philosophy of Language*, The Macmillan Press, 1984.

踪各种暗中决定行动事实的"潜观念"以便重新理解各种观念体系。①

一直到今天，我们其实还没有一种非常全面有效的叙事方式能够充分表述像"现代性"或"后现代"之类有着超复杂意义的问题，但是我们至少重新意识到了世界的整体性，而且不是在所谓"朴素的"（naive）水平上意识到它，而是在各种复杂情况的"互动"中的重新发现。

二、后现代态度的语法

后现代态度并没有超越现代，而是现代对自身的悖论状态的自我表述。一个人按时上班，好好工作，天天向上，按照机器允许我们做的事情去做事情，说各种政治正确的话，尽管无聊，但想到可以预见的提升以及大家都想的时髦休假方式就兴致勃勃。这些按部就班（routine）的欲望和工作是现代的，现代社会是无法反抗的，反抗就只有牺牲，现代人不喜欢牺牲（那是前现代的风格和热情），于是，对自己状态的不满意就只能表达为不生气的自我讥讽或自我解嘲（如果生气就变成前现代的愤愤不平和不平则鸣）。这种无理想的批判是后现代的。这就是弥漫在空气中的、到处在传染的属于大众的现代和后现代感觉。

---

① 参见我的论文："Pour un Syntext," in *Alliage*, No. 41 – 42，2000。

　　自现代以来，"人民创造历史"成为一个仅仅略略有所夸张的
事实，无论如何，现代是一个"群众的时代"。① 在这样一个时代，
群众的欲望和意见（doxa）甚至比思想家的知识（episteme）更加
准确地表达了时代事物的理念（eidos）。这是荒谬的，却又是真实
的——希腊人相信只有知识才能表达作为事物本质的理念，而意见
只是乱哄哄的俗人之见。现代社会显然破坏了这一知识结构，以至
于形成"现象创造本质"的情况。② 这与从马克思到沃勒斯坦所批
判的现代社会的"万物商品化"运动密切相关。

　　商品要获得最大市场，就必须迎合群众，而为了继续扩大市
场，就必须同时改变更多的人的欲望趣味使他们变成群众。现代社
会不仅生产商品，而且生产群众，这样的"双重生产"对人们的生
活经验的破坏是不可估量的。现代社会假定每个人都理性地使自己
的利益最大化，这个假定虽然不十分准确但大体上还说得通，可是
这样一种对社会的商业定义其实是人类最大的一次生活冒险，它远
远不仅破坏了各种精神价值（精神价值不可能有最大市场）——这
一点早已是陈词滥调，而且严重破坏了所有人都需要的一般日常生
活价值。人们在日常生活中梦想什么呢？梦想得到一些只有少数人
才能够享有的物质生活。一种物质，本来没有很大的价值，但如果
它是难得的（经济学说是"稀缺的"），那么它就被感觉为有价值
的。可是现代商业社会逐步地把各种在过去只有贵族豪门才能够享

---

　　① 勒庞在《乌合之众》（*Psychologie des Foules*，Paris：Alcan，1895）中深入地
讨论了这个问题。

　　② 赵汀阳：《理解 20 世纪的精神财富》，载《国际经济评论》，1998（3-4）。

有的东西，如山珍海味、丝绸皮毛、金银珠宝、汽车洋房、沙滩酒店以及各种装腔作秀的趣味格调都大众化了，即使暂时还没拥有，那也已经看惯了。商业甚至有本事把原本是要充当另类和边缘的暴力、变态、同性恋、迷信、堕落和吸毒主流化成人民喜闻乐见的东西（豪门生活和杀人放火都是最卖座的题材）。于是，人们高高兴兴得到了各种现代化的享乐，但是发现别的人也都有，即使有些没有得到的东西，也是早已看得烂熟的东西，意义被剥夺了。现代人在还没有得到欢乐时就只有羡慕、嫉妒和恨，然后又在欢乐中失去意义。这就是现代基本生活经验。我担心我们可能谈论了太多的精神，而没有充分关心物质生活的精神性——物质并不仅仅是物质，而且是精神生活。物质生活正是我们的日常生活，它所提供的意义就是我们的基本生活意义。只有当日常生活成为欢乐而无聊时，后现代才有了明确的基础。

日常生活的大众化或庸俗化绝不是现代人文精神的对立面，而只是它的搭档。麦当劳、电视剧、流行曲、奥斯卡、信用卡、留言电话、软饮料、体育比赛、排行榜、广告、传媒等和标准化、制度化、民主、平等、个人自由、理性、竞争、政治正确、最低伦理、社会学、统计、数字化等有着某种映射关系。从马克思主义到法兰克福学派等左派、尼采或海德格尔式的诗化形而上学以及女权主义和绿党等各种边缘或弱势声音都已经狠狠批斗了现代社会的各种弊病，但这些都是义愤填膺的批判，不是后现代态度。在许多时候，"批判的态度"和"后现代态度"会被混为一谈，但它们的精神气质和目的是非常不同的。那些批判都是属于现代人文精神内部的意见分歧，是现代人文精神的内部矛盾的结果，而不像后现代态度是现代精神的一个变态或悖论表现。尽管后现代是不清不楚的，但与批判却有比较明显的差别。有一个迹象是这样的：后现代不会真的去批判右派或左派，而是笑话它们，如果人们要求给出理由，那么后现代就笑话自己。

有后现代态度的人们不一定有与众不同的价值观（很可能十分平常），关键是，价值观不是他们的主要表达对象，他们更关心的是叙事方式，一种"悬隔判断"① 的叙事技巧。如果一定涉及价值观，则往往兼收并蓄，各种各样的价值都可以成为资源，哪怕自相矛盾，甚至几乎总是自相矛盾。当然也不是故意制造自相矛盾，而是很难找到不是自相矛盾的事情。虽然对世界被搞成这个样子不太满意，但绝不是批判的态度，而是接受这个世界的荒谬性并且按照荒谬把它进一步彻底荒谬化（有点像维特根斯坦所说的哲学：把不太明显的胡说变成明显的胡说），以便在失去意义中获得快乐。也许可以说，后现代的一个主要语法是：

对于现代事物 x，你总能够按照 x 自己的逻辑，把 x 最终变成一种连 x 自己都不愿意接受的东西或者使 x 变成一个悖论。

有一个据说是艳俗艺术家杰夫・昆斯（Jeff Koons）的口号"领导大众走向庸俗"就表达了后现代的这种思想语法（大众本来就是庸俗的，如果更加庸俗呢？庸俗到大众不好意思呢？）。在这里，也许就比较容易理解为什么后现代艺术尽管喜欢采取最大众最

---

① 借用胡塞尔的术语。但在更极端的意义上使用，连价值观、真理等都悬隔。

流行的形式，但却并不能够真的讨好大众，而只能是"实验性的"或前卫的艺术。例如周星驰的《大话西游》、昆汀·塔伦蒂诺（Quentin Tarantino）的《落水狗》（*Reservoir Dogs*）、埃米尔·库斯图里卡（Emir Kusturica）的《地下》（*Underground*）等虽然都是获得成功的后现代电影，但却不像好莱坞商业大片那样受到最大多数人欢迎。值得注意的是，这些电影也绝不是专为文化人的"纯艺术片"，也不是专为特殊圈子的"另类片"，它们似乎很愿意重视大众，但却把大众预期的真善美①"定式"改写为"问题"，这就反而使预期走样。

把大众的"文本"（text）错误地放置到一个不宜的"情景"（context）里去，这样一种"情景错置"（re-contextualization）似乎是后现代的一个基本手法。这可以理解为一种"解构"——德里达的解构理论通常被看作后现代的一个基础理论。杜尚（Marcel Duchamp）划时代的小便池，最普通最大众的那种工业成品，就是用情景错置而成为（准确地说是有理由被认为是）后现代艺术经典，与此类似，安迪·沃霍尔（Andy Warhol）对各种大众喜爱的符号和形象的复制/盗用（appropriation）也是对时代的似非而是的解读。如此等等。这些后现代艺术家的所作所为对于艺术来说似乎实现了一个令人不安的艺术阴谋：既然艺术可以是任意一个可能世界，那么任何一种东西都可以被搞成艺术（按照方力钧的说法：这相当于给任何意义上的奴隶都发了自由证书，于是就不再有严格

---

① 王朔指出，大众文化表达的就是"真善美"。参见王朔：《无知者无畏》，春风文艺出版社，2000。

意义上的革命了，一切胡作非为都是预先允许的）。但是这个后现
代艺术阴谋又正好是现代社会的一个社会学表述：既然现代的生活
世界是由齐一化、标准化的工业来定义的，而不再是由个人化、经
验化的手艺（arts）来定义的，那么，艺术（arts）的逻辑就不再
是手艺而是工业。

三、悖论的现实主义

后现代可以理解为一种现实主义，它绝不是关于某个理想世界
的表达，而是关于现代生活的现实描述。它的特点，正如前面所
述，只不过在于它表达的是现代现实的悖论方面。我相信，把后现
代理解为一种"悖论的现实主义"是恰当的。后现代是一个经常被
胡乱理解的概念，比如说容易与文化批判混同，或者容易被认为是
胡闹或至少是不严肃的搅局，这些都至多有一点表面的相似。有时
后现代又被过于广泛地理解，以至于有所谓"积极的或建设性的"
后现代①，据说是不满意通常的消极的后现代怀疑主义态度。但这
样的后现代不免太广义了，几乎可以把所有关于未来的幻想包括在
内。当然不是说不能有非常广义的概念，关键是在这里人们关于未
来的幻想好像与通常意义上的后现代态度不太一致，似乎没有必要
让后现代概念承担过多雄心勃勃的内容。假如将来人们有理由有能

---

① 如大卫·格里芬（David Griffin）在 *The Reenchantment of Science*，即《后现代
科学》（中央编译出版社，1995）中声称的，应该有建设性的后现代理论。

力终结现代，那个现在无法命名的新时代恐怕不能归结为后现代精神。

在人们普遍不满意现代理念的情况下，"后现代"这个概念显得便于利用，于是轻易地被捆绑上许多似是而非的东西〔想起皮尔士（C. S. S. Peirce）说，"实用主义"是一个"丑得人们不爱利用的"概念〕，诸如反本质主义、反普遍主义、整体论、非理性主义、生态运动、女权主义、反文化霸权、绿色观点、反资本主义、弱势边缘群体声音、同性恋、动物保护、后哲学以及一些封建迷信等都似乎可以被算作后现代。未免太乱了。

与后现代态度最为接近的是怀疑论，正如利奥塔（Jean-Francois Lyotard）所指出的，后现代特别表现为对"元叙事"的不信任。[①]后期维特根斯坦的哲学被认为属于后现代风格的思想，也被说成是一种新怀疑论。[②] 如果把后现代定位成一种怀疑论，那么，进而就很容易想到反本质主义、反普遍主义等等。像这样对后现代比较广义的理解当然有一定道理，不过如果要更加微妙地理解，就宁可狭义一些。我甚至觉得后现代态度和怀疑论、反本质主义、反普遍主义等并不特别一致，而只是"家族相似"（用维特根斯坦的话说）。一个主要的理由是，像反本质主义、反普遍主义和怀疑论等虽然与后现代有亲戚关系，但它们却另有可能导致别的思想路径。至于女权主义、弱势群体权利和同性恋等则甚至有几分现代主流化的味

---

① Lyotard，*La Condition Postmoderne*，Paris，1979.

② Kripke，*Wittgenstein on Rules and Private Language*，Harvard Univ. Pr.，1982.

道，就更不像后现代的了。不过这个滑稽的现象本身倒是后现代的。

特别典型地显示后现代态度的可能是德里达的解构主义、福柯的知识/权力分析和萨义德的后殖民思考。对于任何规章制度一类的东西，我们总有办法使之节外生枝、走偏长歪以至于面目皆非（这也可能是对"解构"的后现代合理误读）。而既然连知识这样"纯"的东西和权力这样"不纯"的事情都存在着无法澄清的辩证关系，那么社会事实就总会是荒谬的。东方学则是荒谬的好例子，东方学当然是西方文化霸权对他者的表述，但是由于东方的现代化愿望就是使东方变成西方那样，因此东方学又同时成为东方的可笑自述。[①] 现代社会的荒谬现实可以用"后现代改造了的"黑格尔名言来表达：现实的各个部分都是合理的（原话是"现实的就是合理的"）。这意味着，社会的各个部分按照其逻辑或设想都是合理的，但是组合到一起就是荒谬的，而由于每个部分都是合理的，所以尽管我们不满，却又好像没有什么东西可以抱怨。当然，不是说古代社会就不荒谬，只是古代社会比较简单，因此各种问题都不够显眼。

我宁愿说后现代是悖论的现实主义，是因为这样更能够表现出在面对现代事实时的悖论心情。这种心情在人们对现代社会的不满过程中慢慢发酵形成，100多年来的不满开始是批判性的，马克思主义就是现代社会自我批判的一个最重要范式。现代批判的角度越

---

① 参见王铭铭在《想象的异邦》和《文化格局与人的表述》中对东方学的分析。

来越多，弗洛伊德式的、法兰克福学派式的、无政府主义式的、诗化的，如此等等。这些批判都有理想主义成分（大多数都幻想某种完全好的极端现代化社会以及新人类形象），然而，"现实是残酷的，理想都破灭了"［达里奥·福（Dario Fo）《一个无政府主义者的意外死亡》中的台词］，明确的理想后来退化为模糊的理想，肯定还是有理想的，但说不清是什么，追求理想变成盲目的渴望和胡乱的追求。这就是从"迷茫的一代"到"垮派"式的批判（非常有趣的是，在迅速发展的第三世界国家里，这个发展环节或阶段相当薄弱，很不明显）。《等待戈多》（贝克特，Samuel Beckett）和《在路上》（凯鲁亚克，Jack Kerouac）表达了这种典型心态，不管是苦苦的等待还是苦苦的四处寻找，理想是有的，尽管不再知道那是什么。而到了后现代心情，人们仍然迷茫和失落，但是，迷茫不再是值得用心动情的表达对象了，苦苦地什么什么变成了一件很搞笑的事情，理想主义退化为淡得不能再淡的背景，现实主义重新成为风景。假如让塔伦蒂诺来改写《等待戈多》，有可能写成等得如此无聊的人们争论起小费问题而最后发生枪战；如果让周星驰来改写，有可能人们突然捡到"月光宝盒"而飞到了理想之天堂，然后发现那里美得不敢相信也不敢要，于是又回来了——这不是浪漫主义，而是现实主义，假如霍金（S. W. Hawking）可以用数学推知宇宙的真相，那么人们就可以发现天堂美得不想要。

实际生活中的人们很可能心情是混杂的，并没有非常纯粹的前现代、现代和后现代心情。台湾有个电影《麻将》就是心态混杂的。里面有个台北小坏蛋教育另外的小坏蛋为什么只能去骗人：现代人人都不知道需要什么，都需要别人来告诉他他其实需要的是什么。可是既然人人都不知道需要的是什么，那么他自己又怎么能够告诉别人真正的需要是什么呢？所以只能是骗子，要不只能被人骗。可是故事后来又不协调地转到了觉悟和美好理想。但结尾又回到后现代态度，一个新到台北的西方青年看着到处是骗子而又生气勃勃的社会，兴奋自语："这里才是资本主义的未来，我一定不能告诉我的老乡们。"

四、后现代者说：我说的都是谎言

如果可以把后现代态度归结为一个悖论，那它应该是：任何东西都是不确定的（连自身都不信任）。它与怀疑论确实有些相似，但不是。毫无疑问，怀疑论是悖论的土壤，但不一定生长成悖论。怀疑论只是不信任某些事情，希腊怀疑论不信任本质，笛卡儿不信任感觉，休谟不信任理性，维特根斯坦不信任解释，等等，但是悖论什么都不信任，包括不信任自身。

有的时候人们可能会觉得后现代态度是不严肃的，尤其当它表现为艺术和娱乐时。实际上，如果一定要说后现代不严肃，那么也应该说它严肃地表达了现实的不严肃。既然现实是充满悖论的，或是充满自相矛盾的，那么，假装现实有合理的解释就反而是不严肃的，除非将来人们创造出一个基本上不荒谬的现实。合理性依靠解释，解释需要理由，可是几乎所有的基本观念和价值观都不太可能获得充分的理性辩护，因此维特根斯坦愿意指出①：解释和理由并不像通常以为的那样取之不竭，而是很快就会用完，并且最后还是没有理由。我们只能说，现实就是这样，生活形式就是这样，即使悖谬百出，又能够再说什么呢？其实 1000 多年之前基督教思想家早就明白这个道理，德尔图良发现"不可理喻而可信之"（credo quia adsurdum est），奥古斯丁也说"信之而可知之"（credo ut intelligas），他们都很清楚，作为最后解释的观念都没有道理（有道理就还可以接着解释下去，因此最后就只能不讲道理），但如果没有道理的观念是足够迷人的，那么为什么不相信呢？

至于现代社会，经过百年反思和批判，人们终于发现有大量的基本矛盾是悖论性的，从而产生后现代心情。对于那些基本的悖论状况，通常有这样的选择烦恼：如果一种选择是足够好的，那么它只能是理论幻想，是乌托邦；如果一种选择是实践可行的，那么它又不是人们心思所能满意的，是权宜之计。一个例子就是自马克思以来在百多年里反反复复而现在又再次热烈起来的理想主义和自由主义争论（有时被称作新左派和右派的争论）。理想当然是各种各样的，但都相信对人类理性的理想主义理解，即通过某种规划和集体力量，人们能够找到并建立一种尽可能美好的社会；反过来，自由主义强调有限的理性能力不可能为别人的命运做主，根据休谟和哈耶克的论证，人们的知识特别是关于未来的知识永远是很不充分的，因此，以理想来规划社会和人最后非常可能是"通向奴役之

---

① 在他的《哲学研究》（*Philosophical Investigations*）、《论确实性》（*On Certainty*）、《论数学的基础》（*Remarks on the Foundations of Mathematics*）等书中都有类似的论述。

路"。如果粗略地兑换成博弈论①的情况（比如说"囚徒两难"②），人们当然不要最危险的下策，虽然喜欢上策（帕累托最优），但是把命运押宝在别人身上还是太不可靠，于是最明智的个人选择是中策（纳什均衡）。纳什均衡暗示着，在非常简单的游戏里，尽管人们有可能获得关于最好事情的充分知识，但理想还是难以变成现实，人们只敢按照个人理性去选择最保险的事情，而不会冒险信任集体理性的好事。当然，如果是非常复杂的游戏，任何充分知识就都不可能了。这里的问题是，假如人们都能够对明智选择感到满意，悖论就不存在了，可是明智选择只不过是不好不坏的事情，所以人们不会没有理想或更高的欲望。那些过分的欲望实际上还是会影响人们的感觉和行动，于是，理想也是事实的一部分，或者说，观念是实在的一部分。也许在知识论上可以想象有纯粹的"仅为所思之所思"（cogitatum qua cogitatum）③，但是在实践中，所思只能是不纯的，所思与所为是互动的（有些"知行合一"的意思）。这个理想和现实的悖论就是，生活意味着凑合活，但是凑合活又不意味着生活。

生活的全部矛盾可以说一直存在，只是现代社会把那些矛盾表现得过于明显而显得特别难受。后现代在某种意义上似乎是一种脱

---

① 张维迎：《博弈论与信息经济学》，上海三联书店、上海人民出版社，1996。

② 两个同案犯分别被审，如果都抵赖，各判一年；都坦白，各判八年；一个抵赖一个坦白，则抵赖判十年，坦白释放。假如两人都理性，结果一定是都坦白，因为这是对自己最合理的战略。

③ 这是胡塞尔的概念。我曾经试图论证纯粹的所思是不可能的。参见赵汀阳：《直观》，269-281页，福建教育出版社，2000。

敏剂，它把不共戴天的矛盾表达为左右为难的悖论，总的技艺可以说是"解构"，具体手法可以有各种花样，比如多义化、歧义化、变态化、情景化、误读、诡辩、错乱、反讽、搞笑等等。有一点也许值得强调，这就是，与其说后现代态度是一种思想和艺术的发明，还不如说是一个群众运动。现代社会的发展注定会产生后现代态度，我们知道，现代社会是个金钱社会，现代的金钱能够解构一切传统价值，它好像能够买到一切，能够买到本来买不来的有传统的绝对价值的东西，包括真善美、荣誉、友谊和爱情，可是，由于它能够买来一切，因此它实际上所买到的一切也不再有传统的绝对价值，那些价值在被买时就失去了、贬值了、抵消掉了，因此所买到的并不是原来想要的东西。像上帝一样全能的金钱正是最大的后现代悖论。这类悖论都是生活中的基本事实，谁都感觉得到，所以，后现代根本上说是群众运动。人们不用学习德里达和福柯就知道怎样后现代。

维特根斯坦曾经认为语言/逻辑分析只不过是用过就可以丢弃的梯子，就是说，一旦人们不再胡说，就不用再去分析胡说。后现代手法也有些类似，如果现代社会的基本悖论得到缓解，人们就不会再沉溺于后现代情绪。无论如何，后现代在暴露现代性悖论方面确实是非常有意义的。现代逻辑学对悖论很感兴趣，特别是改良了的"说谎者悖论"。"说谎者悖论"的自相关性质甚至成为哥德尔（Kurt Gödel）定理中的关键思路。改良的"说谎者悖论"——有某句话 p，p 说的是"这句话 p 本身是假的"——在逻辑上似乎很难有真正的解决。我想，它所需要的也许不是一个逻辑的解决，而可能是一个哲学的解决。大概可以是这样的：给定 p 是一个有真值的命题，那么，存在论也承诺了，存在着某个足以判断 p 的真值的标准 c，它使得能够构造某个可能世界 w 来使（p 或者非 p）是有意义的。按照悖论 p 的双面意义，我们有合法的改写命题"根据 c，p 是假的，同时，根据 c，p 是真的"，于是，有两个解构悖论 p 的哲学解：其一，c 有不同所指，即其实 c 有两个，可能世界 w 也就有两个，对于不同标准 c 当然就有不同判断，那么 p 只不过是一个没有把话说完整的语言诡计，真正表达的是相对主义观点；或者其二，假如 c 只有一个，那么，这个悖论就被还原为平淡无奇的自相矛盾表述。假如不把标准 c 这只"看不见的手"拉进视野，仅仅逻辑地和空洞地讨论 p，悖论就确实难以解决。

我想说的是，后现代对各种事情的悖论性表述终究不会是不可能解决的事情，它可以促使我们进行另一些新的思考。未来是什么样的，我们会怎样感觉，我们并不知道。

没有制度只有表述的后现代

正如艾柯所说的："不幸的是，后现代一词无所不包……人们把它应用到所有人们高兴应用的东西上了。"而且还有人用这个概念不断进行历史追溯，"不久这一概念就将落到荷马身上"。① 虽然现代和后现代都不是中国特产，但这种奇异的追溯在中国一样令人鼓舞，只要稍加对比，样板戏简直就是后现代的早期经典，而庄子恐怕比荷马更后现代。过去人们崇拜现代性，就可以在中国古代社会里发现各种"资本主义萌芽"，现在恐怕也不难在中国传统文化里发现后现代的表现，例如国画和书法，在喜欢现代主义时，国画和书法当然就是"抽象画"，现在又可以是"后现代"实验作品。其实所追溯到的那些东西是不是"后现代的萌芽"并不重要（当然

---

① 艾柯：《〈玫瑰之名〉注》，36页，博尔赫斯书店，1997。

不是），但是对过去事物的这种不讲道理的追溯方式本身却是后现代的。去错误地追溯并且错误地引用以往事物，这是后现代的一个常见手法。王广义当然可以用工人阶级的粗胳臂去对付可口可乐，徐冰也可以把英文写成方块字去实现中国的全球化。苹果公司在1984年推出明显有后现代意味的个人电脑麦金托什时的广告词堪称引用往事的经典之作："1984年1月24日，苹果电脑公司将会推出麦金托什电脑，你就会明白，1984年为什么不是'1984'。"① 其中个人电脑可能带来的个人自由与奥威尔（George Orwell）当年的专制社会"1984"概念形成了天才的互动关系。

人们不一定喜欢后现代这个概念，但多少都对现代性不满，而后现代在语义上的暗示性使人感觉一种跃跃欲试要超越现代性的姿态，尽管始终只不过是跃跃欲试的姿态而已。在今天，后现代这个概念，就像全球化这个概念一样，已经不能算新了，这些概念都在没有被说清楚的时候就已经不新了——可是目前也没有更新的概念。这一点很重要，它透露出真正问题之所在：现代性正是后现代想象的约束条件。于是后现代只不过是现代的一个症状，却不是超越现代性的一个办法。就像发烧是感冒的一个症状，它以感冒为条件，但是它确实是想克服感冒。这样就不难理解后现代对以往事物的引用，后现代很难摆脱现代性，它游不出现代性，所以喜欢洄游到与现代不大相似的各种旧事物那里去，但这种洄游不是怀旧——事实上后现代在引用旧事物时并没有尊重旧事物，旧事物总是被支

---

① 希利尔、麦金太尔：《世纪风格》，248页，河北教育出版社，2002。

离破碎地随便利用，这是"醉翁"式的互动利用——例如中国的后现代作品对传统资源的利用——是为了使后现代的表述显得与现代社会有距离感。

也许哈贝马斯是对的：现代性其实仍然是一个未完成的事业。现代性首先是制度性的存在，它表现为一套相当完整的社会和生活制度，特别是自由主义的民主政体和法律、自由主义的市场经济和科学主义的知识生产制度。这些制度是我们今天生活所有运作的依据，它们保证着生活的所有细节，它们规定了什么是可以做的和能够做的、什么是安全的和危险的、什么是成功的和失败的。现代性同时又是一套表述体系，其关键词是主体性、真理、个人自由、解放、进步、发展、利益和财富等等，这种表述体系提供了关于生活的所有解释和评价，它是保证人们在现代制度下能够完整地、全面地思考任何一个事情的话语，如果不利用这套现成的有着完整逻辑的话语，人们很可能会发现思考任何问题都变得很困难，很可能结结巴巴、自相矛盾、不成体统，即使你确实有些不同寻常的想象力，但肯定也是支离破碎的。现代的话语与现代的知识生产方式和教育体制配合得如此步调一致，它们之间构成了强有力的互相辩护关系，它们使人们能够系统学到的和最容易想到的都是对现代制度最有利的概念。

与现代性相比，后现代主要只不过是一种表述方式，加上某些表现性的或表演性的实践方式——由于是表演性的，也就是象征性的，所以本质上还是属于表述。这些表述方式和表演性的实践方式都不足以形成制度，不足以建立一种从根本上有别于现代社会的新制度。后现代表述和表演只有当依附在现代的社会制度和生活方式上才成为可能，既然后现代没有属于自己的制度支持，后现代的表述或表演就自己不可能养活自己，它必须利用现代社会提供的政治自由、表达机会以及物质条件。没有制度，只有表述，这一点决定了后现代不是一种独立的生活，甚至不是一种独立的思想。后现代只是现代性的一个寄生现象。简单地说就是，后现代必须吃现代的饭，但是它可以嘲笑吃现代饭这件事。

由于依附在现代生活上，后现代就只能是对现代生活的一种非对抗性的批评（反讽）、非革命的冲突（解构），因为假如现代社会崩溃的话，后现代的观念并不能也不足以成为建立另一个社会的根据，后现代暴露了现代制度的各种缺陷，现代社会结构、生产方式、法律形式、教育体制和学科制度（disciplines）等方面的缺陷，可是知道什么是坏的并不等于知道什么是好的——有这样一种思想习惯，以为总能够"对比地"知道另一方面的事情，但这是错的（比如说我们证明了专制坏并不等于证明了民主好，我们知道核废料倒海里不行，埋地里也不行，但并不因此就知道什么是行的。排中律必须这样理解：排中律是有效的，当且仅当，存在着一个满足矛盾律的状况）。理想的思维模型在实践中往往用不上。这就是问题之所在。

后现代所以放弃建立新制度的努力，是有过实践教训的。最明显的一个尝试是1968年的法国"五月风暴"——后现代的发生可能没有一个非常清楚的起点，人们可以在尼采、海德格尔和维特根斯坦那里看到一些后现代的准备性思想，也可以在杜尚、安迪·沃霍尔、波伊斯（Joseph Beuys）那里看到后现代的探索性想象，但是后现代作为一种群众性的意识表现则可以说从"五月风暴"中突然暴露出来——成为群众意识是无比重要的事情，不能成为群众意识的东西就只是少数知识分子在咖啡厅里所进行的没有反响的想象。

革命是个现代概念，现代是通过各种"革命"（社会革命、工业革命、科学革命、技术革命和文化革命等）或者"不断革命"而获得巨大成功的。现代革命带来了难以置信的物质增长，尽管与其说减少了穷人的绝对贫困还不如说增加了穷人的相对挫折感；现代革命给所有人颁发了所有作为闪亮主体所能够幻想的自由权利，尽管多数权利并不能真的兑现为有实际意义的权力；现代革命创造了统一模式和流水线作业的知识生产、教育和传播体制，尽管这样大量的知识生产主要是改进了社会对人的管理效率而不是增进了对人的深刻理解。但是无论如何革命总是开辟了某些可能性，因此革命使人上瘾，现代人热爱革命。不过"五月风暴"却说明了现代革命的终结。

革命总要"发明"些什么，正如"五月风暴"的一张大字报所说的："当下这个革命不但质疑资本主义社会还要质疑工业社会。消费社会注定得暴毙。将来再也没有任何社会异化。我们正在发明一个原创性的全新世界。想象力正在夺权。"①"五月风暴"的失败并不是说明革命总会失败，而是暗示了另一个从来没有的新事实：

---

① 夸特罗其、奈仁：《法国 1968：终结的开始》，132 页，三联书店，2001。

现代逻辑下的革命已经不再可能，人们都必须依靠现代社会来生活，现代的制度、物质、规范和信息已经几乎变成与食物和水一样不可或缺的"基本"需要（所以后现代像鱼离不开水一样离不开现代社会）。至少到目前为止，似乎还没有超越现代社会的物质条件和想象力。自 1968 年以来，想象力显然没有能够实质性地"夺权"（唯一有夺权迹象的领域似乎是艺术——象征性的夺权，实验艺术准备出售的唯一产品只是想象力，不过今天的艺术也已经在想象力的过分比赛中筋疲力尽）。"五月风暴"另一个最重要的遗产可能是奈仁（Tom Nairn）所说的现代社会的"心智剩余"的大发作，按照奈仁的分析，"心智剩余"是发生"五月风暴"的深层原因，我们似乎可以说，它更是今天后现代状态的深层原因。众所周知，物质剩余以及积累是人类社会从原始社会逐步发展到现代社会的重要原因，马克思当年又发现了价值剩余是资本疯狂积累的原因，而"心智剩余"的疯狂积累可能是解释后现代的一个关键。按照奈仁的表述："心智剩余就是心智生产到达一个阶段，超过物质生产对它的需求，而造成的供给过剩现象。是这个现象的出现，而非物质生产领域里的矛盾紧张，才是最具'革命性'的变化……资本主义大规模地生产教育服务以及传播信息系统，为的是要使物质成长与资本主义积累更上层楼。但现在可好，这些力量开始变成小魔术师……开始挖墙脚。"①

不仅如此，普遍启蒙、普遍教育和规范化知识生产使现代社会

---

① 夸特罗其、奈仁：《法国 1968：终结的开始》，198 页，三联书店，2001。

的人们拥有基本水平的心智和知识，人人都想当"主体"，人人都只相信自己的判断（尽管其实也是批量生产出来的判断）。在心智剩余积累到一定程度时，就会出现所谓"作者的死亡"的现象，即作者失去了知识和道义权威。现代知识生产体系建立了作者的权威性，被制度认定有资格的作者是启蒙者，是"灵魂工程师"，是从知识到道义的导师。读者追随作者，是现代知识的义务。但是大量人民通过被启蒙而获得了心智，而不同的心智都愿意从自己的角度去解读作品，在这里，被解构的其实不是文本，而是文本背后的知识和道义权威。不过，虽然人人确实都"主体了"，但是这些主体却只是现代教育统一生产出来的类似主体。剩余心智的积累和剩余价值的积累的效果非常不同，剩余价值的积累意味着物质财富的成功增长，可是剩余心智的积累所积累的大量心智却不意味着人类精神水平的按比例增长，因为在精神领域，量不能解决质的问题。虽然现代批量生产出来的心智并没有使人类精神更深刻，但是，大量心智却形成了巨大的文化市场。心智试图表现创造性，但又需要与大众性结合以谋求市场，创造性与大众性的结合的后现代表述方式变成了以大众化形式去表达个性的成功手段。

后现代表述成为大众化表达个性的方式，这是时代景观之一。通过大众化而失去个性，那是现代的特点，现代人需要在向集体看齐中获得没有落后于时代的证明，像别人一样边走边托着包薯条能够证明你在城市里很忙，像别人一样带着领带在大厦边上吃块比萨就证明你更忙，别人趴在沙滩上你就也必须趴在沙滩上，别人说"耶！"你也说"耶！"，如此等等。但是后现代却试图在大众化的方式中表达个性，你必须让你的表达有肤浅的创造性，这种个性是瞬间即逝的，因为太容易，别人一学就会，没有劳动重量和智慧的深度。周星驰可以说"爱一万年"——居然有个限度，可是作为限度又未免太长。后现代成了消费"瞬间个性"的方式，而且它又没有脱离现代的大众性，因此一样能够被喜闻乐见。后现代毕竟也是按照现代的市场规律去进行生产的，有时候后现代创作甚至可以成为一种暴利策略。

后现代与现代社会的麻木不仁的亲密关系使得它非常不同于通常被称为现代社会批判的那种运动（这二者有时容易被混同）。由马克思开创的现代社会批判后来经过法兰克福学派、新左派、女权主义、边缘社会/弱势群体反抗话语、当代文化批判理论等的努力，已经发展成为非常全面的现代社会批判，这种社会批判在气质上是愤怒的，它有另一种现代社会的理想，不同于自由主义商业社会的理想，它想解决的其实是个现代化的内部问题。有许多运动，诸如女权主义、素食运动、热爱动物运动、反对堕胎运动、反对手淫运动①，有时也容易被以为属于后现代，其实它们只是现代的旁门左道，因为它们所针对的只是现代社会的某个局部问题，并且试图纠正现代社会内部的某种不公正或坏人坏事。与批判理论不同，后现代是无理想的。利奥塔有个关于后现代的经典定义：后现代是对所有元叙事（或称宏大叙事）的不信任。社会理想都属于宏大叙事，所以不被信任。

---

① 美国有这样一个反对手淫运动，据说还得到布什的支持。这个运动甚至认为，香肠也必须切片才能出售，否则有坏的影响。

　　从思想传统上说，后现代是一种怀疑论（"怀疑论，skepticism"这个概念指的不是一般意义上的那种否定性的怀疑，而是指一种在理论上拒绝断言的态度，即"不信任 x，因为心智没有确证 x 的理由和能力"）。第一代怀疑论是希腊的怀疑论，它不信任关于事物本质的知识（希腊怀疑论一般归于皮浪学派，其实是从苏格拉底开始的）；第二代怀疑论是休谟怀疑论，它不信任归纳和因果能够形成普遍知识；第三代怀疑论是维特根斯坦怀疑论，它不信任规则和制度的完全确定性；第四代怀疑论则可以说是后现代怀疑论（它几乎是法国哲学家群体的怀疑论，主要有福柯、德里达和利奥塔等），它不信任宏大叙事或元叙事（其他一些类型的怀疑如笛卡儿和胡塞尔式的怀疑并不是独立风格的怀疑论，他们都怀疑从感觉到自然事实的推断，但却都相信心智内在的绝对知识判断。而且他们所怀疑的那些东西基本上属于希腊怀疑论的思路）。从不信任普遍必然的知识到不信任规则再到不信任信念和理想，怀疑论似乎走到了它的极限，好像没剩下什么值得不信任的了。这一点是意味深长的，它与现代性的坚定不移的普遍主义和发展主义追求形成对比。现代制度是人类历史上唯一的不是自然形成的而是人为按照理论原则、信念和理想而全面设计出来的社会制度（尽管古典自由主义相信"看不见的手"和"自生自发的秩序"，但它却坚持为了维持那些"好的"自然秩序而必须设计一个"好的"保护性制度）。后现代思维是对现代性的全面反思，它几乎涉及关于一切制度和知识的怀疑——但不是革命性的反抗。

　　正如前面说到的，后现代不得不依附着现代性，它只能是一种反思性的表述而难以形成制度，所以后现代不意味着革命，因为它需要现代生活的支持，如果现代社会不给予人们足够的自由，就没有机会和条件去做后现代的事情。后现代不会因为对现代不满而进行斗争，而只是对现代社会进行重新表述，即它不再按照现代社会自我表扬的方式去表述现代社会，而是构造了现代社会的自暴自弃的表述，它以"认命"的方式揭发和承认了现代的所有困难。显然，只揭发和承认困难是不能形成制度的，就像承认错误不等于改正错误。不过，这些没有能力形成新制度的努力也并不落空，既然它所表达的正是现代性的各种内在矛盾，于是它在某种程度上破坏了现代性中的表述体系部分，从而使得现代表述体系和现代制度系统之间出现了明显的不协调，于是现代性出现了自我表述的危机。现代的表述体系是现代制度所必需的辩护话语，当这种辩护话语遭到破坏，现代就很难为自身进行辩护了，其结果是危及支持现代制度的基本信念。失去自我辩护能力是件相当难堪的事情，它相当于不得不承认自己在做坏事。人们自启蒙以来对现代化许下太多的关于普遍幸福和普遍发展的诺言，现在越来越像是谎言。

后现代的表述和实践在破坏现代社会自我辩护能力上有两个基本技艺：一个可以称作"悖论化"，另一个可以按照德里达的说法称作"解构"。

悖论化这个技艺应该说早已有之，例如希腊和古代中国都有的那种诡辩，以及现代所发现的各种悖论，都具有把某个事情悖论化的一般模式。悖论化并不违反逻辑，相反它的逻辑是完美的，只是它发现至少有某些事情本身有着逻辑可以攻击的隐患，所以总能够导出荒谬的结果。可以说，"悖论化"就是利用某种东西 x 的逻辑合法地导出或"增生"出 x 自己所不能忍受的错误结果。通常，假如把某种事情做得比什么东西更什么东西，这种过火的做法就会使得这个东西自己不能忍受自己，比如说，既然现代社会拼命鼓励庸俗的商业品味，那么就总能够找到某种庸俗的品位，它比庸俗更加庸俗，庸俗到庸俗自己都不敢认同。例如安迪·沃霍尔对梦露（Marilyn Monroe）头像的大量复制，杰夫·昆斯对艳俗生活画面的过分渲染，周星驰对废话胡话的大剂量使用，比庸俗更庸俗就反而成为特别效果。或者，既然现代社会允许大量个人自由和人权的绝对权威，那么，同性恋、吸毒、妓女、大量难民、偷渡的新移民等就只不过也是自由和人权的表现。或者，既然启蒙带来了普遍知识、普遍教育和普遍的自我意识，那么，它就必定生产出大量的"剩余心智"，而剩余心智就有能力怀疑、否定、背叛各种知识和权威，有理由要求各种"五月风暴"和"文化大革命"。这是启蒙所必须忍受的启蒙后果。既然现代社会鼓励商业化，那么人们就有理由什么都卖，从身体到灵魂以及其他所有被心灵重视的东西都可以卖；既然现代社会要求程序公正，那么只要符合程序公正，就什么坏事都可以做，就要忍受辛普森（O. J. Simpson）们；既然现代社会要以民主的方式来决定各种利益，那么当然可以进行策略选举或非真诚选举以保护自己的利益，从而使得公正的民主选举变成不可能，这是民主必须忍受的民主后果；既然现代法律宽容少年，那么少年就特别喜欢犯罪；如此等等。

另一个后现代技艺是解构。这当然是源于德里达的一个概念，不过这个概念的意义是开放性的。在德里达那里，解构的主要意思是对任何思想中心法则、权威体制以及普遍必然的规范制度的消解，也就是说，总存在着某种办法，能够使某种支配一切、解释一切、管理一切的思想和制度失去效力。正如德里达所强调的，解构不能被理解为破坏或否定，那样就没有什么新意了。某种东西被解构，并不是被破坏掉了，它可以仍然好好的存在，只是失去了一统天下的能力。应该说，德里达并没有解释清楚解构的具体手法，而只是理论地表达了解构。但是解构原则却得到了广泛的应用，人们在实际使用时都发挥了各自的想象力。也许可以说，人们的一个惯用技巧是，把解构看作"反奥卡姆剃刀"，即不是去"尽量减少不必要的实体"，不是对世界和事物进行尽量简单化和简练化的处理，而是相反，要增加非常多的实体或者变量，从而使得每个实体或变量的意义减弱为非常局部性的、情景性的、暂时的和特殊的，并且使总局面出现混乱，即以充满创造性的 chaos 去替代具有普遍秩序的 logos。比如说，增加很多神，就能够削弱任何一个神的威信，于是谁也不是中心。这有些类似中国人对待神的态度，什么神都可以拜（当然中国这种态度和后现代心态无关，只是不想得罪任何神），特别是广东对神的态度，广东人拜古今中外各种神，一起拜，也不怕各种神其实互相矛盾——或许广东人并没有去想这一点。但是后现代玩家肯定想到了，他们要的就是这个互相矛盾的效果：既然世界能够是多样的，那么就让世界去承受矛盾好了。这有时就是所谓多元化的问题。也许现代社会以民主去削弱传统的所有权威的做法在表面上是个更好的解构例子，毫无疑问，民主削弱权威，这件现代事业确实与后现代的解构有些相似或共同的技术手法，尤其是通过轰轰烈烈的革命来进行民主时——例如法国大革命——那种对权威的痛快破坏就显得比解构更解构，但是，这到底不是解构，其根本的区别在于，民主虽然破坏了传统权威，但又建立了新的权威，一种不归属于某些人的而是作为制度的权威。由于没有一个制度是对所有人有利的，也没有一个制度能够支持所有好事，因此它仍然是一种强制性的统治。后现代既没有建立权威的意图，也没有这个能力（前面说过，后现代依赖着现代性而生存），所以，解构总是思想性的，是言而不是行，是怀疑论的态度而不是实践性的革命。

有一个臭名昭著的所谓后现代原则，通常表达为"什么都行"。它大概源于费耶阿本德（Paul Feyerabend）关于方法论的一个非常容易导致误解的口号。这个原则使后现代无可救药地显得很不严肃，并且在实际上引导了许多确实不严肃的行为。例如在当代的实验艺术和行为艺术中可以观察到许多极其无聊的"探索"。如果说"什么都行"算是一条原则的话，那么它的意思恐怕指的是"只要能够达到目的 x，那么任何做法都是可以的"，大概相当于"不择手段"的意思，而恐怕不会是"任意一个东西都可以成为目的"或者"不择目的"这样的意思。无论什么样的生活，都不可能使得任意什么事情都成为可接受的，比如说"任意的杀人放火"大概在任何社会里都是不可以的，在艺术里也一样是不可以的。在这些事情上，人们不存在着任何困惑，所以也不是问题。后现代会怀疑各种信念，但不会在不构成问题的事情上浪费时间。

　　一般来说后现代是消极的。但消极的思想可以非常重要和深刻，那些消极的思想往往深刻地指出了人类在追求理想方面的各种不可逾越的局限性或者必须考虑的副作用。如果把后现代比较广义地理解，我愿意举出一些具有后现代意味的深刻成就：哥德尔定理（证明任何一个足够丰富的命题体系的无矛盾性和完备性之不可兼得）、纳什博弈论的囚徒困境问题（证明个人理性与集体理性的矛盾将必然使共同更好的结果不可能出现）、阿罗的不可能定理（证明了社会选择不可能产生符合理性原则的社会排序，因此公正的民主选举是不存在的）、维特根斯坦的规则悖论（说明了对于一条规则，总能够构造某种合理的解释使得这条规则发生变化）、福柯的知识/权力互动结构（说明了知识不可能满足一种自律和单纯的知识概念，而是与权力互相支配、互相服务着的），诸如此类。这些伟大成就多少都说明了，追求事事处处满足理性原则、追求全称意义上的普遍必然性或者公正性的现代化理想必然有着各种不可逾越的困难。

　　也许后现代并非没有积极建设的可能性，但这一点目前并不清楚。确实已经存在着或者很快就要出现某些有建设性的后实践，例如也许会改变人们的信息关系和交往合作关系的网络社会行为、也许会改变物种包括人种的生物工程、也许能够重新调整人与自然关系的生态主义行为、也许会改变世界政治格局和地区政治格局的新帝国运动①，以及在全球化和文明冲突中可能形成的文化重构。这

---

　　① M. Hardt，A. Negri，*Empire*，Harvard Univ. Pr.，2001.

些变化肯定都不可忽视，但是否能够导致人们期望的"制度创新"，则还很难想象。总之，后现代只是现代的一个症状，它并不标志着一个新时代。福山的历史终结论虽然非常可能是错误的（至少亨廷顿的文明冲突理论指出了历史可以基于另一种冲突而重新展开），但他的思路仍然有着一种顽强的品质。福山后来修改了他的终结理论，他论证说，原来他想象社会制度的统一是历史终结，这是不充分的，但是当技术发展到能够任意改造人类自身，那么真正的历史终结就到来了，因为人类的各种梦想都可以通过技术来解决，历史也就终于最后失去了动力。① 这个修改版仍然非常可能是错的。极度发展了的技术也许在逻辑上可以实现"全部梦想"，但是可以想象，没有人愿意让所有人都实现全部梦想，因为那样更复杂的社会冲突将会出现。人们在制度创新这个问题上可能缺少的主要不是"想象力"而是"夺权"的能力。后现代的怀疑论似乎要说的是，未来的事情就让它属于未来。

---

① F. Fukuyama, *Our Posthuman Future: Consequences of the Biotechnology Revolution*, Farrar Straus & Giroux, 2002.

文化为什么成了个问题?

如果一种文化不去干涉另一种文化的精神生活和价值观,那么,文化就不可能被搞成一个问题。或者说,假如文化之间没有形成价值之争,那么一种文化不会自动地变成一个令人困惑的问题,不会成为反思对象。任何一种文化的自身都不构成一个问题,它只是生长着。

在文化被"问题化"之前,不同文化之间的关系主要是单纯的知识论关系。一种陌生的文化意味着另一种生活形式或者另一个生活世界,也就是一个知识论的对象。如果有机会互相接触,一种文化总会对另一种文化感到好奇,发生兴趣而进行交往,而且非常可能会在交往中互相学习某些被认为对自己有意义的东西。在这种自然而然的文化交流中,知识论意义上的"好奇"决定了关于陌生文化的表述主要是知识性的描述(descriptions),特别是关于与自己不同的新奇事物和生活的描述。这些知识性的描述未必准确（事实上从来都不准确），但这一点并不重要，重要的是这种描述试图客观地去表述"其他"文化，它所要完成的是"好奇"这一知识性任务，它所揭示出来的"其他性"（the otherness）基本上是价值中立的，所以"其他性"还没有被转化成后来制造出来的"他者性"（the Otherness）。例如最早的人类学作品之一《山海经》就以相当单纯的好奇态度描写了各种奇异物事。知识只要单纯，就不会导致"文化问题"，知识不准确没有关系，甚至是歪曲也没有关系，单纯的互相认识不会把知识变成政治。

马克思主义在文化分析上引入了"阶级分析"，这是划时代的知识论突破。虽然文化的阶级分析不是个普遍有效的分析模式（它会导致许多片面定位），但它所启发的一般分析框架则是非常重要的建构。① 它发现了，至少在人文社会知识上，知识总有着逃脱不了的政治背景。这种把知识政治化的分析框架后来被福柯进一步发展和明确为"知识/权力"的辩证运动分析模式。事实表明，知识政治化已经成为当今世界的一个重要现象，各种文化之间的交流不再是自然交流而是政治博弈。当然，文化的政治化应该追溯到犹太/基督教的兴起和传播，而现代的帝国主义运动和全球传教运动深化了文化的政治化。而这一点，却不是本文所要讨论的。

----

① 马克思主义的阶级分析至今仍然有效，但只能作为一个具体模型，可以用于分析现代社会中的各种文化，尤其是城市的各种文化问题，因为现代社会中的文化有着比较显著的"阶级性"，但如果作为普遍语境中的文化分析则不很恰当。

一、什么是文化？

为了更好地分析"文化问题"，有必要解释什么是文化。这个事情听起来有些愚蠢，因为"文化"应该是不言而喻的，而且，许多人都已经解释过什么是文化。在这里，我不打算把我的解释与别人的解释进行比较，提出我的解释仅仅是想表明一种理解的角度。"文化"这个概念至少意味着：

（1）从哲学的角度去看，如果存在着这样一个符号体系，它给各种事物赋予了这些事物本身所不具备的各种意义，那么，这个符号体系就是文化。或者说，当说到"某个事物是如此这般的"，并且这个事物确实是如此这般的，那么，这种观念是知识（至少是试图成为知识）。而当说到"某个事物是如此这般的"，而这个事物其实并非如此这般，或者没有证据证明这个事物是如此这般的，那么，这种想象就是文化。在内容上，文化由一套"主观意见"（doxa）所构成，这些"意见"的核心是价值观，或者说是去做或不去做某些事情的理由。在形式上，文化表现为关于各种事物的想象、表述（representations）和解释，在这些表述和解释的基础上得以建构了社会性的话语、意象、规范和制度。

（2）从政治学的意义上去看，作为话语、价值观和制度的文化总是代表着某个集体的利益而不代表个人利益。每个人当然有着自己的利益和价值观，但不能因此说他有"自己的"一种独特文化。

只有代表了集体利益的话语和制度才成为文化。在这个意义上，个人关于某物的想象就只是经验，而集体对某物的想象才是文化。显然，只有形成集体的想象才有政治力量。

最容易使"文化"这个概念变得模糊和混乱的是"文明"这个概念，文明与文化过于密切相关，所以它可以啃掉文化的界线。一般来说，文明指的是能够以理性指标（思想的普遍性和必然性、观念系统的复杂性和各种技术标准）进行衡量的人类成就；而文化则是指只能以价值观或精神类型去定位的人类成就。如果说（当然是非常粗略的），文明是技术水平，文化则是精神境界；或者，文明表现的是"心智"（mind），而文化表现的是"心事"（heart）。人类的心智和心事本来就不可割裂而且互相成就，这意味着文明和文化不可分地属于人类生活形式这一存在论事实。假如一种文化不能产生"高度"发达和复杂的文明生活，那么这种文化就会被认为是粗糙的；假如一种文明不能产生具有强烈精神吸引力或精神快感的文化，那么这种文明就会被认为是低俗的。人们的通常感觉大概如此。

"文明"和"文化"这两种观察方式的互相干涉在无意中形成了一种比较和级别排序的效果，这就等于制造了一种价值评价。由知识观察变成价值评价显然是危险的，这是知识政治化的根源，也是文化政治化的根源。一种文化假如具有据说"比较高"的文明水平，那么就会批评其他文化是比较低级的；同样，一种文化假如具有足够自信的精神力量，就会批评其他文化所产生的文明是丑恶的。亨廷顿的《文明的冲突》是个好例子，他在本来应该使用"文化"的地方使用了"文明"，这是意味深长的。我们有理由认为亨廷顿不至于不懂"文化"和"文明"的区别，但是他故意用"文明"，这样就把不容易比较的价值观问题偷换成似乎容易比较的技术水平问题，生活理想的分歧就被搞成好像是社会的高级和低级的区别。

可以发现，今天尽管所有人都在滥用"文化"和"文明"这些概念，但是这些被大众化了的概念其实是最糊涂的，也是最容易被利用的。因此，关于文化的哲学分析就必须成为今天哲学的一个任务。以下一些问题不仅是理论问题，而且是实践问题：

（1）文明水平是否意味着相应的文化水平？

（2）是否确实存在着衡量文明水平的指标？如果有，可以有什么样的指标？文明与生活质量有着密切关系，但问题是，现在往往只以生活和社会的"技术水平"（technologies）去定义生活质量，这一点即使不是可疑的，也至少是片面的，因为生活和社会的"技艺水平"（arts）与生活质量甚至有着更大的关系。arts（广义的艺术，包括各种工艺和手工可以完成的技术）和 technologies 有着本质上的区别，这一区别不仅在于"手工"和"机器"的差别，而且在于"技艺"按照人性的逻辑去创造精致生活，它所表达的只是人性而绝不超过人性；而"技术"却按照科学的可能性去创造精致事物，它虽然并不能重新定义人性，但却试图通过重新定义生活而歪曲人性。可以肯定，人们能够非常舒服地享受技艺所创造的精致生活，因为它与人性有着非常自然而舒服又没有风险的关系，但显然不能肯定人们与技术世界能够保持互相适宜的关系，尽管人类的适应性很强，又喜欢新奇事物，但技术毕竟包含着一切可能无法承受的风险。

（3）是否存在着衡量文化价值的指标？通常认为文化价值是不可通约的，但这种多元论或相对主义在理论上没有意义，它只不过回避了问题而没有解决问题。其实我们只能肯定文化风格是不可通约的，却没有理由认为文化不可以被批评。比如说，如果一种文化的精神鼓励的是战争、侵略和精神含量很低的肤浅文化，似乎很难认为它与鼓励和平、和谐和深刻思想的文化是同样好的。但如果承认了文化价值有着普遍主义的标准，则可能导致非常危险的政治问题。

如果文化问题缺乏一种哲学分析的话，那么就不能发现隐藏在那些华丽的或者似乎理所当然的词汇背后的陷阱——语言是有表情的，而理论语言总是倾向于隐蔽些什么。① 以混乱的思想作为背景，文化对话和合作就将是盲目的或被误导的。

二、文化分析的基本坐标

施米特（Carl Schmitt）关于什么是政治分析的基本概念的追

---

① 人们总说，日常语言是比较随意的，所以不太准确，而理论语言才是精确的。这样说没有错，但这种说法本身就是误导性的，它会使我们以为"准确"就是正确的。日常语言不准确，但是正确，因为它与具体情景和具体所指着直接的关系，而理论语言的所指不是具体东西，而是抽象的"概括"。所以，理论语言本身就是一些需要讨论的"问题"，而不是既定的事实。

问①使我很受鼓舞。我们用来分析某些事情的基本概念是清楚的，例如知识的基本分析概念是"真/假"，伦理的基本分析概念是"善/恶"，法律的基本分析概念是"公正/不公正"，诸如此类。可是政治的基本分析概念是什么呢？施米特发现人们对此其实一直都不是很清楚，因此他给出了著名的分析概念：政治就是区分"敌/友"。关于这一落地有声的论点，在此暂时不加讨论，我们要讨论的是，什么是文化分析的基本概念？对此我们也似乎一直不清楚。

人们在分析文化时用过许多种分析概念，比较常见的有"精英的/大众的""传统的/现代的""无产阶级的/资产阶级的""东方的/西方的""进步的/停滞的""文明的/野蛮的"等等。或者以社会阶层为根据，或者以历史阶段为根据，或者以空间划分为根据，或者以价值观为根据，这些都能够表现文化的某些方面，但终究不像上述领域的那些基本概念那么到位而普遍有效，因此终究似是而非。可以发现，关于文化分析的这些常见概念都是以现代文化为背景的，都与现代性语境有关，它们表达的仅仅是"现代文化"的各种问题，对现代之前或者未来的文化并不一定有效，所以它们不足以成为普遍有效的基本概念。

由于问题的复杂性，或许我们还不能够找到一对最显著有效的基本概念用来分析文化。不过我仍然试图提供一种显然可以商榷的理解。对于文化，可能至少需要从两个角度去分析，因此仅仅一对基本概念恐怕不够，而是需要一个坐标系。首先，从一种文化的内

---

① Carl Schmitt, *The Concept of the Political*, pp. 25 – 27, Chicago Univ. Pr., 1996.

部去看，每种文化自身内部都有着"在时间中的"运动和变化，它构成这种文化自身的历史性和文化语法。分析这一历史性的基本概念应该是"新/旧"，因为新和旧既能够表现历史性又是价值中立的，它仅仅表现一种文化的演变方式（至于新旧是好是坏，要看具体情景），而上述的那些分析概念都暗含着事先的价值褒贬和意识形态标准。其次，从各种文化之间或者从"文化间性"（inter-cultures）①去看，基本分析概念则应该是"自己/他者"（Self/Other）。"他者"本来应该做中立理解，即理解为非对立性的、可兼容的"其他"（the others），但也必须意识到，在更多的实际情况中，"其他"在与"自己"的政治和宗教关系中被异化为对立性的、不可兼容的"他者"（the Other）。这样，我们就获得由"新/旧"和"自己/他者"构成的分析坐标。

文化的政治化使得"自己/他者"模式与施米特的"敌/友"模式之间可以产生一种互相解读的关系：一方面，"自己/他者"正因为被政治化了，所以就采取了"敌/友"的姿态；另一方面，正如人们经常说的，在利益上没有永远的敌人和朋友，"敌/友"这一政治关系就其本身而言并不深刻，利益都是明摆着的，是暂时性的，而如果文化差异通过政治化变成政治冲突，那么它就反过来加深了政治冲突，因此正是文化使得政治变得深刻。显然，文化不仅仅是一种利益，更是人们的存在论身份，是定位精神和心灵的形式，所

---

① "文化间性"与"主体间性"虽然在结构上有些类似，但却意味着完全不同的关系。主体间性是互相一致的关系，至少是互相一致的条件，但是文化间性却是互相冲突，至少是互相不一致的关系。

以，文化也就是人自身。一旦文化被政治化而成为政治的底牌，政治上的"敌/友"概念就深入人的根本中去，政治概念通过文化概念对自身进行了强化改造，从而形成了政治的文化化，这种被文化化了的政治才形成深刻的政治层次。

施米特的"敌/友"分析模式虽然直达问题，但是还没有完成问题的构造。正如我们所分析的，单纯的政治分析模式并不是全面的和深刻的政治分析模式。亨廷顿对事物的判断有许多幼稚的失误，但却提出了一个深刻的文化政治问题，所谓文明冲突（他的预测越来越被发现是有远见的，只是不知道是不是歪打正着）。尽管他对这个问题的表述和论述是错误的，但却显然推进了政治文化化或者文化政治化的分析模式转向。如果与福山的那种极端现代的思维模式相比较，我们似乎要说，亨廷顿提的问题是"后现代的"。有一个重要特征，以文明冲突来重新解释政治冲突（实际上是文化冲突，说成文明冲突就好像是高级文明在与低级文明作斗争），这其中有着"回归前现代"或者"重新利用前现代"的后现代手法，这一解释使人回想到"政教合一"的古代，特别是基督教的异教徒（pagan）思维模式（也可以扩大地包括异端 heretic），即宗教所定义的敌人同时就是政治上的敌人。现代所创造的科学知识和世俗社会似乎把政治和文化分开了，但是正如后来马克思所发现的，事实虽然变化了，但问题的格式没有变，人仍然不是抽象的人，而是"社会关系的总和"。于是，阶级所定义的敌人成了政治上的敌人。

自从马克思以来，政治和文化之间的互动关系越来越为人们所注意。而从福柯到萨义德等，政治和文化的互动模式被广泛地应用到各种具体问题的分析上去。不过到目前为止，我们还不能说已经有了非常成熟的政治和文化互动研究。至少存在着两个方面的难题：一方面，政治和文化互动关系的哲学逻辑或者说哲学语法还是不清楚，人们似乎谈论了许多事情，但却不知道这些话语是否具有知识和理论上的合法性。在哲学上不清楚，就没有理论的合法性。另一方面，各种表面上似乎很成功的分析模式（无论是马克思的、福柯的，还是萨义德的，或者是亨廷顿的等等）一旦被当作普遍的"范式"来应用，就会产生许多不理想的甚至非常错误的分析结果。比如说，在分析中国这样具有独立的思想线索和历史逻辑的巨大时空存在时，无论套用的是美国右派还是美国左派理论模式，无论套用的是欧洲的宏大叙事还是日本的琐碎叙事，对于中国问题和事实来说，都几乎必然地产生一些不靠谱的、悖谬的、不合事实的理解。原因很简单，中国这样的时空存在足够大，已经形成自己的问题体系和运行逻辑，如果不能够按照中国的问题、线索和事实去深入地进行研究，而是把中国看成西方知识的"田野"，所生产出来的知识就只不过是专门为西方定做的文化和政治演出。目前世界上那些流行的知识范式一直都没有把中国的文化观念和事实这一巨大变量计算在内，没有能够反映中国这一巨大而丰富的社会历史经验和观念储藏，而如果漏掉中国经验这一巨大变量，则必定产生有着巨大失误的知识框架。可以说，目前在世界上被广泛使用的知识体系和理论框架是很不完整的，是一个残缺不全的表述体系，它没有把中国的经验、问题和观念纳入其中，这意味着目前世界上流行的知识模式缺乏充分的经验基础和理论准备，这在学理上是严重缺陷。不理解中国问题，就失去了世界经验和知识基础的一个很大部分，所以，没有纳入中国经验和中国思想的知识体系就不是一个足够有效的知识体系，它不足以表达这个世界需要被表达的问题。

三、文化研究的哲学语法

在今天很流行的所谓"文化研究"一般被默认为一种综合性的研究，既有社会科学成分，又有人文知识成分，但其中似乎比较突出其文学批评、历史以及人类学和社会学背景。不过，无论是文学批评的，还是历史的，或者是人类学和社会学的模式，都有着作为它们的"深层语法"的哲学语法。如果没有充分理解这些哲学语法，就有可能不清楚那些文化分析模式的合法性及其限度。在这里，我们只能非常简单地讨论几种特别重要的文化研究模式的哲学语法。

1. 人类学的模式

人类学试图描述"其他"文化，按照哲学的概念说，也就是描述其他的"生活形式"。这正是维特根斯坦认为哲学所应该着重分析的对象。在这一点上，哲学和人类学是不谋而合的。哲学要描述的是关于生活形式的抽象的和一般的问题，但与人类学所要描述的具体生活问题直接相关。生活形式总是表现为某种"游戏"，因此，每种文化总是个性化的。维特根斯坦的游戏分析方法论直接影响了日常语言学派，而日常语言学派的赖尔的"浓描"概念（thick descriptions）又成为格尔兹的"浓描"理论的资源。如果回到维特根斯坦的游戏分析中去，则能够清楚地理解"浓描"的底牌。维特根斯坦发现，在一个游戏中，一方面，规则在规定着行为，另一方面，行为又在具体实践中不断重新强化或修改规则，于是，规则既定义着行为，又被行为定义着，这就是为什么一个游戏既是稳定的又是创造性的。因此，要完全彻底描述一个行为几乎不可能，因为要描述一个行为就不得不描述相关的所有规则，而要描述规则又不得不描述所有相关的行为，最后等于不得不去描述整个生活形式或者说整个游戏的全部操作。这是维特根斯坦式的怀疑论。

赖尔提出的浓描属于维特根斯坦的游戏分析，但他已经冲淡了其中的怀疑论问题，而把对一个行为的浓描看成是深入其意义的一条道路，尽管他没有说"浓描"这一道路是否能够达到彻底的理解。格尔兹所发展的浓描方法就明显使之变成了一种积极的游戏分析，他不打算深入那些形而上学层次上的问题，而是满足于给定的情景（context）。就是说，假如描述是足够浓密的，那么应该能够打捞到在给定情景中去理解一个行为、一种游戏或一种文化的必要细节。

理解浓描的关键在于，经验主义或行为主义的细节描述无论多么仔细都仍然是"浅描"，只有当描述出各种经验细节之间的意义关系所形成的某种意义解释系统才达到浓描。我们通常在理解一个行为时（比如说一个手势或一个暗号），总是已经知道了能够解释这个行为的意义分析系统，就是说，我们事先懂得这个游戏，所以能够读懂属于这个游戏的随便某个细节。但是当我们进入一个不懂的游戏，就不得不仅仅通过这个游戏的各种细节去发现或者重新建构出这个游戏的内在解释系统。于是浓描就是一种破译，是在一个游戏内部去破解这个游戏的意义系统。

在哲学上，浓描方法等于提出了一个关于人文知识的性质问题。对一个人文事实的描述为什么不同于对一个自然事实的描述？自然事实之间的关系（例如因果关系）并不是意义关系，一个自然事实并不是对另一个自然事实的意义解释，而只是其存在和变化的原因或者条件。而一个人文行为却是另一个人文行为的意义解释，这一点决定了我们不可能"科学地"理解文化事实。要理解一个文化事实就不得不承认一种文化拥有自身的意义解释系统，并且，这个解释系统在解释这个文化时优越于任何外在于这个文化的解释系统。这样，我们就可以理解为什么格尔兹要通过浓描去获得"地方知识"（local knowledge）。

显然，只有当承认了一种文化自己的解释体系时，才有可能去认真地理解这种文化。文化的承认先于文化的理解。而且，"文化的承认"是比"政治的承认"更基本的承认，仅仅有政治的承认仍然不是彻底的承认。或者说，文化的承认才是最根本的政治承认。

2. 跨文化研究

跨文化研究试图建立一种互相反思的方法论。当然，这里已经假设了不同的文化总能够给对方提供重要的反思资源，这等于是假定了，多一种解释系统就能够对任何问题多一些理解，或者通俗地说（也就是不准确地说），我们假定了多一只眼睛就能够看得更清楚一些。这个假定或许不可能得到证明，但是，经验事实却往往对此提供了有利的证据支持。正因为如此，所以我们总是坚持认为"开放性"是好的。给定文化交流是有意义的，但仍然存在着许多可疑的事情。艾柯似乎对文化交流的效率持有一种怀疑论态度（尽管艾柯有力地支持了跨文化对话），他相信人们对其他文化的兴趣在本质上是基于自己的文化兴趣，只不过是在他乡寻找自己。例如，西方人早期对东方有一种兴趣是与寻找独角兽有关的，因此总是迫不及待地把在东方找到的不是独角兽的东西认为是独角兽。格尔兹相信通过浓描就能够进入地方知识以理解另一种文化，而艾柯似乎想问，人们是否有这样单纯的知识兴趣。不过艾柯的怀疑论只是一种犹豫态度，他显然愿意承认文化交流能够促进知识发展这一假设，所以他并不反对去发现某种真正有意义的跨文化方法论，假如能够有的话。

常见的跨文化研究用的是一种比较肤浅的方法，通常称作文化"比较"。比较的方法之所以是比较肤浅的。首先，因为它总是以某种预先的价值判断为前提。进行文化比较而避免预先的价值判断几乎是不可能的，因为，如果没有预先的价值判断就甚至不知道要比较的是什么，尽管有时候预先的价值判断隐藏着而几乎不自觉。只有事先假定了比如"先进/落后"或者"高级/低级"之类，然后才能够有目的地去发现证据，可是证据是廉价的，对于任何一种价值判断，证据比比皆是，没有哪一种价值判断会比其他的价值判断缺少"证据"，在无比丰富的生活中找到某些证据是很容易的事情。

这样的比较虽然有趣可读，因为它总能写成关于文化间如何如何发生互相误会的有趣故事，但这种研究缺乏理论意义。其次，比较方法的肤浅在于，即使"比较"能够产生关于他者文化以及自身文化的某些准确的知识，它也不可能引导出有积极意义的实践，因为仅仅说出"这个文化如此这般"，"那个文化如此那般"，只是提供了一个描述，而不能给出某个文化该"怎么办"的理由，即可以怎么怎么演变或应该如何如何保守的理由。

艾柯等人主张一种积极的跨文化交流，称作互惠知识（reciprocal knowledge）。可以这样认为，文化交流如果是有积极意义的，那么，他者文化必须能够成为一个创造性的源泉而导致自身文化的重新创作，就是说文化交流必须能够形成互相改写的实践的文化间性，而不仅仅是互相观察的文化间性。① 这一文化方法论至少可以有两个哲学理由：（1）艾柯关于"百科全书派"理论的新理解。任何一个事物都是个迷宫，所以不可能有彻底的知识，但是却需要有全面的知识，于是，关于一个事物的有效知识必须是各种知识所构成的"网状迷宫"式的知识体系，它是开放的，没有中心。而所谓"各种知识"在过去只意味着各种学科的知识，而在今天却必须把"各种文化"的各种知识考虑在内，否则仍然是非常片面的知识体系，于是，由多学科知识构成的网状迷宫模型就必须进一步发展成由多文化知识构成的网状迷宫模型。（2）假定我们接受艾柯"新百

---

① 在艾柯主持的"互惠知识"研究中，许多人参加了关于互惠知识方法论的理论构思，包括艾柯、乐比雄、王铭铭和我等等。这里所说的"方法论"只是我的主观看法，并不完全代表其他人的意见，尽管我们的构思并无根本冲突。

科全书"方法论，给定对于任何一个事物，都存在着关于它的百科全书知识，那么，各种文化和各种知识之间的关系是什么？艾柯理论仅仅指出了"开放的"网状路径，但还没有涉及文化和知识的交往合作方式，这就相当于开了交通道路，但没有建立贸易方式及其合法性论证。我们有理由假定，如果文化间性构成一个文化的公共空间，各种在场的文化就必定成为这个公共空间的必要部分，文化间的交往必须能够使各种文化在交往中受益，并且形成这个文化空间的共同问题，否则交往就是无意义的。根据我提出的 syntext（综合文本）概念，文化间性必须表现为不同文化和不同知识体系之间的互惠改写（reciprocal rewriting），从而达到使各种参与互动的知识体系发生某些结构性的变化和问题的改变，并且合作地产生新的知识和创造新的问题。如果没有这样的好处，文化交往就只不过是文化"观光"。或者进一步说，如果某种文化的某些理念是可以被普遍化（universalized）因而成为世界通用的普遍理论的，那么，别的文化的某些理念也可以被普遍化而成为世界通用的普遍理论，否则不可能形成得到普遍承认的普遍知识。"普遍性"本身也必须被普遍承认。双向的普遍化正是文化交往的合法性根据。

3. 文化批判

文化批判是当代文化问题政治化的一个重要方式。文化批判根源于社会批判。社会批判是现代性的一个基本特征，它甚至可以追溯到文艺复兴对古典等级社会的批判，马克思主义则是最典型的社会批判理论，它奠定了社会批判的基本模式，甚至开始了文化批判

（后来的新马克思主义包括法兰克福学派以及新左派等的社会批判和文化批判虽然有些新内容，但没有超越马克思的基本框架）。不过，马克思的批判模式并非唯一的批判模式，只是特别典型和激烈。所谓的右派也有着社会批判和文化批判，只是其批判模式有所不同。尼采哲学虽不严谨，却有力量，它是典型的文化批判，它试图指出现代社会在精神和价值上是多么堕落可耻。从尼采到后来的列奥·施特劳斯（Leo Strauss），都指出了现代性的本质在于争取权利的斗争，其中有两个基本路径：一个是"新的反对旧的"或者说"进步的反对落后的"，这是现代性在时间方面的运动；另一个是"低的反对高的"或者"边缘的反对中心的"，即被压迫的人们争取平等权利的斗争，这是现代性在空间方面的运动。现代性的斗争运动表现在一个社会内部空间中或者说"本地"时，它就只是社会批判，而当发生在不同文化之间或者说"此处"和"他乡"之间时，就变成了文化批判。无论是社会批判还是文化批判，都是在话语形式中进行的争取权利、谋求被承认、试图解放自己的斗争，简单地说，就是话语中的政治权力斗争。

也许可以说，文化批判是社会批判的深层结构，或者是社会批判的升级版，是更加彻底的批判。在今天，社会批判的最基本手法仍然是马克思模式，它力图揭示出由不公正的经济关系所导致的社会不公，并且试图证明不公正的社会同时就是反动的或落后的即妨害人类自由发展的社会。文化批判的基本手法之一是福柯模式，它主要是揭示出某种知识/权力的运作结构，以及在这个运作结构背后的利益关系；另一个基本手法则是尼采模式，即反对价值堕落。

从理论上说，社会批判有着更完整的结构，它的优势在于，它有着明确的批判依据，即现代性的核心概念"进步"（尽管这一指标是非常可疑的，但它可以指向明确的实践后果）。凡是不够进步的，就被认为是必须被推翻的。马克思以非常明确的未来理想定义了进步，这一点决定了马克思主义是比任何"资产阶级理论"更典型的现代化理论。社会批判的结构之所以是完整的，是因为它不仅是批判理论，而且同时还是革命理论，只有通过革命实践才能完成批判，只有革命才能改变原来被批判的世界，否则批判就只是一纸空文，所以马克思才有理由以"改造世界"去嘲笑"解释世界"。与此有些不同，文化批判虽然也是政治性的，但是却没有一个革命理论作为后续理论，这样就从"改造世界"退回到"解释世界"的层次上。虽然文化批判缺乏改造世界的雄心，但它是一种特殊的"解释世界"的做法，它的解释就是去解构别人的解释，也许可以说，它虽然没有改造世界，却嘲笑了世界。在这个意义上，文化批判或多或少是后现代的。无论如何，文化批判由于没有包含一个革命理论而终究缺乏力量，而且在理论上是不完整的。如果所能够说的终究不可以做，那么，嘲笑世界这件事情也会被嘲笑，后现代主义从一开始就意识到了这一点，所以后现代总是同时采取了自嘲风格。今天的文化批判不但没有超越文化革命的深刻问题，反而退化成为对世界的有节制的嘲笑，与被批判的世界同流合污而达成"双赢"。

四、文化存在论的一个基本问题

要理解文化问题的实质就需要理解文化的存在方式。经典的存在论讨论的是抽象的或一般的"存在"问题，原则上说适用于任何种类的事物，不过，经典存在论如果不与知识论配合地去讨论事物，就几乎没有意义，离开了知识论的存在论没有什么可说的。所以，一般存在论本身没有意义。海德格尔把存在论由一般存在论落实为人的存在论，这是意义重大的改革，因为只有通过人的存在境遇，存在才能够成为一个问题。接下来又会出现问题，人的存在经验所能够显示的存在问题仍然是非常单薄的，人是精神性的存在，可是存在经验并不足以显示人的精神性存在的问题。由于人的精神存在表现为文化存在，所以，从理论结构上说，人的存在论问题很大程度上需要表达为文化存在论（culture ontology）问题。

文化的生存问题可以看成一个广义的"经济学"问题。既然文化是精神的存在形式，那么，文化一方面"占有人"，即占有人的精神，另一方面又"被人占有"，即它是人所拥有的资源。于是，文化具有两个基本存在性质："可占有的"（to be possessed）和"去占有的"（to possess）。显然，人与某种文化事实的关系必定是：（1）如果一种文化事实（如权力、权利或保密知识等）在存在论意义上是能够被独占的，而且，一旦被分享就会贬值甚至完全失去价值，那么，人们将试图独占它；（2）如果一种文化事实（如语言、价值观、制度和时尚等）在存在论意义上没有可能被独占而不得不被分享，那么，人们将使用它去占有或支配他人的心灵。

这里有个关键问题，不能独占而不得不被分享的文化事实天生是"侵略性的"或者说是扩张性的，它的存在意义甚至它的生存条件就在于扩张自身，或者说最大化自身。以语言为例子，母语和说母语的人是给定互相占有着的，但是对于其他人来说，语言的推广就是去占有他人的心灵，于是，在文化这一特殊的存在事实上，"被分享"并非"被送给别人"，相反，"被分享"就是去占有他人。凡是可分享的文化事实越被分享就权力越大，因为它占有的人会更多。不管我们愿意不愿意，文化天生就是包含着权力因素的存在事实。语言、思想、价值观和时尚等虽然是公共性的，但却是一种非常特殊的公共资源，它的一些性质甚至与一般经济学意义上的公共资源的性质恰好相反。对于物质性的公共资源而言，由于任何一个人对某种公共资源的使用都不能排除其他人对这种公共资源的使用，因此必定会导致所谓"公共资源的悲剧"，例如没有被干预和管理的公共渔场因为"租金消散"很快就无鱼可捕。但是对于语言或思想这样的公共资源，它的性质恰好相反，一种语言/思想越是被公共地开采和使用，它的利用价值就越大，权力就越大，越被集体开采，它的储量就越多（解释者和批评者越多，它就不断得到补充和发展）。既然这种思想的权力变得越来越大，它就控制着更多的人的心灵和行为。假如一种思想成功地成为普遍思想，那么它就相当于精神垄断企业，它通过成为支配性的话语而控制一切心灵，结果人们就只剩下"嘴"是自己的，但"话"都是别人的。可以说，思想成为公共资源不但不是悲剧，反而是"公共资源的凯旋"。

一种文化越是成为普遍的和公共的资源，它就越成功。这种另类经济学的"公共资源的凯旋"至少表现为两种情况：（1）文化依附体系。一种普遍化程度比较高的文化就获得更大的政治权力。在文化权力的诱导下，人们放弃自己的文化而依附于另一种文化就是媚俗。在现代世界，尤其在全球化时代，媚俗成为文化间性的一个主要形式是不足为奇的。（2）"自动实现的预言"的历史。一种文化或知识成为人们思想和行为的主导，那么，它所预言的或者推销的"未来"就将通过被它所导向的集体行为而几乎必然成真，于是，历史就变成提前写成的了。这才是真正的"历史的终结"。

五、文化身份所认同的是什么？

没有一种文化就其本身而言需要什么身份（identity），所谓文化身份纯属文化间性的产物。文化身份是文化间性导致文化成为一个问题的明显标志之一。各种文化在声称自身的身份时，它到底是事实陈述还是价值判断？

考虑一块石头，比如说一块最大最漂亮的钻石，当然有着区别于所有石头的性质，但是它没有必要有自我认同，它只不过"是什么什么样"就是了。人意识到"自己是什么什么样"，这表面上看同样是个关于存在论状况的表述，但是由于这个存在论表述已经同时是个反思性的描述（a reflexive description），因此问题就复杂化了。给出一个人的基因编码，就足以描述他的"唯一性"，但是没有人会满足于把基因编码之类的准确描述看成关于他"是什么什么样"的表述。比如说，基因编码表明某人智力平庸、体能低下等等，没有人愿意相信这样的身份界定。显然，自我认同只是采用了事实描述的形式——因为这样可以显得好像无可置疑，显得科学和公正——其实是伪装成客观陈述的主观表述。就是说，自我认同是个把自己理想化的表述，它已经由表达"是什么"的事实陈述暗中演变成表达"想是什么"或者"相信是什么"的价值预期。因此，自我认同是一个自诩的预制身份（自我认同在本质上都是自我表扬，但偶尔也会有情景性的自我贬低，比如为了逃避承担责任，或者为了减轻心理负担，或者为自己的失败辩护）。

自我认同语句是伪装成陈述语句的价值语句，这一点应该是普遍而明显的事实。表面上看，界定差异的语句是客观陈述：X 区别于 Y，因为 X 有如此这般的性质。当抽象地说到"X 和 Y 有着关系 R"，这似乎不会产生什么价值问题，但是当具体地代入为"自己（self）和他者（the other）有着关系 R"，就会出现价值问题。可以明确，自我认同是在"自己和他者的关系"格式中出现的为了维护自己利益和权利所进行的价值论证或资格论证。或许这样一个关于自身认同的定义是合适的：给定他者的存在，自身认同是一种自私认同，它表现为对自身所有利益以及各种权利和权力的主观预期，而且这种主观预期总是表达为一个价值优越的文化资格论证。正如前面所分析的，自身认同表面上采取的是"如其所是"的表达形式，但这其实不是它的兴趣所在，它实质上是"如其所求"，并且，这个"如其所求"又同时在价值资格上被论证为"所求即应得"。满足这样一个结构的自身认同就是一种认真的自身认同，否则是不当真的。文化身份就是非常典型的作为资格论证的自身认同。

文化身份既然是资格论证，就当然在价值判断上不讲道理。在价值判断上不讲道理其实是合理的，因为它本来就是对自身的一种价值辩护，当然不能去为他者辩护。可是假如一种文化身份在概念上和事实上不讲道理，则又只能产生无效的身份。现在流行的一些作为文化身份的概念，例如"东方""亚洲价值"甚至"西方"等，就是无效的或者正在变得无效的身份概念。

"东方"是个伪概念，正如许多人都已经论述过的，"东方"是西方创作出来的一个虚假的文化存在，所谓"亚细亚生产方式（生活方式、社会和观念）"，所谓"东方主义"（神秘的、落后的、专制的和审美的），诸如此类。总之，是按照西方的历史观（特别是"进步"和"现代"观念）以及知识论（特别是"理性"和"科学"观念）去定义出来的"东方"。可是东方并没有一致性，东方各种主要文化之间的差异绝不小于东方与西方的差异，所以不存在"东方"这个事实，我们只能"听说"有东方，却"看不见"东方。东方这一身份既不是事实，也不是东方各种文化想要的身份，所以既不符合事实判断，也不符合价值判断，也就不是一个有效的身份。

和"东方"这个概念一样，"亚洲价值"概念也基本上不成立，因为并没有什么理由能够证明亚洲的几个大文化传统之间有着更多的相同价值观，而与西方文化之间则有比较少的相同价值观。通常被主推的据说是"亚洲价值"的集体主义，就是一个典型的东方主义虚构，尽管亚洲价值是被作为一种"正面的"价值来论证，但是关于亚洲价值的定位却仍然参考着西方所提供的描述框架。在亚洲原本的思想中，很难说有集体主义这一主张，它其实是因为西方主张个人主义而采取的故意对比，因此难免似是而非。集体主义总是以宗教、类似宗教的政治意识形态或者民族主义为条件的，可以看出，集体主义至少与中国这个最大的亚洲文化的精神并不非常吻合。相反，西方虽然有个人主义的一面，但同时又有集体主义的一面。集体主义与其说是亚洲的，还不如说是西方的某个方面，就是说，个人主义和集体主义这两个概念都是西方的。东方在根据西方概念框架去虚构各种东方价值时，这一在理论上多少自相矛盾的背景有时候就会使得诸如"亚洲价值"这类概念始终不清楚而且缺乏力量，即使把它说明确了，也不会有真正的特征性。亚洲价值之类的概念如果作为政治策略，那么是可以理解的，但假如作为理论概念，则是不合格的，并不足以作为挑战西方的他者价值。哈贝马斯在《论人权的合法性》一文中就专门有一部分批评了"亚洲价值"话语在学理上的缺点。[1] 毫无疑问，东方各种文化或者亚洲各种文化当然有着自己的伟大传统和独特的价值观，问题的关键在于，这些价值观恐怕不能够按照西方的概念格式去定位，否则就总是没有表达出自己的理论，却总是被表达成比较蹩脚的西方理论。

　　"西方"的概念也在发生严重的分化，这又是一个非常有趣的现象。尽管欧洲和美洲在基本观念上是同源的（当然是以欧洲为源，尽管欧洲也从美国那里学到一些观念），但美国文化越来越显示出它是欧洲文化的另一个版本，这个美国版本的西方文化越来越具有它自己独立的性质，与欧洲貌合神离，甚至逐渐发生文化冲突。美国所创造的现代大众文化、文化工业、数量主义、标准化生

---

[1]　哈贝马斯：《后民族结构》，上海人民出版社，2002。

活、消费主义、政治正确、艳俗格调、牛仔文化等等，以及经过美国过分强化了的个人主义、自由主义、商业至上精神、胜者通吃、帝国主义等"一般的"西方观念，与欧洲的精致文化、精致生活和传统观念已经开始发生深刻的分歧。当然，西方仍然还是笼统的西方（相比之下，东方连这种笼统的身份都是虚假的），西方毕竟还有在宗教上的（上帝）和意识形态上的（人权）一致性，但在文化的各种细节方面则有比较大的分歧。这个经验现象提出了一个值得关注的理论问题：那些相对比较细碎的、比较次要的文化细节分歧是否最后会以"量变到质变"的方式导致一个文化共同体的解体？例如西方概念的解体？或者说，不同文化在基本原则上的冲突固然难以互相接受，在细节上的严重分歧是否其实也是难以互相容忍的？

也许最有理论意义的文化身份问题是"中国"。但是这个问题也最容易被表面化、浅薄化处理，即很容易在流行的文化解释范式中被解释成一般的世界运动特别是世界的"现代化"运动的一个从属部分。诚然，中国义无反顾地追求着现代化身份，在这个过程中，也毫无疑问地有着所谓东方国家或者发展中国家所遇到的各种"东方主义"问题和困境，中国本地文化也同样受到西方文化霸权的冲击和歪曲，西方对中国的歪曲甚至很可能超过对其他任何文化的歪曲，但是，中国文化对西方文化的独特反应以及西方对中国的完全荒谬的歪曲正好说明了背后有着异常的原因。萨义德以阿拉伯为分析对象所建立的东方主义研究模式尽管是富有启发性的，但无疑过于简单，中国的情况要复杂得多得多，如果去套用那种美国左派的研究模式恐怕不会有很大的意义，同样，套用美国右派思想也不会有什么意义。

那么，中国文化的境遇特殊在什么地方？关键在于，中国文化与西方文化并不是一种对立性的关系，尽管中国文化非常的不同于西方，"非常不同"的东西之间不见得是对立的，很可能是互补性的。事实上中国欢迎了西方文化，以至于现在的中国是个相当西化的国家。而阿拉伯文化与西方文化之间的那种紧张关系是由于它们都是宗教性的，而且在根本上是原旨主义的文化，都是一定要树立"他者"而后才生产出自己的意义的文化，也就是依赖着"异教徒"思维模式的文化，都是在区分"我/他"模式中的文化。而中国文化的根本性质就在于是在"我/他"模式之外的另一种模式，强调的是兼收并蓄，融合他者，所以能够在今天形成中国的双重文化身份，即中国传统和西方现代文化的双重文化身份，由此很容易理解为什么中国的现代方案总是"中西结合"，这是唯一的众心选择又是唯一可行的方案，没有人能够找到另一个更好的方案。尽管"中西结合"这个普遍方案经常被嘲笑，这个说法也可能确实有些俗气，但它是唯一被选择的事实。这一点说明了如果学术藐视庸俗的事实就将会失去整个事实。表现在物质存在和社会存在中的观念必须被研究，因为社会生活最敏感，生活本身最有活力，生活中庸俗的、主流的、制度性的部分才最有力量，所以，历史反思的对象首先应该是庸俗的普遍事实，而不是某些稀奇材料。

在中国文化和西方文化之间，主要的问题（按照毛泽东的说法则是"主要矛盾"或者"矛盾的主要方面"）并不是"我/他"的对立关系（尽管我/他之间的某些矛盾总是存在的），倒是"新/旧"

之间的历史嫁接问题。在现代中国，所谓"先进的"生活（其实仅仅是在技术上的先进）成了进口商品，如何去过别人的生活？如何去想别人的事情？如何变成别人？当然，最后是，如何把变成的别人再变成自己？这些就是中国在西化过程中的问题。由于中国文化强调的不是"我/他"对立，而是"新/旧"嫁接，于是自然而然所采取的方式就是把"西方"内化，把"他者"内化，把别人的变成自己的。于是，就有了中国特色的马克思主义、中国特色的社会主义、中国特色的现代化、中国特色的市场经济以及各种中国特色的生活细节。这样一种中国现代经验事实上已经建立了一个有着积极意义的跨文化模式，这种以扩大自己的容量的"内化他者"模式从根本上不同于"守住自己"的文化批判模式。可以说，对东方主义的反抗仅仅是试图"把别人说的给说回去"（unsay the said of self），这虽然有益于纠正许多文化间的误读和误解，然而，误读另一种文化并不成为严重问题，除非是恶意的。真正重要的是通过内化他者而创造一种新的文化。当然，中国现代经验中也有许多失误，包括过分西化的问题，但其中这一内化他者的模式对于文化创新显然是非常重要的经验。其实也正是因为中国现代经验暗含着这样一种文化重构的模式，它所创作出来的新文化既不是中国传统的也不是西方的，它没有真的变成西方，而是利用了西方，所以才会让西方感到茫然。在这个意义上，中国文化具有了真正的开放性和前沿性，而西方文化正在变成封闭的和保守的。

Eurasia、Pacificia 和 Atlantia 的文化政治分析框架 *

一、思想准备：一个关于"文化重构"的问题

在今天的全球化背景下，我们不得不想象一种新的世界观，一种关于世界的整体理解。但是这种理解不再是形而上学，而是一种政治/文化哲学。这种哲学当然包含着传统的政治/经济/社会哲学思考，但还特别包含文化反思，因为文化问题在今天已经成为一个政治问题，可以称作"文化政治"问题。

＊ 本文原载《跨文化对话》第 16 辑，2004 年。原题为《"欧亚"概念作为一个互惠利益最大化的策略》。

　　马克思早就指出哲学的真正问题不是解释世界而是"改造世界"，但这一见识在很长时间里被现代哲学认为是偏离了知识论的正规道路。实际上是现代哲学偏离了哲学原本的正宗道路，无论是在苏格拉底和柏拉图的正宗哲学中，还是在孔子和老子的正宗哲学中，知识问题与道德和政治问题都是一致的，知识问题是依附着政治和伦理问题而具有意义的。在今天，人们越来越意识到知识不仅是对世界的表述，而且是对世界的重新创作，不仅仅是"说"，更是"做"。选择一个好的世界就是去选择好的知识。于是，知识就成为一个政治/经济/文化三位一体的"写作"问题。写作不是反映事实，但也不能离开事实，而是改写事实，也就是说，至少就人文社会知识而言，"知识"这一概念强调的不是对世界的"如实反映"（reflection of），而是"有效相关"（relevance to）。在新的知识概念中，重新构造知识体系是关于世界未来的一种政治责任。

　　在科学兴起的时代，知识的主要任务是利用和开发自然，自然科学、逻辑和数学的基础问题就成为知识论的核心问题。在今天，人们主要的困惑是关于社会、生活和精神的问题，于是，人文社会知识就成为当代知识论的核心问题。把人文困惑当成主要的思想问题，这并非新鲜事物，而只不过是对正宗哲学问题的回归和重新提出，即重新回到希腊和中国先秦的问题体系。人们一般都承认，人文社会知识所提出的"知识问题"与自然科学所提出的很不一样，不能混为一谈。但由于人们对科学已经建立了宗教式的崇拜（现代社会的真正宗教并不是那些传统宗教，而是金钱、科学和人权这三种变相宗教），于是，现代的知识概念至今仍然主要追随自然科学的知识标准，而基于人文社会知识特性的知识标准还没有建立。罗蒂曾经对"镜像式"的知识进行了深入批判，认为以自然科学的模式去生产社会科学显然是荒谬的，既不可能又没有用处。他声称哲学不应该继承追求"真理"，而应该成为"文学"。这个见解已经多少涉及前面说到的知识成为"写作"的问题，但罗蒂把哲学划归为文学，却是个错误答案，这一后现代理解缺乏思想的严肃性，它毁掉了思想性的写作。思想必须是高度严肃的写作，尽管是与科学不同的另一种严肃。显然，文学可以基本上与世界无关，可以是幻想或者个人的奇异经验，它可以是严肃的，但在本质上可以是不严肃的。如果不具有与世界和社会大事的高度相关性，就没有严肃性。除了真理以外，至少政治和道德都是具有高度严肃性的问题。正如列奥·施特劳斯在解释卡尔·施米特的政治理论时所说的，一个政治终结后的世界只是一个"娱乐世界、逗乐世界、没有严肃性的世界"①。因此，除了关心真理，我们还必须关心政治。

全球化正在生产一个新的时代，这个新时代非常可能是对现代性的超越，但它到底会是什么样的，目前还没有把握。许多人愿意认为新时代有着"后现代"特征，这一点很是可疑。正如我在别的文章里曾经论证的，后现代只是现代的自身反讽，是一个消除了严肃性的现代景象，它不可能超越现代性，因为不存在一个后现代制度，正因为后现代缺乏属于自身的制度支持，所以它只是现代的一

---

① Leo Strauss, "Notes on Carl Schimtt, *The Concept of the Political*," In Carl Schimtt, *The Concept of the Political*, p. 101, Chicago Univ. Pr., 1996.

个"娱乐性"部分而不是一个新的时代。哈特和尼格瑞的《帝国》①似乎有着不同意见,他们的理论暗示说,美国式的具有"网络性"支配力量的新帝国就是一种"后现代的"权力制度,至少将来会是如此。也许在超越了民族/国家体系这个意义上,新帝国可以被说成是后现代的。不过,事情不是这么简单,新帝国并不是一个已经成熟和明确了的现成知识对象,这说明了它不是一个可以明确刻画的历史时代,而是一个通向某处的"过渡期"(杨念群认为历史的过渡期尤其值得分析),而"某处"正是还不清楚的东西。新帝国只是试图超越民族/国家体系的某些不稳定的尝试,至多是一些当下策略,但远远还没有成熟到形成一个自成体系的、有着完整理论支持、有着充分的合法性论证和法律化安排的政治/经济/文化制度。目前的世界并不是一个有着稳定运行方式的世界,所以还是个"非世界"(non-world),因为它是个"没有世界观的世界"。

当下的美国就是这个不成熟的新帝国,它有着帝国的军事和经济实力,但是却欠缺与之匹配的政治理论、社会理论和文化理论,也就是说,有了帝国的能力却没有帝国的理念和制度。所以,所谓新帝国,只是一个过渡状态而不是一个制度事实。这个过渡状态可以有许多种描述方式,新帝国只是其中一种可能的描述,并不一定是最合适的分析框架。还可以有别的分析框架,到底什么是最合适的分析框架还未见分晓。例如,又有四位中国学者(其中包括《超限战》的作者乔良和王湘穗)共同提出了"新战国时代"的描述框

---

① M. Hardt,A. Negri,*Empire*,Harvard Univ. Pr.,2001.

架①，这也是一个关于过渡时期的分析，他们相信这个历史过渡期
将是一个相当长的"割据"时期，而这个多头的割据形成了多种变
数的局面。而欧盟近来所代表的"欧洲理念"又是另一个必须分析
的思想，它很可能是一个更加有理论价值的分析对象，尽管欧洲没
有美国那么强大，但它却是"有理念的"，至少是正在形成理念。
美国的政治理念仍然是属于民族/国家层次的，而欧盟概念至少部
分地超越了民族/国家体系，是个"大区域"共同体。欧洲理念利
用了从希腊以来的追求德性和公共性的精神传统，特别利用了康德
关于政治联盟和世界和平理论以及福利社会实践经验，试图推出在
欧盟共同体模式下的"社会市场"和"生活质量"等理念。中国同
样是未来世界和时代的最重要的分析对象，中国具有当今世界上最
宏伟的发展变化经验，它成为研究世界未来的最重要的材料和理论
依据，而且也正在产生出新的政治和社会理念。同时，中国拥有历
史最为悠久的"世界政治理论"，我愿意称之为"天下理论"，它完
全在民族/国家的框架之外去思考政治治理的问题。② 如果一种关
于世界的理论不是基于对中国理念和经验的研究，就不再可能成为
有意义的理论。

　　在关于未来世界的理念没有成型之前，我们不能肯定未来是个
什么时代。问题是新时代将要来临，关于未来的理念准备就变成了
一个非常紧迫的问题。我相信未来时代首先会是个"文化重构"

---

　　① 王建、李晓宁、乔良、王湘穗：《新战国时代》，新华出版社，2004。
　　② 赵汀阳：《"天下"概念与世界制度的哲学分析》，载《年度学术2003：人们对
世界的想象》，中国人民大学出版社，2004。

(re-culturing) 的时代，可能有些类似文艺复兴的情况，它将是人们重新反思各种古代问题而进行思想创新的时代，那些古代问题从来就没有被解决，而是被遗忘，今天人们重新意识到那些古代问题才是真正深刻的无法回避的现实问题。各种文化都会在全球化过程中重新形成某种新的文化，就像过去各种文化生成的时代一样，是一个文化重生的过程，它将全面地修改社会制度和生活制度。

二、Eurasia、Pacificia 和 Atlantia 的文化政治格局

理解这个关涉着社会和生活制度改造的"文化重构"过程首先必须分析现成的政治格局。卡尔·施米特有个分析政治问题的哲学框架，所谓政治问题无非是个"区分敌友"的问题（the distinction between friend and enemy）。[1] 这一见识与毛泽东关于"朋友和敌人"是首要问题的分析几乎完全一致。这个框架不仅可以用于严格意义上的政治/军事分析，同样可以用于作为广义的政治关系的经济和文化关系的分析。目前世界的政治/经济/文化关系大概可以分为 Eurasia、Pacificia、Atlantia（欧亚体、太平洋带、大西洋区）这样的框架，以便能够比较简练地分析几种可能的政治/经济/文化合作。《新战国时代》的作者们也有一个三分的分析框架，他们的分析是以经济关系为依据的，分为"美元区""欧元区"和作为潜

---

[1] Carl Schmitt，*The Concept of the Political*，Chicago Univ. Pr.，1996.

在可能的"东亚元区"。他们的分析很尖锐，不过我们这里要讨论的问题却有所不同。

我准备给出这样的直观：目前已经相当明显起来而且在未来可能会更加明显的 Eurasia、Pacificia 和 Atlantia 的三分关系是一个政治/经济/文化的混合关系，于是我们必须复杂地给予思考，而不是单纯或偏重考虑比如说意识形态关系，或者仅仅考虑经济利益关系，就是说，我们必须谋求一种在综合因素下的总体利益最优策略。在这里特别表现为，在思考利益最大化时，必须同时考虑到各种各样的利益的综合利益最大化，而不能仅仅考虑到其中的某种利益，或者认为某种利益（例如经济利益）就足以决定其他各种利益。① 这样的总体思维意味着一种与科学知识论的还原（reduction）/分析（analysis）模式不同的新知识论，可以理解为一个政治/经济/文化的"综合性分析"（synanalysis）。由于社会生活的每一个事实都是在实际上具有不可以分别分析的混合相关性质的存在，而传统的专业化分析总是对某些相关性质的忽视，因此我们不得不进行混合文本（syntextual）的理解。这不仅仅是所谓多学科（multidisciplinary）的理解，而且是在多学科之上的哲学总体理解。强调综合性分析是为了能够理解一个事物、一个国家甚至世界的总体利益。真实的情况是，人们所需要的利益不仅仅是经济的，还需

① 王建、李晓宁、乔良和王湘穗的《新战国时代》对世界格局进行了深刻的分析，有许多精辟的见解和强大的论证，这里不能详细讨论。不过在我看来，他们的分析方法论仍然是单元路径的，他们以"经济利益"为分析基础，得出许多惊人的结论。例如，欧洲被认为是与中国缺乏共同利益的竞争对手，而日本才是中国特别应该联盟的国家。这是值得商榷的。

要其他同样重要的利益，例如生活方式、价值观和社会制度，因此我们必须考虑到各种利益的总体利益。

经济利益往往被认为是唯一重要的或者至少是最重要的，这里有一个潜台词：经济利益虽然不等于所有利益，但各种利益都能够通过经济利益而获得。这样一个"经济学帝国主义"的假设是错的，就像金钱不能购买幸福，经济也不能保证好生活和好社会，更不一定能够产生伟大的文化和高尚的精神生活。经济地思考一切，不一定能够得出正确的总体利益计算。比如说，如果仅仅从经济的角度去看，Pacificia 的合作关系对中国和美国，还有中国和日本，就非常可能是各方的最佳策略（不过这些问题的变数太多，这里无法非常肯定）。但这样的经济最佳策略是否就是"总体利益"的最佳策略就不好说了。当然，这里绝不是否认经济的重要地位，无论如何，经济是"国富民强"最重要的基础，问题是我们需要比经济利益复杂得多的总体利益。经济不是决定一个社会是好社会的唯一因素，甚至不是最根本的因素，而我们最终需要的是一个好社会和有质量的生活，这样就不能忽视欧洲的制度和文化的重要性，尤其不能忽视 Eurasia 的合作。甚至，经济也不是决定敌友标准的唯一根据，在这里还需要引入文化作为分析敌友关系的重要指标，因为文化不仅是决定"生活质量"（quality of life）的一个重要因素，而且是制度的基础。好的制度需要有好的文化作为根据。当然，"好"是个含糊概念，不可能完全明确，但一种好的文化必须具有多品级的结构，并且有着以高贵德性、深刻思想和卓越品质为导向的整体精神境界，也就是说，必须有着"向高贵和卓越看齐"的内在结构

（可以称作"柏拉图结构"），否则生活就必定走向低级趣味和庸俗品性。①

　　尽管亨廷顿的文明冲突论错误很多，尤其是关于"西方对抗其他地区"这一基本分析框架是完全的错误，但他无疑发现了一个深刻的问题，就是文化必须被理解为世界政治的一个最重要因素。文化尽管不像经济那样是一种明显的物质利益，但它是更深刻的精神利益。文化通过生产思想、价值观、信念和趣味而操纵人们的几乎所有行动，进而最后决定了社会制度和整个生活，所以文化是最大和最终的利益。在这个意义上，文化变成了一个严肃的政治问题。与亨廷顿的文明类型划分不同，我们更应该关心的是"厚文化"（the profound cultures）和"贫文化"（the poor cultures）之间的"文化阶级"鸿沟，而不是不同种类文明之间的冲突。各种"厚文化"之间无论风格多么不同，都具有悠久伟大的智慧，这使得它们在更深刻的层面上区别于"贫文化"。那些伟大的智慧之间可以存在分歧，但都是值得互相尊敬的。因此，从中长时段的历史观来看，厚文化之间的合作会比经济上的合作更能够深刻地改变世界和创造未来。基于这样的理由，我愿意推荐把"厚文化"和"贫文化"的区别作为文化政治上的"敌友之分"的一个根据。

　　亨廷顿"文明冲突"的论点是一种后冷战的对世界未来缺乏善意的期待。目前各种文明之间确实存在着某些冲突，这是事实，而且有迹象表明这些冲突还会继续，因此亨廷顿不是在胡说。可是，

----

　　① 从苏格拉底、柏拉图到亚里士多德都看不起民主制度，理由是民主制度不是以卓越品质为追求目标，而是以个人自由为目标，这就必定鼓励堕落和庸俗的生活。

仅仅说出一些事实是不够的，这不是思想，甚至不是一种有意义的期待。由目前事实来推论未来至少是一种坏的策略和期待，因为"事实"永远是坏的（人们总有理由对现实不满）。有意义的思想必须同时是关于未来的一种积极的和善意的理念，如果不能说出希望之所在，那么又有什么意义呢？又说它干什么？显然，只有当世界有希望，或者说世界有可能变得好一些，思想才是有意义的。假如世界已经彻底没有希望了，那么任何话语都成了废话。于是，不管未来实际上会是怎样，为了使思想和话语有意义，我们都必须假定世界是有希望的，未来必须被理解为不同于现实的创意或想象，而且这种创意或想象必须是善意的和美好的，否则无意义。显然，如果决心让坏的现实继续烂下去，就不需要创意了。所以，关于人类生活的任何一种知识如果是有意义的，当且仅当（if-and-only-if），它是一种创意并且是善意的。这是思想的一个秘密：思想只能往好处想，否则就不用想了，只有往好处想，世界才会有希望。

在分析 Eurasia 概念时，我准备坚持一个互惠博弈（reciprocal game）的假定。虽然能够作为给定的出发点的只能是非合作博弈，而且，按照经济学理性，非合作博弈往往导致一个"两不赢"的坏结果（尽管不可能是最坏的），但是我疑心这样的计算忽视了人的创造性和理想主义要求，还忽视了人们对短期和长期、小事和大事的不同处理方式。人们在短期事情和小事情上也许更倾向于按照经济学理性去思考，但在长期事情和大事情上则可能更有理想主义追求并且希望能够创造性地解决问题而达到共同利益，也就是说，在长期的或大的事情上，无论是否合理，人们都下定决心以理想主义的甚至浪漫主义的态度去往好处想，而这种不合乎理性的思想正是人类做成好事的希望所在。没有一种伟大的事情是计算成真的，而是坚持成真的。在长期的事情和大事情上，从所能够追求的总体利益最大化可能性上说，只有当各方的利益都最大化才能使得任何一方的利益最大化，或者说，最大化他人，才能同时最大化自己，只有让他人获利自己才能获利。因此，在处理大规模的事情时，非合作博弈必须转变成为一个互惠博弈，于是，人们不仅仅"在博弈中"选择占优策略，而且同时也在对博弈方式甚至"博弈"本身进行选择，以便使得互惠策略同时就是占优策略。这个假定更像是哲学意义上的而不是经济学的博弈论。

三、"形"和"势"的分析方法

在这里，我希望利用中国思维中的两个密切相关的概念"形"和"势"作为方法论，来想象一种关于政治/文化博弈的哲学理解。

假定一个政治/文化实体可以表述为特定的资源配置，那么两个以上的政治/文化实体之间的静态关系就构成一个特定状态的"形"，而如果进入动态关系的理解，如何利用实际上的"形"而构造一个最有利的"形"，这样一种关于"下一步"以至无穷的总体利益最大化行动策略，就必须理解各种潜力和倾向的可能变化，也就是"势"。以形造势，就是动态博弈的关键。特别需要指出的是，这种对可能变化的理解过程在理论上说是停不下来的，是无止境的。因为人类的思维能够面对所有可能性，因此可以有无限的创意，如果一个生活博弈规模足够大，便有无穷复杂的变化，我们永远不可能获得有关的充分信息。当然我们仍然希望获得足够多的知识，可是理论上的谨慎又可以是一种实践上的缺点。这里有一个可以称作"知识/行动悖论"的事情：假如我们试图获得充分的知识或者"尽量多/足够多"的知识而后行动的话，那么结果将反而失去更多的知识，因为历史进程不可能停下来等待我们的决定，在我们不做决定的同时，别人的决定就会把事实或历史进程做成另一种样子。这种事实/知识对象的改变恰恰使得许多现成的知识/信息失去与事实的对应性而报废，因此，这个悖论就是：如果我们追求事先的充分知识，那么将失去知识。于是，获得关于社会博弈的有效知识在很大程度上表现为实践上的"争先"，让自己"所做的"成为别人的新的知识对象。成功的行动不仅创造了属于自己的新知识，而且同时消解了原来不利于自己的、在别人手里的知识。中国哲学一向把"行动/知识"互动关系看成是最基本的哲学问题，而且是知识论的基本问题，尽管这种知识论非常不合乎西方知识论的模式，但却是另一种知识论境界。我曾经把"存在"（to be）的原则解释为"存在即做事"［to be is to do。可以比较贝克莱（George Berkeley）的 to be is to be perceived］，也是表达了中国知识思路中对"存在"的理解①，"存在"不是"摆在那里的"（to be there），而是"做出来的"（to be made here）。

---

① 按照中国的理解，存在是做出来的，人不仅可以"谋事"，甚至可以"参天地"。而西方的"存在"只能被观察，是理论的对象。

　　这种"形势思维"是开放性的综合性思考，它要求思考必须同时包含许多种类的问题，因为各种因素，无论是经济的、军事的、政治的、文化的，还是地理的、心理的、历史的各种因素，都属于给定的"形"和潜在的"势"的某个必不可少的因素，是"形势"的某个不可省略的部分。形势思维作为中国哲学的思维模式，是关于"道"的思维。从具体的意象上说，道是某条道路（相当于via），同时，道不仅是一个通达方式，而且总是意味着某个可通达的目标，正如实际上的道路那样。从抽象的意义上说，道是方法（相当于 methodos），即关于"道路/通达方式"的元（meta）思考，同样，方法也不仅是实践方式，而且还蕴含了实践目标。由"道"而综合为一身的实践方式和实践目标之间存在着非常灵活的互动关系，它意味着，从根本上说，没有哪一个目标也没有哪一种方法是绝对的，只要必需，都可以根据特定情况而确定或改变，尽管对于某些特定情况总会有某些目标和方法几乎是绝对的或最佳的。

　　可以这样比较，通常的思维模式是：（1）给定目标 x，那么存在着方法（a，b，c，d），其中 a 为最佳方法，那么以 a 去做 x；（2）给定方法 a，那么有可能目标（x，y，z），其中 x 为最可取目标，那么以 a 去做 x。

　　这两种包含着给定的、无论如何要坚持的东西（不管是原则、理念还是制度）的思考方式是"逻辑的"，而"道"的思维则要在各种可能的目标和方法的复杂动态关系中发现总体利益的最大化的最佳组合。每个因素都被看成是变量，而且所有因素之间的关系永远是动态的，于是，所谓"知—道"或者"得—道"，就是连续地知道每一个时间点的最佳策略。这是一种哲学层次的博弈论思维。

四、Eurasia 的文化政治

从 Eurasia、Pacificia、Atlantia 三种互动关系的"形"中，可以想象存在着三种潜在的互惠关系"势"。正如前面所提到的，文化是决定社会历史的深层结构，因此有理由认为：（1）文化是一种最长远的和最大的利益；（2）文化必须保持自身成为一种有活力有创造性的"文化行动"。

对于 Atlantia 来说，欧洲和北美之间有着文化的连贯性和相似性，都是"西方文化"，这种血统相似表面上看有着最大的亲和力，这种亲和力在事实上也确实使得欧洲和北美在意识形态问题上有相当一致的意见，但美国正在毁掉欧洲。强大的美国通俗文化、大众文化和商业文化正在削弱西方文化的传统并且使之庸俗肤浅化，而正是因为欧洲和北美都是西方文化，这种血统的相似使得庸俗化的腐蚀和演变更加顺利。例如自二战结束以来，美国政府通过在文化市场上大量的投资和宣传，把各种不需要创造性、思想和技艺的美国式垃圾艺术成功地推销成世界性的"当代艺术"，包括抽象画、行动绘画、装置和行为等等，以至于今天人们以为这些不需要付出精神劳动的垃圾艺术就是当代的"先进文化"。这一艺术运动成功地颠覆了精美的巴黎模式，也就是打倒了欧洲艺术。① 同样的成功还有把创造性的思想演变成一些简单的可以计算的材料统计的美国学术，如此等等，就像美国式的垃圾食品的全球性成功一样，无论是思想还是艺术，都被美国人当成"生意"做了。如果说欧洲文化是西方文化的正宗和精华，那么美国文化就是西方文化的低俗或无品版本。美国所制造的大众庸俗文化在很大程度上腐蚀了世界人民的心灵，毁掉了对高贵、卓越、精致和深刻的文化追求，再生产了全球性的简陋心灵和低俗趣味。假如没有什么根本性的改变，美国文化将会是对欧洲文化的终结。

至于 Pacificia，情况甚至更危险，东亚（中国和日本）有着深厚的传统文化，它们本来与美国的大众工业文化在精神上有着深刻冲突。但是人们已经看到强大的美国文化席卷了亚洲，到处再生产了带有地方特色的通俗美国文化，形成对亚洲传统文化的文化生态破坏。美国文化在亚洲的成功，除美国的经济和政治力量之外，另一个原因就在于它的简陋，简陋的文化容易被理解，不需要巨大的学习和训练成本，因此它通过亚洲数量惊人的贪图"容易"的大众而排挤了亚洲本身那种需要心灵修炼的文化。

在我看来，上述的这两种文化合作都不能表达人类文化发展的最优策略，除有利于美国的世界统治和经济利益之外，对欧洲和亚洲以至世界的总体利益没有任何好处。美国式的对文化的败坏是非常值得重视的问题，无数人已经进行了批评，但还是没有真正意识

---

① 相关材料参见黄河清 2004 年 3 月在中央美院、清华大学的讲演。

到这是有史以来最大的人类文化危机。事实表明，任何一种传统文化，它的自然而然的生长方式都是一个"高端文化引导低端文化"的文化内在格局，也就是说，文化的自发生长方式总具有"以高品质的文化精神为准"的基本方向，这种"向高看齐"的文化方向类似于"见贤思齐"的自然心理。所谓"传统"就是"以高端为准"所形成的层层文化积累，所以才能够精益求精，才能够有真正的伟大创新。很显然，如果"以低端为准"，向低看齐，以低品质的精神去引导文化活动，文化的内部品级结构就被瓦解，就无所谓"精华""伟大"和"深刻"了，所有关于质量的概念都不再存在，只剩下数量，只剩下大众"喜闻乐见"的数量标准。可悲的是，这不仅仅是逻辑分析的结果，而且是现实。美国文化就是一种以低端为准的大众文化，它解构了文化所必需的内在品级结构，把"向高看齐"的天然结构颠覆成"向低看齐"的堕落方式。

也许会有这样的疑问：大众商业文化是现代性的一部分，可是现代性却是欧洲的发明，这怎么解释？毫无疑问，现代性是欧洲的发明，但欧洲主要实现的是现代性的政治和经济方面，并没有把现代性彻底地推广到文化方面，至少是留有余地的。现代性的完成是美国的工程，只有当现代性统治了文化才完成了现代性，才彻底修改了人的灵魂，毁掉了人的精神，这样才达到彻底的商业和技术统治。也许，现代性在人的政治解放方面（人们在政治和法律上获得平等）可以被认为是对人类有益的，但这种被尼采刻画为"平民反对贵族"或"低贱反对高贵"的现代性运动是否可以推广到文化和精神领域，则是极其可疑的。文化中的品级制度和政治上的等级制度不能相提并论，因为文化的品级制度是一种文化能够创造出伟大成就的必要制度保证，它保证了文化有着向上追求的生长方式，而伟大的作品是属于所有人的共同精神财富，它不可能被某个阶层垄断。文化的品级制度不会形成文化垄断，这是问题的关键。所以，现代性也许在政治和经济上是一种积极的贡献，但在文化上却是灾难。现代性的灾难性发展是美国所完成的，其中一个结果就是产生了美国文化。无论对于哪种文化，美国文化都不是一个良好的合作对象。

所以，Eurasia 概念就是更有潜力的文化概念。特别是欧洲文化和中国文化的合作，可以考虑以下问题：

（1）至少就欧洲与中国而言，目前一些精神上的冲突似乎更多的是政治意识形态方面的，而政治意识形态方面的冲突使各自获利最小而成本和代价最大。政治意识形态冲突根本上是由所习惯的不同信念体系所导致的，严格地说，没有人能够真正充分论证各自的信念，因此往往只不过是个"看不惯"的问题，并不像有些理论家通常想象的那样有着不可互相理解和调和的冲突。固执于某种意识形态立场的理论家有时会误导人们的思维——如果不说是经常误导的话。例如波普尔、哈耶克和伯林等的政治学理论往往被用来论证那些西方自由世界的"敌人"是如何的危险。但这些理论本质上只适合于用来批判苏联模式和纳粹模式，并不是普遍有效的理论解释，尤其不能用来理解中国。进一步说，这些理论家原来就很少考虑到中国，因为他们完全不了解也不懂中国。这在知识论上来讲是个很大的缺陷。中国是个巨大的时空存在，是世界极其重要的一部分，一个知识体系如果不包含中国知识，那么肯定不可能成为关于世界的有效知识。中国文化具有超强的灵活性和合作能力，任何一种信念体系（不管是中国自己传统的还是来自西方的）在中国实践中都会被因地因时而制宜地去理解和解释，各种所谓的危险都会在中国式的弹性理解和形势思维中被消解或削弱，意识形态的分歧不是什么大问题。

（2）欧洲和中国在文化上没有亲缘关系，但同样深刻厚重，都是具有伟大历史分量的文化。两种完全不同的厚文化传统相会时，能够产生互相反思能力的最大化发展。另一种伟大的他者文化，按照于连的说法，能够成为从根本上有别于自己的思想的"另一个原始发源地"，也就是能够提供强大的新的思想刺激，从而使文化获得创新的最大动力。

（3）文化阶级问题。文化资源很大程度上来自深厚的传统，而深厚的积累会形成文化的分量，有厚文化背景的欧洲和中国属于同等的文化阶级，尽管文化风格非常不同，但都各自拥有永远值得研究的深刻观念。这种文化阶级上的亲和力比家族相似的亲和力要更深刻。相比之下，美国大众商业文化与欧洲传统文化或者中国文化之间都缺乏这种深层的亲和力，缺乏在深层上可交换的文化资源。尤其是，美国文化具有"向低看齐"的文化结构，这种大众文化对其他任何文化都是破坏性的，因此缺乏文化合作的意义。

就我目前的眼力而言，Eurasia 这个概念至少蕴含着一种最大化互惠的文化发展策略，而且这个文化策略同时具有政治合理性。这里说的政治合理性必须被理解为把人类文化总体发展和人类共同命运看成是不可怀疑的责任的思考态度，而不是主要理解为对某些特定和暂时的经济/政治利益的过度关心。如果所思考的时间跨度足够长（相当于想象一个非常长久的博弈），文化结构而不仅仅是经济结构就必须被认为是决定历史的深层结构。因此，我相信Eurasia概念蕴含着发展一种最大化互惠的知识共同市场甚至知识共同体的可能性。当然，这种想象的文化合作是否成功主要取决于欧洲而不是中国，因为，中国文化在现代已经足够开放，或许已经是世界上最开放的国家，中国引进了几乎所有欧洲的思想文化，造成了中国当下文化的多种资源，可以说，欧洲文化已经成为中国当代文化的一部分，欧洲思想已经成为中国思想的一部分。这是中国文化在未来发展创新的一个丰富基础。相反，欧洲所接受的中国文化是很少的，几乎没有什么中国思想被接受而成为欧洲的思想，这是欧洲自己的封闭性和狭隘性。

总之，中国文化如果要在未来获得巨大的成功，就必须发展一种开放的讲究品质的文化，重新建立"高端引导低端"的文化结构，这样才能以文化的优势而德治天下。

守望者书目

图书在版编目（CIP）数据

没有世界观的世界/赵汀阳著 . -- 2 版 . -- 北京：
中国人民大学出版社，2024.7. -- ISBN 978-7-300
-32925-3

Ⅰ. D0；G02

中国国家版本馆 CIP 数据核字第 2024NX3358 号

没有世界观的世界

（第 2 版）

赵汀阳　著

Meiyou Shijieguan de Shijie

出版发行	中国人民大学出版社			
社　　址	北京中关村大街 31 号		邮政编码	100080
电　　话	010 - 62511242（总编室）		010 - 62511770（质管部）	
	010 - 82501766（邮购部）		010 - 62514148（门市部）	
	010 - 62515195（发行公司）		010 - 62515275（盗版举报）	
网　　址	http://www.crup.com.cn			
经　　销	新华书店			
印　　刷	北京联兴盛业印刷股份有限公司			
开　　本	720 mm×1000 mm　1/16	版　次	2024 年 7 月第 1 版	
印　　张	23.5 插页 2	印　次	2025 年 8 月第 2 次印刷	
字　　数	246 000	定　价	98.80 元	